Sascha Reh
Falscher Frühling

Roman

Schöffling & Co.

Für Sarah

Erste Auflage 2010

Satz: Reinhard Amann, Aichstetten
Druck & Bindung: Pustet, Regensburg
ISBN 978-3-89561-085-1

www.schoeffling.de

Der Mensch erkennt sich nur im Menschen, nur
Das Leben lehret jedem was er sey.
– Goethe, Torquato Tasso

Vorspiel:
DIE FAMILIE

Das Wohnzimmer eines großen alten Stadthauses. Massive Eichenholzmöbel einer vergangenen Generation, schwere Vorhänge vor den Fenstern, die das Licht dämpfen. Aus der Küche hört man Geklapper; draußen vor der Tür wird ein Rasen gemäht.
Die kleine Franziska sitzt mit ihrer Mutter Emilie auf dem Sofa. Emilie trägt ein elegantes Sommerkostüm. Franziska hat Socken an, in ihrer Jogginghose ist ein Loch am Knie.

EMILIE: Hast du mich vermisst? Ein kleines bisschen wenigstens?

FRANZISKA: Und wie. Wann kommt Papa?

EMILIE: Papa sitzt noch im Zug, Franzi. Er kommt den weiten Weg aus Hamburg. Hat es dir gefallen bei Tante Hanne?

FRANZISKA (*spielt mit einem lederbezogenen Tischfeuerzeug, das sie auf- und zuschnappen lässt; sie nickt*): Aber vielleicht machen die dann schon zu?

EMILIE: Keine Sorge, die haben den ganzen Tag geöffnet.

HANNELORE (*kommt mit einem Tablett herein; sie trägt einen Hauskittel*): So, ich hab euch noch ein paar Brote gemacht, ihr habt bestimmt Hunger.

EMILIE: Ich habe am Flughafen gegessen, danke.

FRANZI (*greift beherzt zu*): Danke, Tante Hanne.

HANNELORE: Entschuldige, Emilie, wie es hier aussieht, aber das ganze Haus sauber zu halten, das ist wirklich zu viel für mich, schließlich bin ich nicht mehr die Jüngste. (*Zu Franziska:*) Iss dich nur tüchtig satt.

EMILIE: Du sagst das, als gäb's bei uns nichts zu essen.

HANNELORE (*fächelt sich Luft zu*): Es ist so heiß geworden. – Wahrscheinlich kommt er sowieso nicht.

EMILIE: Wieso sagst du das?

HANNELORE (*schenkt Kaffee ein und klappert dabei mit dem Geschirr*): Weil er noch kein einziges Mal pünktlich gekommen ist.

EMILIE: Er hat in einer Woche Premiere. Am Thalia Theater. Da macht man schon mal eine Überstunde.

HANNELORE: Ja ja ja, ihr beide müsst wirklich *so* hart arbeiten.

EMILIE: Das darf ich jetzt als Vorwurf verstehen, ja?

HANNELORE (*zu Franziska*): Spätzelchen, lass das mal bitte stehen, das hat deinem Opa Georg gehört, das ist ganz wertvoll.

EMILIE: Sie macht dir schon nichts kaputt.

HANNELORE: Die Sachen gehören jetzt genauso dir.

FRANZISKA (*isst ein Brot*): Kommt Papa auch bestimmt?

EMILIE: Ja, er kommt bestimmt, und außerdem ist noch genug Zeit, der Zoo hat bis heute Abend um acht geöffnet.

FRANZISKA: Kommt Tante Hanne auch mit?

HANNELORE: Ich würde furchtbar gerne mitkommen, Spätzelchen.

FRANZISKA: Au ja, bitte, wir gehen alle zusammen!

Sie läuft zu ihrer Tante und umarmt sie.

EMILIE: Tante Hanne hat leider noch viel zu tun.

FRANZISKA: Schade.

HANNELORE: Aber das liegt auf dem Weg, ich könnte nachher noch –

Emilie: Wir machen einen Familienausflug, Hanne. Mutter, Vater, Kind. Und der Friedhof liegt überhaupt nicht auf dem Weg.

Hannelore: Warum fahren wir nicht zusammen hin? Bin ich eigentlich die einzige, die um unseren Vater trauert?

Emilie: Ich war vor zwei Wochen da. Du weißt genau, dass Lothar seit Wochen in Hamburg ist und ich den Themenpark am Hals hab. Das ist unser erster freier Tag seit …

Hannelore: Ihr überlasst mir die ganze Arbeit, und wenn es dann ums Vergnügen geht – das habe ich jetzt davon, dass …

Emilie: Du hast selbst angeboten, dich um Franziska zu kümmern.

Franziska läuft um das Sofa herum in eine Ecke des Zimmers und nimmt etwas von einem Tisch, auf dem Kinderspielsachen verstreut liegen. Sie setzt sich wieder zu ihrer Mutter und Hannelore, schraubt ein Fläschchen auf und pustet Seifenblasen in die Luft.

Emilie: Nicht, Franzi. Das wird doch alles ganz seifig.

Hannelore: Lass sie doch ruhig.

Emilie: Ich kann das nicht haben, wenn alles so seifig wird.

Franziska: Ich bin auch ganz vorsichtig, Mama.

Hannelore: Ich meine außerdem die Beerdigung. Und das Haus. Vor allem das Haus. Habt ihr euch eigentlich mal Gedanken gemacht?

Emilie: Kommt darauf an, was für Gedanken du meinst.

Hannelore (*bestimmt*): Es wird nicht verkauft.

Emilie: Müssen wir das jetzt besprechen?

Hannelore: Du willst nie darüber sprechen. Das ist ein großes Haus, viel zu groß für mich allein. Warum zieht ihr nicht her?

Franziska: Ich würde gerne hier wohnen, Mama. Ich hab im

Garten eine Schaukel gebaut. Für Erika. Aber ihr müsst auch hier sein, ja?

EMILIE: Wer ist Erika?

HANNELORE: Erika ist ihre Lieblingspuppe. Du hast sie ihr letztes Mal aus Dänemark mitgebracht.

EMILIE: Ach die. (*Zu Hannelore:*) Und wo willst du dann wohnen?

HANNELORE (*blickt sich im Raum um*): Na …

EMILIE: Das geht auf keinen Fall.

HANNELORE: Wir haben hier achtzehn Jahre zusammengelebt.

EMILIE: Da war ich auch noch nicht verheiratet.

HANNELORE: Bist du ja jetzt auch nicht. Oder nennst du das etwa eine Ehe?

EMILIE: Ist mir ganz neu, dass du dich da so gut auskennst.

HANNELORE: Gut genug, um zu wissen, was Ehebruch ist.

EMILIE (*steht unvermittelt auf*): Das müssen wir wohl nicht hier besprechen.

Sie geht energisch in die Küche, die vom Wohnzimmer durch eine Wand getrennt ist. Die Küche ist blitzblank geputzt und aufgeräumt. Hannelore folgt ihr.

EMILIE: Was soll das, dass du vor dem Kind damit anfängst? Das ist meine Sache. Du mischst dich schon genug in unser Leben ein.

HANNELORE: Ach, dass ich immer zur Stelle bin, wenn ihr einen Babysitter für euer Kind braucht, das nennst du Einmischung? Ich würde eher sagen, ich weiß wenigstens, was eine Familie ist.

EMILIE: Ich hätte sie auch nach Kopenhagen mitgenommen.

HANNELORE: Wo sie ihrer Mutter dann den ganzen Tag dabei zusehen darf, wie sie Pappkulissen zusammensteckt.

Emilie: Erstens hast du keine Ahnung von meiner Arbeit …

Hannelore: Ich bin die letzten Jahre kaum aus diesem Haus gekommen, Emilie, vergiss das nicht. Ich bin eine dumme alte Jungfer. Nicht so weitläufig wie ihr.

Emilie: … und zweitens lass ich mir nicht einreden … außerdem heißt es weltläufig … jetzt hab ich vergessen, was ich sagen wollte.

Hannelore: Wir wollten über das Haus sprechen.

Emilie: Wollten wir das.

Hannelore (*überzeugt*): Ich habe in diesem Haus über zehn Jahre unseren kranken Vater gepflegt, Emilie. Unsere Eltern haben uns hier großgezogen. Denk mal daran, welche Opfer sie für uns gebracht haben. Für mich, aber auch für dich. An diesem Haus hängt alles. Papa ist hier gestorben. Wir können es nicht verkaufen.

Emilie (*blickt zu Boden, zupft an ihrem Kostüm herum*): Ich weiß.

Hannelore: Diesen Sommer kommt Franziska in die Schule. Das kann nicht mehr so weitergehen, Emilie. Sie braucht ein festes Zuhause. Und wie oft war sie jetzt hier? Mein Gott, für sie ist *das hier* ihr Zuhause. Sie kann hier wunderbar zur Schule gehen, es ist grün, ideal für Kinder.

Emilie: Hanne …

Hannelore: Ich verstehe ja, dass ihr eure Karrieren habt, wirklich. Aber genau deswegen ist es ja so ideal. Ich bin immer in der Nähe, ihr könnt euch darauf verlassen, dass Franziska gut versorgt ist.

Emilie: Wir kümmern uns schon um unsere Tochter.

Hannelore: Ja. Der Vater von Hamburg aus, du in Kopenhagen.

Emilie wirft ihr einen eisigen Blick zu.

Hannelore: Tut mir leid, aber ihr macht euch das ein bisschen einfach. Ich hab in diesem Haus meine besten Jahre verbracht, es ist düster hier, selbst im Sommer. Düster und kalt. Jemand müsste die Bäume stutzen. Mir wächst alles über den Kopf. Ich will auch noch was vom Leben haben, verstehst du? Ich will nicht von der Arbeit in ein leeres totes Haus kommen und den ganzen Tag wischen, das will ich einfach nicht mehr. Das Zimmer im Erdgeschoss …

Emilie: Vergiss es, Hanne. Wir können nicht zusammen hier wohnen.

Hannelore (*trotzig*): Gut. Dann wohnt ihr eben ohne mich hier.

Franziska kommt herein.

Franziska: Mama, wann kommt denn Papa? Mir ist langweilig.

Hannelore: Ich mein's ernst, Emilie. Ich finde, du bist langsam an der Reihe.

Emilie geht mit Franziska zurück ins Wohnzimmer.

Emilie: Sollen wir nicht schon mal vorgehen, Franzi?

Franziska: Ich geh nicht ohne Papa.

Emilie: Aber es wird so spät, und wer weiß, ob …

Franziska (*beharrlich*): Ich gehe aber nicht ohne Papa!

Es klingelt an der Tür. Lothar tritt auf.

Emilie (*ihn umarmend*): Lothar. Wie schön.

Sie küsst ihn auf die Wange; Lothar erwidert ihren Kuss nur halbherzig.

Lothar (*ungehalten*): Wieso mussten wir uns eigentlich am Arsch der Welt treffen, ich hab eine halbe Stunde …

Hannelore (*kommt ins Wohnzimmer, die Hände an der Schürze trocknend*): Ich freue mich auch, dich zu sehen, Lothar.

Franziska (*fliegt ihm mit wehendem Haar in die Arme*): Papa, Papa!

Lothar (*mit echter Begeisterung*): Töchterchen, du hast ja eine richtige Frisur!

Emilie: Hanne war mit ihr beim Friseur diese Woche.

Lothar (*bringt Franziskas Haare durcheinander*): Mein Mädchen. Du wirst ja eine richtige junge Frau!

Hannelore: Wenn du Hunger hast, da sind Brote.

Lothar (*zu Hannelore*): Hast du nichts anderes? Ich muss das den ganzen Tag im Theater essen, ich kann's nicht mehr sehen.

Emilie: Wir sind spät dran. Der Zoo …

Lothar: Wie, Zoo? Ich dachte, Landschaftspark. Ich guck mir keine sedierten Tiere im Knast an.

Emilie (*ruhig*): Wir hatten vereinbart, von hier aus mit Franziska nach Duisburg in den Zoo zu fahren.

Lothar: Nach Duisburg, ja. Zum Landschaftspark. Die haben da eine große Halle, Emmy, die müssen wir uns angucken. Die ganzen alten Industriehallen. Jetzt, wo die Theater aus dem Osten dazukommen, müssen wir uns was einfallen lassen. Alternative Spielstätten.

Emilie: Ja, wir müssen uns was einfallen lassen. Aber erst gehen wir mit unserer Tochter in den Zoo.

Franziska: Was ist ein Landschaftspark, Papa?

Lothar (*geht in die Hocke*): Das ist ein riiiiesiges Gelände, wo sie früher Stahl hergestellt haben, und jetzt ist alles verwildert, und die Natur hat sich den Stahl zurückerobert, und alles ist zugewachsen. Wie im Dschungel. Mit Tieren, die schon ausgestorben waren.

Franziska: Mama, können wir da hin?

Emiilie: Nein, Franzi, wir wollten doch in den Zoo.

Franziska: Aber ich möchte lieber in den Landschaftspark.

Lothar: Sie möchte lieber in den Landschaftspark.

Emilie: Lothar, das war so nicht abgesprochen.

Lothar (*steht auf, ärgerlich*): Scheiß drauf. Abgesprochen. Wir sind doch keine Beamten.

Hannelore (*zu Franziska*): Komm, Franzi, wir gehen noch ein bisschen mit Erika in den Garten. Deine Eltern müssen sich mal unterhalten.

Sie geht mit Franziska ab.

Lothar (*ruft hinter ihr her*): Sie heißt nicht Franzi. (*Zu Emilie:*) Wer ist Erika?

Emilie: Lothar, sie will eine Entscheidung von uns. Wegen des Hauses.

Lothar: Wenn überhaupt, reden wir über einen Umzug nach Hamburg oder Berlin, aber bestimmt nicht nach Mülheim. Glaubst du, ich ziehe freiwillig hierhin? Das war's, basta, Ende der Durchsage.

Emilie: Wir sind Hanne etwas schuldig.

Lothar: Dafür, dass sie uns unserer Tochter entfremdet?

Emilie: Ach komm, Lothar.

Lothar: Ist ja nicht so, als ob sie uns einen Gefallen damit täte. Ich hab mich drei Jahre um Franziska gekümmert, kein Problem, da hab ich sie nicht gebraucht. Wenn sie eigene Kinder hätte, müsste sie nicht wie eine Glucke …

Emilie: Du weißt, dass das nicht stimmt.

Er spielt abwesend mit dem Seifenlaugen-Fläschchen von Franziska. Er hebt den Ring vor die Lippen und bläst einige Seifenblasen in die Luft.

Lothar: Karina will mich verlassen.

Emilie (*plötzlich kühl*): Hältst du das wirklich für eine glückliche Formulierung?

LOTHAR: Glücklich, glücklich. Sie geht mit Dankwart nach Berlin.

EMILIE: Soll ich jetzt sagen, dass mir das leid tut?

LOTHAR: Was weiß ich, was du sagen sollst, ich bin ja nicht du. Ich sag nur, dass sie mich im Stich lässt. Jetzt, wo wir mit der *Virginia Woolf* wirklich was reißen können. Wo wir drauf hingearbeitet haben.

Emilie schweigt.

LOTHAR: Du sagst ja gar nichts.

EMILIE: Ich finde das ein bisschen geschmacklos, Lothar, ausgerechnet mir das zu erzählen.

LOTHAR: Was ist daran geschmacklos? Wir erzählen uns alles. Ich hab mit der Frau drei Jahre lang eng zusammengearbeitet.

EMILIE: Ja, allerdings. Enger geht's nicht.

LOTHAR: Ja, sicher, aber darum geht's doch jetzt gar nicht. Ich hab die aufgebaut quasi.

EMILIE (*atmet tief durch*): Lothar, wir müssen da mal kurz was klären. Ich hab dir gesagt, mach, was dir gut tut, aber erzähl es mir wenigstens hinterher …

LOTHAR: Das hast du nicht gesagt.

EMILIE: Aber davon erzählen heißt nicht, dass du dich bei mir ausheulst, wenn eine deiner Mätressen plötzlich was anderes mit ihrem Leben vorhat als du.

LOTHAR: Jetzt wirst du albern, Emmy.

EMILIE (*konzentriert, mit geschlossenen Augen weiterredend*): … denn ehrlich gesagt bist du nicht der Einzige, der unter enormem Stress steht, und du hast mir die ganze Zeit nichts erzählt, wofür ich offen gestanden auch ganz dankbar bin, und vielleicht …

LOTHAR: Emilie …

Emilie (*schüttelt seinen Arm ab, beherrscht*): … und vielleicht können wir uns jetzt endlich mal darüber unterhalten, wie wir eine halbwegs vernünftige Beziehung auf die Reihe kriegen, mit wenigstens gelegentlicher Anwesenheit am selben Ort und, warum nicht, einem Zuhause.

Lothar: Wir haben in Köln ein Zuhause.

Emilie: Wir haben in Köln eine Bruchbude, die wir benutzen wie eine Jugendherberge. Ich will ein Zuhause.

Lothar (*einlenkend*): Okay, aber doch nicht in Mülheim.

Emilie: Warum eigentlich nicht? Fährt man eben von hier aus zum Flughafen.

Lothar: Ich fahr mit dem Auto, Emmy.

Emilie: Im Augenblick nicht.

Lothar: Das ist was anderes. Bald hab ich den Lappen wieder.

Emilie: Ich möchte nur, dass du darüber nachdenkst. Es ist völlig egal, wo wir wohnen. Und nach Berlin kriegst du mich garantiert nicht.

Lothar (*holt Luft, um etwas zu entgegnen*): …

Emilie: Dafür gehen wir heute in den Landschaftspark.

Hannelore und Franziska kehren zurück.

Hannelore: Und, seid ihr fertig mit Zanken?

Emilie: Wir haben nicht gezankt.

Sie führt Hannelore am Arm nach nebenan in die Küche; Lothar und Franziska bleiben allein im Wohnzimmer und setzen sich nebeneinander aufs Sofa. Lothar lehnt sich zurück und verschränkt die Arme hinterm Kopf.

Franziska: Gehen wir in den Landschaftspark?

Lothar: Gehen wir. Papa hat das für dich hingebogen.

Franziska (*umarmt ihren Vater stürmisch*): Warum musst du eigentlich so viel arbeiten? Verdient Mama nicht genug?

LOTHAR: Doch. Mama verdient genug. Mama verdient richtig scheiß viel Kohle mit ihrer Arbeit.

FRANZISKA: Du sollst doch nicht fluchen.

LOTHAR: Ich kann fluchen, so viel ich will. Ich soll nur nicht fluchen, wenn du dabei bist.

FRANZISKA: Weil sonst meine Sprache scheiße wird.

LOTHAR: Kor-rekt.

FRANZISKA: Und warum arbeitest du jetzt so viel?

LOTHAR: Es geht nicht nur ums Geld, Töchterchen. Geld ist nicht das Wichtigste. Man braucht Geld, um sich Essen zu kaufen, aber um glücklich zu werden, da braucht man was anderes.

FRANZISKA: Was denn?

LOTHAR (*denkt nach*): Man braucht die richtigen Leute, zuerst mal. Und Begeisterung für die Sache, die man macht. Man darf sich nicht verbiegen lassen. Wenn du dich verbiegen lässt, haben sie dich am Arsch. Merk dir das, Töchterchen. Wenn du dich nicht verbiegen lässt, dann, vielleicht, wirst du auch glücklich.

FRANZISKA: Und, bist du glücklich?

LOTHAR (*steht auf*): Nee. Dazu hab ich zu wenig Geld.

Er zwinkert ihr zu und lächelt.

Vorhang.

I

Exposition:
DIE GROSSE BÜHNE

I

Er ließ sich mit dem Taxi zum Bahnhof bringen und rauchte am Eingang eine Roth-Händle. Drei junge Mädchen, vielleicht fünfzehn, auf halbem Weg zur Frau, standen grundlos am Ausgang West. Eine von ihnen trug Stiefel, die eng anliegen sollten, aber wenn sie einen ihrer Ausfallschritte machte, schlackerten sie ihr lose um die Waden. Sie kicherte vor Aufregung darüber, hier und jetzt vorhanden zu sein und sich dazu irgendwas ausdenken zu müssen. Als sie Lothars Blick bemerkte, stieß sie ihre Freundinnen an und kicherte wieder. Er hatte sich längst daran gewöhnt, dass ihm seine unbekleideten Gedanken grenzenlos abgehalftert vorkamen.

Nur noch diese Kippe, dachte er, dann ist es Zeit. Du fährst mit der Rolltreppe hoch, dann wartest du auf den Zug, dann setzt du dich auf einen freien Zweiersitz. Das war erstmal der Plan, weiter dachte er nicht. Er hatte es weit gebracht mit der Methode. Aus einfachen Plänen folgt Übersicht, aus Übersicht folgt Sicherheit, aus Sicherheit folgt –

»Eine Spende?«, fragte ihn ein geschlechtsloser Mensch mit einer Blechdose in der Hand, Krebshilfe, vielleicht auch Flutopfer, aber auf jeden Fall Beschiss, dachte Lotmann.

»Nee, behalt deine Kohle mal«, sagte er, drückte die Zigarette aus und ließ den Spendensammler stehen.

Er hätte jetzt in seinem 79er Lancia Delta ohne Servolenkung und Bremskraftverstärker sitzen können. Melanie hatte gesagt, Bahnfahren, das sei ganz entspannend, in einem Tonfall, als wollte sie ihm eine Unterbringung in der Geschlossenen als Wellnesskur verkaufen. Es war nicht entspannend. Es war ganz das Gegenteil. Es war eine erbärmliche Art der Fortbewegung, all die Proleten, Spießer und lärmenden Kinder. Er wollte allein sein. Wenigstens hatte er was zu trinken dabei.

»To go?«, fragte er gereizt. »Was soll das heißen, to go?«

»Den Kaffee. Zum Mitnehmen?«

»Wieso sagst du dann nicht *zum Mitnehmen*?«

»Einssiebzig macht das dann bitte.«

Die Landschaft flog am Fenster vorbei; so sehr Lotmann es versuchte, er entspannte sich nicht. Er faltete an dem Brief herum, den Emilie ihm heute Morgen auf den Küchentisch gelegt hatte. Sonntagmorgen neun Uhr, auch das ein einfacher Plan: Scheidung, Auszug, dann nichts mehr. Alleinsein, beziehungsweise: Einsamkeit. Etwas Übersichtlicheres gibt es nicht. Etwas Übersichtlicheres und zugleich Komplizierteres als Einsamkeit gibt es nicht. Deswegen die schlechte Laune.

Lotmann bemühte sich, an den Tränensäcken und Bartstoppeln vorbei aus dem Fenster zu sehen. Bloß Landschaft. Was die Leute immer an seelischem Mehrwert darin entdecken wollen, dachte er, nichts als ein sentimentaler Hütchentrick zur Selbstverarschung. Duisburg; hinter dem Bahnhof die Ruine des alten Güterbahnhofs, eine riesige Halle mit eingeworfenen Scheiben, durch die man gespenstisch leere Bahnsteige sehen konnte. Wenn man schon seelischen Mehrwert suchte, dann hier.

Der verdammte Kaffee. Der Zug stand im Gleis, er musste warten, und das war, gerade jetzt, eine übermenschliche Anstrengung. Vorgestern hatte er die bisher letzte Bestrahlung bekommen, und wann immer er jetzt den Druck seiner Blase wahrnahm, war es schon fast zu spät. Du solltest keinen Kaffee mehr trinken. Lothar zählte die Sekunden, bis die Fahrgäste aus- und eingestiegen waren, das WC-Schild leuchtete weiterhin rot. Er stand auf, im gleichen Moment fuhr der Zug an, und plötzlich befand sich der Kaffee, eben noch im Becher, zum Großteil auf seiner Hose. »Scheiße«, entfuhr es ihm. Er drängte sich an den Menschen im Gang vorbei, stolperte ins nächste Abteil auf der jetzt bereits verzweifelten Suche nach einem grünen Buchstabenpaar. Er fluchte nochmal, schob sich an stehenden Fahrgästen vorbei, rüttelte an einer Klotür. Wie ein Gasdruckballon stieg der Schmerz in ihm hoch, die schwere stickige Luft im Abteil presste ihm den Schweiß aus den Poren. Vor einer weiteren verriegelten Tür blieb er stehen. Er wollte im nächsten Waggon nachsehen, aber er fürchtete, wenn er sich jetzt bewegte, würde er die Kontrolle über seine Blase verlieren. Er wartete drei Minuten, fünf Minuten, drinnen regte sich nichts, der Zug, längst wieder fahrend, näherte sich Düsseldorf.

»Verdammter Schwarzfahrer, hier müssen Leute pissen«, schrie irgendjemand, den Lothar glücklicherweise nicht für sich selbst halten musste, weil er inzwischen völlig außer sich war vor verkniffenem Schmerz. Drinnen bewegte sich nichts. Lothar rüttelte, trommelte mit den Fäusten gegen die Tür, die Mitreisenden neben ihm nahmen diskret den Blick von dem Fleck in seinem Schritt. Da kam ein Zugbegleiter durch die Waggontür, ein schwarzhaariger Schnösel mit dünn ausrasierten Bartzacken, grinste verschlagen und sagte: »Die's defekt.«

Lothar war zu sehr mit seiner Blase beschäftigt, um darauf zu reagieren. Er schleppte sich in Richtung Zugende. Kurz hinter Düsseldorf, schweißüberströmt und zitternd jetzt, fand er eine Behindertentoilette von der Größe eines Wohnzimmers und blieb darin bis Köln-Deutz, während er zwischen drei Blasenleerungen vergeblich versuchte, die ausgewaschene Hose unter dem warmen Luftstrom des Automaten zu trocknen.

In der Bahnhofshalle in Köln fühlte er sich für den Moment wie erlöst. Er rauchte eine Zigarette mit Blick auf den Dom und rief zu Hause an. Es klingelte zehn Mal, elf Mal. Er ging zum Taxistand und setzte sich in den Fond eines freien Wagens. Es roch nach Leder und Mercedes, Lothar hätte nicht gedacht, dass er es einmal genießen würde, das zu riechen.

Die Fahrt verlief gedankenlos und tatsächlich entspannt, bis das Telefon klingelte. Teilnehmer unbekannt.

»Emmy?«, sagte er; eine Bodenwelle ließ seinen Magen für einen Augenblick schweben.

»Guten Tag, hier ist Ihr E-Plus-Team, spreche ich da mit Lothar Lotmann?«

»Ja, aber ich kaufe nichts.«

»Ja, Herr Lotmann, wir möchten Ihnen als langjährigem Kunden ein Angebot …«

»Pass mal auf, wenn ich was von euch will, dann ruf ich euch an, ist das klar?«

Als das Taxi auf das Studiogelände fuhr, war das, als erscheine er freiwillig bei seiner eigenen Hinrichtung. Auch wenn er natürlich nicht freiwillig hier war. Melanie hatte ihn dazu gedrängt. Vermutlich wollte sie sich an dir rächen. Sie hatte ganz Recht.

»Du musst ein bisschen öfter dein Gesicht in die Kameras halten«, hatte sie mit abgewandtem Gesicht, in einer Schublade kramend, zu ihm gesagt.

»Ich kann mich so schlecht verstellen«, hatte er geantwortet.

»Ah. Warst du nicht mal Schauspieler?«

Die Betonung lag auf »war«; danke, dass du mich daran erinnert hast, du geldgeile Schlampe. Leider hatte sie Recht gehabt. Lotmann war in den letzten Jahren zu beschäftigt mit sich selbst und den reality-soaps gewesen, die er privat inszenierte, um sich seines öffentlichen Ranges zu versichern. Darüber war er von der B- in die C-Riege gerutscht, ohne es zu bemerken. Und jetzt hatte Melanie ihm den Auftritt in einer Show besorgt, die er nur dank des anpassungsfähigen flüssigen Freundes in seiner Innentasche überstehen würde. Er sah noch mal auf das Fax, auch so ein übersichtlicher Plan in Briefform: Sehr geehrter Herr Lotmann, große Ehre, 1. März, Studio C, bitte, danke. Sie waren eben an dem Gebäude vorbeigefahren.

»Nee, Menschenskind, hier isses doch schon«, sagte Lotmann. Der Fahrer, ein stummer Türke, wendete den Mercedes und fuhr wieder zurück, da war auch ein Schild: »Die 80er-Show«. Ein Schwachsinn. Er würde sich zum Affen machen, allein durch seine Anwesenheit, allein dadurch, dass er mit Leuten wie Willi Dröxler redete.

Er zahlte und stieg aus. Die Luft war schon warm, ein paar Vögel sangen, ohne Lieder zu meinen. Er hätte auch mit dem Motorrad fahren können. Er wäre gern mal wieder Motorrad gefahren. Das Wetter war versöhnlich, es entschuldigte sich schon mal für den beschissenen Sommer, der vor der Tür stand. Es machte seine Sache wirklich gut, das Wetter, aber Lothar fühlte sich elend, trotzdem oder gerade deswegen. Die Bahn, das Taxi, diese verfluchte Show: Er war müde. Es ist unwürdig, beharrte er, aber Melanie hatte auf das Honorar hingewiesen, und Melanie hatte ja Recht. Du hättest sie trotzdem längst feuern sollen.

2

Emilie ging unruhig in dem Hotelzimmer auf und ab und cremte sich schon zum dritten Mal die Hände ein. Es war noch zu früh, um aufzubrechen. Sie war nervös. Um sich abzulenken, schaltete sie den Fernseher ein und sah zu, wie ein winziger Punkt auf dem schwarzen Bildschirm erschien, sich zum vertikalen Strich über die Bildmitte ausweitete und dann horizontal das Bild freigab, als würde sich ein Vorhang öffnen. Beim Gedanken an Philipp krampfte sich ihr Magen zusammen. Sie sah auf die Uhr, es war kurz nach fünf.

Lothar hatte gesagt, er würde in Köln bleiben. Wenn er doch nach Hause zurückkäme, wäre das auch kein Problem. Sie hatte einen beruflichen Termin vorgeschoben, angeblich etwas wegen dem Porsche-Museum; warum sie dazu ausgerechnet den weiten Weg von Stuttgart nach Düsseldorf fahren musste, hatte er nicht gefragt – und wenn, dann hätte er es schon längst wieder vergessen. Es war ausgeschlossen, dass sie sich begegneten. Außerdem war es unnötig, sich darüber Sorgen zu machen. Er war auch sonst immer weggeblieben, sie wusste, wo und weswegen. Sie sagte sich, sie müsse kein schlechtes Gewissen haben. Sie sagte es sich so lange, bis der ohnehin dünne Satz seinen Sinn ganz verlor.

Sie stand selbstvergessen in der Mitte des Zimmers, den Blick leer auf der flackernden Mattscheibe, einen Fingernagel im Mund. Dann bemerkte sie, dass jeder zweite Mensch in der Werbung eine junge Frau mit straffer Haut war, schaltete den Fernseher aus und ging ins Bad.

Sie hatte sich noch nie geschminkt und würde jetzt nicht damit anfangen. Aber die Frisur musste sitzen. Sie sah immer nur kurz in den Spiegel, meist nur im Vorbeigehen, doch heute war es anders. Als sie die Verbissenheit bemerkte, mit der sie nach irgendeinem Makel suchte, versuchte sie, ihre Gesichtszüge zu entspannen. Sie zog sich die Bluse über, strich den Rock von Jil Sander glatt, fragte sich kurz, ob sie mit der Brosche nicht wie eine alte Frau aussehe, die sich flott gemacht hatte, und schüttelte dann den Kopf so heftig, dass ihr die Haare um Nacken und Ohren flogen. Für einen winzigen Moment sah sie sich, wie sie in Wirklichkeit aussah, ohne den Schleier der Gewöhnung: ihr eigentliches Gesicht, wie eine Eingebung. Sie hätte nicht sagen können, ob es ein schönes Gesicht war oder ein hässliches. Es war einfach ihres, und in dieser lichten Sekunde erschien es ihr überflüssig, es zu bewerten.

Als sie mit Franziska ein paar Monate nach der Geburt zum ersten Mal wieder im Schwimmbad gewesen war, hatte sie etwas Ähnliches erlebt. Im knöcheltiefen Wasser war sie wie erstarrt stehen geblieben und hatte ihren Körper in der Scheibe angesehen. Sie hatte einen Bauch bekommen, die Oberschenkel waren dicker und schlaffer als früher. Sie sah sich um: Fast alle Frauen sahen so aus. Nicht die jungen, aber die Mütter. Das beruhigte sie. Ein kaminwarmes Gefühl hatte sie durchströmt: Zumindest dem Äußeren nach unterschied sie sich nicht von diesen Leuten. Ein normales Leben, mit einer Familie, einem Beruf, den man liebte und in dem man Erfolg hatte, einem eigenen großen Haus. Sie hatte ihre schemenhafte Erscheinung in der Scheibe betrachtet und gewusst, dass sie es leider immer nur in diesen Äußerlichkeiten fertig bringen würde, solch ein Leben zu führen.

Sie war dann wieder schlanker geworden, wenn auch ein kleiner Bauch geblieben war. Er hatte sie nie gestört und sie hatte auch nie in Erwägung gezogen, dass er andere stören könnte. Lothar. Irgendwann hatte sie mitbekommen, dass die Frauen, mit denen er ins Bett ging, meist keinen Bauch hatten. Sie lächelte, nahm ihre Handtasche und verließ das Hotelzimmer.

Auf dem Weg durch die Altstadt zur Casa Romagna, wo sie Philipp treffen würde, fiel ihr auf, was für ein schöner Nachmittag das war. Die Sonne stand tief, die Zeit war noch nicht umgestellt. Links und rechts defilierten gut gelaunte Samstagnachmittagsmenschen an ihr vorüber, und mit ihnen drängten sich ihr Bilder früherer Erlebnisse auf, wie das manchmal so ist, wenn man sentimental und wehmütig wird. Der Geruch der Luft war es, die gefüllten Bierlokale mit den Heizpilzen, die dank des Wetters nicht in Betrieb waren, das Stimmengewirr um sie herum. Jeder Reiz, der ihr Gehirn erreichte, erschien ihr als ein Auftakt. Aber wozu? Wachgerufen durch die verheißungsvolle Stimmung, die ein nahender Frühling heraufbeschwor, stiegen Erinnerungen in ihr auf – ein Regen bunter Scherben und Splitter, im Abendlicht kaleidoskopisch funkelnd. Einen Moment lang staunte sie über diese Gabe, über die schiere biologische Tatsache, dass ein Mensch Erinnerungen hat, die ihn über lange Zeit hinweg beeinflussen können. Sie verfolgte diesen Gedanken etwas länger als nötig, dann bog sie nach rechts zum Rheinufer ab. Sie war nach Düsseldorf gekommen, um dem Schauspiel ihrer Erinnerungen zu entkommen: Eine Bühne, die sie und Lothar zeigte. Es war schon lange aus zwischen ihnen, vielleicht schon seit zehn Jahren. Seit Bogotá, dachte sie – selbst wenn sie danach noch weitergemacht hatten mit ihren Spielchen. Ihr Vater, der in Afrika gewesen war, hatte ihr mal von einem Infanterienangriff erzählt. Seinem Nebenmann war dabei von einer Granate der Kopf weggesprengt worden.

Er war noch fünfzig Meter weitergerannt, bevor er bemerkt hatte, dass er tot war.

Das Ereignis, das endgültig einen Schlussstrich gezogen hatte unter das, was von ihrer Ehe übrig geblieben war, lag erst eine Woche zurück. Es war nicht seine erste Affäre gewesen, weiß Gott nicht. Sie war längst routiniert geworden im Umgang damit. Doch diesmal, sie wusste nicht warum, hatte sie beschlossen, die Routine zu durchbrechen.

Seine Agentin war schon öfter bei ihnen gewesen, und Emilie hatte immer gehasst, dass ihr Parfum noch blieb, nachdem sie längst gegangen war. An diesem Abend sah Emilie die beiden Weingläser auf dem Tisch stehen, als sie nach einem langen Tag nach Hause gekommen war. Lothar hatte einen Vertrag für eine Gastrolle unterschrieben, irgendeine Serie mit einem Polizisten aus Hamburg, der in München einen Hund als Partner hatte, vielleicht war es auch umgekehrt. Emilie bemerkte, dass der Geruch, als sie nach oben ins Bad ging, intensiver wurde.

»Dann habt ihr zur Feier des Tages miteinander geschlafen?«, hatte sie gefragt, bevor sie heißes Wasser über ihre Hände strömen ließ. Lothar sagte etwas, das sie nicht verstand und nicht verstehen wollte. Kurz darauf trat sie in den Flur und fragte sachlich: »Und wo?«

Aber sie hatte es sich denken können. Die Tür zum Schlafzimmer, das er allein benutzte, seit Emilie in Franziskas altes Zimmer umgezogen war, stand offen. Das Ehebett war frisch zerwühlt. Der Geruch ihrer Handcreme überdeckte jetzt den des Parfums, aber sie war überzeugt, dass er in diesen Laken hing. Ganz sicher war sie, als sich Lothar, besoffen, mit verschränkten Armen an den Türrahmen lehnte. Er grinste.

»Das hast du lange nicht mehr gemacht«, sagte er.

»Was?«

»Mir hinterher spioniert.«

»Ich spioniere nicht. Das ist doch wohl alles offensichtlich.«

»Wenn du meinst.«

Was sie am meisten auf die Palme brachte, neben der Tatsache, dass er mit einer anderen Frau geschlafen hatte, war sein süffisantes Grinsen. Dass es nach all den Jahren, in denen sie diese Spielchen ignoriert hatte, überhaupt wieder zu ihr durchgedrungen war, hing wahrscheinlich mit Philipp zusammen, der in einer seiner langen E-Mails, die sie gelegentlich von ihm bekam, gefragt hatte, ob sie es für möglich halte, dass Lothar sie betrüge. Die Wortwahl hatte sie überrascht: So konnte man das also auch sehen.

Philipp hatte sich gerade von seiner Frau scheiden lassen, nachdem diese ihn betrogen hatte; so nannte man das in einer normalen Familie. Immer wieder hatte sie ihm in dieser Zeit von ihren Eheproblemen geschrieben, auch wenn Emilie ihre Ehe kaum als Problem empfunden hatte: Sie lebte ihr Leben, Lothar spielte seins. Sie brauchte keine Schulter zum Ausweinen, sie wollte nur ein bisschen lästern. Doch das Wort »Betrug« übte eine mahnende und gleichzeitig lockende Faszination auf sie aus, wie eine Grenze, die man nicht überschreiten und deren Überschreitung man nicht einmal denken darf, auch wenn sie nur eine gedachte ist. Diese Aufregung hatte sie zuletzt gespürt, als sie Lothar kennen gelernt hatte.

Jetzt war es zu Ende. Sie hätte gedacht, dass sie bereits zu professionell im Umgang mit ihrer Enttäuschung geworden war, um noch enttäuscht zu sein, aber sie war es. Die Erinnerung an Abende wie jenen tat weh. Am Ende dieser Nacht, sagte sie sich ruhig, wird nichts mehr so sein wie vorher. Dann werde ich – ein sehr großes, sehr abgenutztes Wort, ein Wort, das ihr Noch-Ehemann einmal zu oft in den Mund genommen hatte – dann werde ich endlich …

3

Frei sprechen? Das is aber nett von euch.«

»Jaja, es ist einfach eine lockere Gesprächsrunde. Eine ganz lockere Runde. Tobias wird euch einfach nach euren Erinnerungen fragen. Wir haben verschiedene Features vorbereitet, über, was weiß ich, Culture Club und Michael Jackson und so, und du musst bloß erzählen, was da so mit dir passiert ist zu der Zeit. Ganz einfach.«

Ja, ganz einfach, dachte Lothar. Etwas anderes ist von diesem Verein und von der ganzen Zeit, für die er steht, nicht zu erwarten, als dass er es den Leuten leicht macht. Auch die Regieassistentin versuchte, es ihm leicht zu machen.

»Ich häng dir jetzt den Sender um, einmal den Kopf hoch, bitte.«

Mit einer Geste, die nach weitaus mehr aussah, als sie bedeutete, hängte sie ihm das Kabel um den Hals wie einen Veteranenorden. Sie trug ein Headset und am Gürtel eine kleine Ledertasche mit irgendwas drin, wie eine Amazone mit postmodernem Fruchtbarkeitsgürtel. Eine junge Amazone, die den ganzen Scheiß noch vor sich hatte. Alle, die hier rumliefen, hatten ihre Position in diesem Getriebe, und alle hielten sich für unersetzlich. Sie geben es nicht zu, dachte Lothar, aber im Grunde halten sie sich selbst für viel wichtiger als dich. Du kannst doppelt so alt sein wie sie, berühmter, du kannst zwanzigmal so viele Auszeichnungen haben, für sie bist du ein wertloser alter Sack. Unter ihrem Tanktop trug die Amazone herausfordernd große Brüste, und obwohl Lotmann sie verachtete, hätte er wohl eine Erektion bekommen, wenn es dazu noch gelangt hätte.

»*So hat man mich bekränzt, um mich geschmückt / Als Opferthier vor den Altar zu führen!*«

»Wie bitte?«

»Nix.«

»Du hast ja bestimmt mitbekommen, wer noch eingeladen ist, oder?« In einer Duftwolke, die ihn an seinen Friseur erinnerte, hüllte sie ihn ein, um irgendwas an ihm festzuklicken. Sie beugte sich so weit über ihn, dass ihre Brüste seinen Horizont verdunkelten, und er weigerte sich, diskret woanders hinzusehen.

»Seid alle wahnsinnig locker hier beim Fernsehen, hm?«

»Bitte?«

»Eine große Familie. Duzt gleich jeden. Alle sind happy, dabei sein zu dürfen, oder wie.«

»Ach so ... Sorry, Herr Lotmann, wenn Sie ein Problem damit haben ...« Ihr Mund sagte das mit einem hübschen bedauernden Lächeln, aber eigentlich war ihr die Sache ziemlich gleichgültig. Sie weiß gar nicht, mit wem sie es zu tun hat, dachte Lotmann. Ihr ist es völlig egal, welche Stücke du gemacht, in welchen Filmen du gespielt und mit welchen Frauen du geschlafen hast. Du bist bloß eine Berühmtheit, um die sie sich zu kümmern hat, ein Kunde, ein Stück Vieh, das auf die Schlachtbank vorbereitet wird. Das wird man und das bleibt man, wenn sie dich einmal am Sack haben: Schlachtvieh.

»Ein Problem?«, sagte er, ebenfalls um Gleichgültigkeit bemüht. »Nee nee, ich hab andere Probleme als euren Kindergarten. Kann ich hier irgendwo mal telefonieren?«

4

Das Restaurant war ein wenig zu bemüht darum, einen gediegenen Eindruck zu machen, doch Emilie hatte eine Schwäche für dunkles Tropenholz und Täfelungen. Die Wände waren vom Boden bis auf halbe Höhe verkleidet, darüber blass ockerfarben bemalt, in einer Technik, die sie nur als Wischiwaschi bezeichnen konnte – ein Versuch, die recht aufwändige Feuchtverreibetechnik, für die man spezielle Schwämme benötigt, zu imitieren, was dann nicht mehr wie Sommernachmittag am Mittelmeer, sondern wie schwerer Regen in Tschernobyl aussah. Da das ein Düsseldorfer Exklusivitaliener sein sollte, was sowohl den uniform gedressten Kellnern als auch den Palisanderkassetten an der Theke anzusehen war, ärgerte sie sich, dass der schlechte Geschmack der Betreiber so nachlässig mit ihrem Illusionsbedürfnis umging.

Sie strich mit der flachen Hand über die kühle Tischfläche, auf der sie ganz entfernt noch die Struktur der Maserung erahnen konnte. Hartholz war ihr Lieblingsmaterial; seit ihrer ersten Hospitanz liebte sie es, damit zu arbeiten, und noch heute fiel es ihr schwer, bei neuen Projekten gänzlich darauf zu verzichten. Das war nicht zu vermeiden gewesen, denn ihr Auftraggeber war die Firma Porsche, die sich bei Stuttgart ein Firmenmuseum leistete und Emilie zur Chefausstatterin gemacht hatte. Es war ein Traum von einem Auftrag, größer als alles, was sie bisher gemacht hatte. Sie verbaute Tonnen von Metall, Kohlefaser, Kunststoff und Glas – nur eben kein Holz.

Philipp war noch nicht da. Sie sah auf die Uhr, es war viertel vor sechs, mindestens zwanzig Minuten zu früh. Sie war viel zu korrekt, viel zu verlässlich. Vielleicht lag es daran. Vielleicht war alles ihre Schuld. Weil sie zu vorhersehbar war. Weil sie eine rechtwinklige Phantasie hatte.

Ihr Telefon klingelte.

»Wo bist du?«, fragte er. Seine Stimme klang fordernd wie immer, aber es lag etwas Besorgtes, jetzt fast Zärtliches darin. Oder war das Angst?

»Noch zu Hause.«

»Du bist nicht ans Telefon gegangen.«

»Ich bin im Bad.«

»Und da hast du dein Handy mit?«

»Willst du was bestimmtes, Lothar?«

»Was machst du?«

»Ich dreh mir die Haare auf. Und bevor ich mir die Nägel lackiere, mach ich gleich noch rasch die Bügelwäsche. *Schatz*.«

»Sag mal, kann es sein, dass irgendwas mit unserer Ehe nicht in Ordnung ist?«

Sie legte auf. Innerhalb von Sekundenbruchteilen brodelte es in ihr. Er wusste, dass es ernst war, und dennoch, nicht einmal jetzt war er bereit, sie auch ernst zu nehmen. Was konnte sie noch tun? Sie hatte …

Aber da klingelte das Telefon noch einmal. Sie sah auf das Display, stellte den Ton ab, es blinkte weiter. Sie würde nicht drangehen. Ihn ausbluten lassen. Das hörte sich schrecklich an, aber ihr war grausam zumute. Das Display blinkte. Wenn sie einmal eine Entscheidung getroffen hatte, dann blieb sie dabei. Und er wusste das.

»Du bist gar nicht zu Hause, oder?«, sagte er.

»Was willst du?«

Es war still in der Leitung, bis auf statisches Rauschen. Sie fragte sich, ob das Rauschen wirklich statisch war, beziehungsweise, ob es überhaupt in der Leitung rauschte, statisch oder sonstwie; in Wirklichkeit war die Klangqualität nämlich erstaunlich gut. Dafür klapperte hinten in der Küche Geschirr.

» … alles noch mal, wir beide.«

»Tschuldigung, ich hab gerade … Kannst du das noch mal sagen?«

»Auch ein Kommentar«, sagte Lothar.

»Also wenn es um morgen geht, der Termin steht fest, und alles, was du dazu sagst, hätte dir früher einfallen müssen.«

»Ich hab dir gestern schon das Gleiche gesagt.«

»Ich meinte, ungefähr zehn Jahre früher.«

»Emmy, wir …«

»Ach, komm mir doch jetzt nicht mit deinem Emmy-Gesülze.« Ihre Stimme war lauter geworden, als es sich für ein Restaurant gehörte, auch wenn noch niemand außer ihr dort war. Und da, mitten in das, was sie jetzt noch sagen wollte und was, wenn sie es wirklich gesagt hätte, ein Wutausbruch geworden wäre, platzte Philipp herein, groß, drahtig, die fast noch pechschwarzen Haare über der Stirnglatze kurzgeschoren, auch er zehn Minuten zu früh, mit einer einzelnen Lilie in der Hand. Aber *platzen* war der falsche Ausdruck, Philipp platzte nirgendwo hinein, er betrat behutsam das Restaurant, ganz anders, als Lothar es getan hätte. Philipp vergewisserte sich mit jedem Schritt, ob der Boden ihn auch tragen, ob das

Personal seine Anwesenheit auch dulden würde. Dann sah er Emilie, sein Gesicht hellte sich auf, sein Schritt wurde schneller.

»Ich kann jetzt nicht. Ich muss Schluss machen.«

»Deswegen ruf ich ja an.«

»Ich meinte …«

»Wo bist du, Emmy?«

»Du sollst mich in Ruhe lassen«, zischte sie ins Telefon, was nicht ihre Art, jetzt aber unvermeidlich war. Philipp stand vor ihr, sein Lächeln war an den Enden gefroren, sie drückte ihren künftigen Exmann weg und schaltete das Telefon aus. Plötzlich ging es so einfach.

»Philipp, wie schön.«

»Komme ich ungelegen?«

»Ja, wie kannst du es eigentlich wagen, hier aufzutauchen?« Trotz ihres Lächelns schrak er zurück. Es lag an ihr; immer wenn sie es mit Humor versuchte, ging der Schuss nach hinten los. Sie konnte es einfach nicht. Sie musste aufstehen, ihn umarmen und ihn länger festhalten, als sie es je getan hatte, um das wieder gerade zu biegen. Er zog seinen Mantel aus, hängte ihn mit einem Bügel an die Garderobe, lächelte unsicher; seine etwas zu lang geratenen Arme verstärkten nur den Eindruck, dass er nicht wusste, wohin mit ihnen.

Dann saßen sie sich schweigend gegenüber. Sie kannten sich schon so lange, dass Emilie keine Sorge hatte, sie könnten in Gesprächsnotstand geraten. Genau deswegen geschah es wohl. Sie lächelten sich an, verlegen, immer kurz davor, mit irgendetwas anzufangen, schließlich doch kapitulierend, vor was auch immer. Weil es immer so leicht gewesen war zwischen ihnen, wurde es jetzt schwierig. Glücklicherweise kam der Kellner, um ihre Bestellung aufzunehmen.

»Wie geht's dir? Du siehst gut aus.«

»Nettes Kompliment. Ich glaub dir kein Wort.«

»Doch, wirklich. Können diese Augen lügen?«

»Nein«, sagte sie, lächelte. »Ich fühl mich nicht besonders. Obwohl, heute geht's schon wieder. Die letzten Tage waren ...«

Er nickte, als hätte er sie selbst erlebt. »Hast viel zu tun im Augenblick.«

»Ich hab das ein bisschen reduziert. Ich hab dem Thomas Junghans gesagt, dass ...«

»Das ist der von Porsche?«

»Der Projektleiter, genau. Wir liegen ja gut in der Zeit, und dann hab ich ihm gesagt, bei mir ist gerade privat viel los, ich brauch jetzt mal das Wochenende.«

»Und das war auch kein Problem.«

Eigentlich war es schon ein Problem gewesen. Das Problem war gewesen, dass Thomas Junghans, ein gutaussehender, ehrgeiziger und obendrein überforderter Projektleiter, ungefähr zwanzig Jahre jünger war als Emilie. Das Problem war, dass der Mann Angst hatte, allein für den Aufzugeinbau verantwortlich zu sein, das aber nicht zugeben wollte und deshalb Emilie suggerierte, sie vernachlässige ihre Pflicht. Das Problem war ferner, dass der Aufzugeinbau weder in Emilies Kompetenz-, noch in ihren vertraglich vereinbarten Auftragsbereich gehörte, dass sie Menschen wie Thomas Junghans gegenüber aber gern den Eindruck erweckte, wenn schon nicht zuständig, dann doch zumindest unersetzlich zu sein. Und das Hauptproblem war schließlich, dass dieser Thomas Junghans ein bisschen auf sie stand, was er ihr allerdings nicht zeigen wollte, und das machte es ihr wiederum schwerer, ihm zu zeigen, wie sehr er nicht ihr Typ war. Das war das Anstrengende an jungen Menschen: dass man ihnen auf keinen Fall zeigen durfte, wie viel mehr Überblick man hatte als sie.

»Nein, der ist wirklich sehr nett. Es wär aber auch anders gar nicht gegangen, ich bin ja schon froh, dass mein Anwalt sich sonntags Zeit nimmt.«

Das war nun gerade das Thema, von dem sie nicht anfangen wollte, nicht jetzt, nicht hier, nicht mit Philipp. Es war ja alles lange geplant, morgen würde sie nur noch die Verzichtserklärung auf Unterhalt unterschreiben, und damit wäre der Fall erledigt.

Sie lächelten wieder, sahen sich an; dann kam ihr Wein. Es war ein wortloser Toast, sie wusste nichts zu sagen. Oder doch eigentlich recht viel, nur war es eben viel zu viel, um es in einem Toast unterzubringen. Sie tranken.

»Jetzt sitzen wir hier.«

»Ja«, sagte sie. »Jetzt sitzen wir hier.«

5

Er saß tief eingesunken, spürte den Sessel an jedem Quadratzentimeter seines Hinterns, seiner Oberschenkel, seines Rückens. Unter den verdammten Studioscheinwerfern schwitzte er. Alles war Plastik, war Kulisse, und obwohl echtes Publikum auf den Rängen saß, wollte ihm das alles nicht real vorkommen.

Lotmann antwortete auf die Fragen, doch es war, als spräche eine körperlose Stimme aus ihm. Er sagte sich: Nur noch eine Frage, dann hast du erst mal wieder Ruhe. Die Atmosphäre im Studio war fürchterlich: bedrückend und gestellt.

Neben ihm saß Lydia Werner, die sich genauso unwohl zu fühlen schien wie er, dabei aber aufmerksam und höflich blieb. Lotmann war nicht nach Höflichkeit zumute. Diese sterile Deko, das dümmliche Publikum, das nur dann lachte, wenn die Schilder angingen, dann diese erbärmlichen Filmchen über Vanillajeans und Zauberwürfel.

Ein Lied wurde eingespielt, Lothar erkannte es von fern: *Do you really want to hurt me.* Tobias Berger sagte: »Culture Club, ein Riesenhit damals. Kannst du dich erinnern, wo du damals gespielt hast, Lothar?«

Gott, dachte Lotmann, du musst dich von einem duzen lassen, dessen einzige Qualifikation darin besteht, permanent zu grinsen, einem Anticharismatiker, einem Ein-Euro-Talkmaster. Es stimmt, was Emilie immer sagt: Du erkennst die Menschen an ihren Schuhen – in Bergers Fall an denen, für die er wirbt. Das Halbrund der Gesichter starrte ihn an. Du bist dran, keine Panik. Eine kurze Antwort, dann kannst du dich wieder schlafen legen. Du bist Profi, Lothar.

»Inszeniert, nicht gespielt. Ja«, sagte er; dann schaltete er auf Pause. Diese ganze Nummernrevue war idiotisch, sicher, aber genauso idiotisch ist jetzt deine kindische Revolte dagegen. Da durfte er sich nicht wundern, dass Willi Dröxler die Situation zu retten versuchte, indem er fragte: »Und kannst du dich eigentlich noch erinnern, wann du die Begeisterung für deinen Beruf verloren hast?« Bitte lachen.

Da hatte Lothar sich aber schon von selbst auf den Weg zu einer Antwort gebracht: »In Düsseldorf«, sagte er so freundlich wie er konnte, mit diesem Anekdoten-Tonfall, wie Gerhard Schröder ihn so meisterhaft beherrscht hatte, inklusive dem Übereinanderschlagen der Beine und dem lässigen Hinauslehnen des Arms über die Rückenlehne. Lotmann fühlte sich bei all dem, als quietschten Federn und Zahnräder in seinem Inneren.

Düsseldorf. Das Publikum wartete auf seine Geschichte, und seine Beine waren nun mal schon in Plauderposition. In einem kleinen Beitrag waren vor ein paar Minuten diejenigen Ereignisse des Jahres 1981 präsentiert worden, an die sich die Menschen nach Meinung der Tobias Bergers dieser Welt erinnern sollten: Nicht der Einmarsch der Russen in Afghanistan, nicht die Wahl Ronald Reagans zum 40. Präsidenten der USA, nicht einmal das Attentat auf den Papst oder die Friedensbewegung, sondern die Hochzeit von Prinz Charles und Lady Diana war zum Fluchtpunkt der medialen Erinnerung ernannt worden.

Lothar überlegte, welche seiner Geschichten sich in dieses Format pressen ließ. Willi Dröxler sah mit seinem typisch süffisanten Blick ins Publikum, als kenne er schon alles, was jetzt kommen würde. Lotmann wusste nicht, wie er hier, unter diesen Leuten, erzählen sollte, was ihm diese Zeit bedeutete. Wie kostbar ihm die Erinnerung daran war. Aber weshalb bist du hier, Lothar? Um dein Gesicht in die Kamera zu halten.

»Ein Skandal damals in der Theaterwelt«, sagte er und verspürte plötzlich eine unbändige Lust, etwas zu erzählen.

Er hatte schon ein paar Inszenierungen gemacht, die allesamt nicht schlecht besprochen worden waren. Anfang 1982, als Emilie und er schon ein festeres Paar waren, als er sich eingestehen wollte, inszenierte er in Düsseldorf Wedekinds *Frühlings Erwachen*, mit Emilie als Bühnenbildnerin. Es war eine unglaubliche Zeit damals, dachte er jetzt, alles war für dich auf dem Höhepunkt. Die Leute haben dir mit offenem Mund zugehört, du bist mit Emilie durch Europa gereist, die besten Schauspieler wollten euch kennen lernen. Seit seiner *Lulu* 1979 hatte er kontinuierlich mit Dankwart zusammen gearbeitet, dessen Dr. Schön in Frankfurt geradezu stilbildend gewesen war. Beim Düsseldorfer *Frühlings Erwachen* hatte er eine Traumbesetzung, und alles an dieser Inszenierung, selbst die Empörung der Zuschauer, verlief, was sonst eigentlich nie passierte, nach einer perfekten Choreographie.

Emilie und er hatten das Stück vorher schon einmal gemacht, 1978 am Heidelberger Zimmertheater, wo Emilie der einzige ihm bekannte Irrtum ihrer Bühnenkarriere unterlaufen war. Sie hatte die Idee gehabt, den Zweiten Akt in einem Zimmer mit Blümchentapete spielen zu lassen, und weil Lothar einen schwebend-leichten, luziden Effekt hatte haben wollen, hatte sie vorgeschlagen, die Tapeten *aufzustellen*. Dazu wollte sie sie mit einer härtenden Flüssigkeit einsprühen und gegeneinander lehnen, damit sie später, in der Masturbationsszene, nach hinten umkippen konnten. Lothar hatte sich schon damals nicht vorstellen können, wie das eigentlich funktionieren sollte, doch er hatte gesagt: Dann macht mal.

Damals war ihre Arbeitsweise noch anders gewesen, spontaner, viel weniger professionell, und Emilie, die später nichts mehr ohne detaillierte Vorplanung tat, hatte sich von Lothars impulsiver Experimentierfreude anstecken lassen. Dann kam der Tag der Generalprobe, jemand kletterte auf eine Leiter und hielt eine Tapetenbahn, Emilie stand unten und sprühte die Flüssigkeit dagegen, aber dann floss die Tapete in Wellen zu Boden wie bei einem Schlangenbeschwörer, der plötzlich zu flöten aufhört, und Emilie sagte: Ach so. Einen Tag vor der Premiere. Sie kratzte sich am Kopf, ließ Lothar keine Sekunde, um sich zu beschweren, sondern klatschte in ihrer unverwüstlich-pragmatischen Art in die Hände und sagte: Kinder, nebenan ist ein Blumenladen, den kaufen wir jetzt. Und dann machten sie das ganze Bühnenbild aus Blumen, und es war wunderbar. Sie waren anschließend pleite, das Geld hatte Lothar sich beim Spielleiter Wilfried Burgen persönlich leihen müssen, aber am nächsten Abend boten sie eine leichte, verspielte, sehr unschuldige Aufführung, und das Publikum hatte sie begeistert angenommen.

1982 gab es keine Pannen mehr. 1982 waren sie ein perfekt abgestimmtes Team, nichts war mehr dem Zufall überlassen. Emilie hatte aus meterhohen vertäfelten Bühnenwänden ein Klassenzimmer gebaut, das sich im Laufe des Stücks immer enger zusammenschob. An den Rändern, dicht gedrängt, saßen Kinder, zwölf, dreizehn Jahre alt, eine siebte Klasse aus Düsseldorf-Eller, deren Eltern sich anfangs darum gerissen hatten, ihre Kinder auf der Bühne zu sehen. Die Hälfte von ihnen zeigte Lothar nach der Premiere an.

»Die andere Hälfte ist vor dem Dritten Akt rausgerannt«, sagte Lothar.

»Das nenn ich wirklich einen Triumph«, von Dröxler; das lebende Tonband auf den billigen Plätzen lachte pflichtgemäß.

»Ja. Wenn man nicht auf Konsens aus ist wie all die Windbeutel, dann sieht man das so.« Spar dir doch den albernen Trotz, Lothar, du bist über sechzig, benimm dich nicht wie ein Kind.

Er konnte nicht mehr genau sagen, was eigentlich das Skandalöse an der Aufführung gewesen war. Die Eltern behaupteten öffentlich, dass sie nichts von den expliziten Posen in dem Stück gewusst hätten, und empörten sich darüber, dass die Aufführung bis halb zwölf am Abend gedauert hatte, mitten in der Woche. Wedekinds Kinder Wendla, Melchior,

Moritz, auch Hänschen Ridlow, waren junge Schauspieler gewesen, die von Lothars genialer Maskenbildnerin Elke Weindrich als Kinder geschminkt worden waren, die sich wiederum wie Erwachsene angezogen hatten, mit allerhand erotischen Accessoires wie Netzstrümpfen und Latex-BHs. Bei der Masturbationsszene hatte sich Hänschen an einer Sexpuppe abgearbeitet, und die Beischlafszene zwischen Wendla und Melchior war, nun ja, durchaus pornographisch geraten. Aber dergleichen hatte man schon in den späten Sechzigern auf dem Theater gesehen, dachte Lothar; das Unerhörte mussten die Kinder gewesen sein, die in dieser Szene als eine Art lebendige Kulisse das bezeugt hatten, wovor die Erwachsenenwelt des Stücks die Augen verschloss und verschließen wollte.

Wie zu erwarten gewesen war, zogen die Eltern der Kinder nach der Premiere ihre Einwilligung zurück, aber ihre Anzeige verlief im Sande, und das Stück wurde auch ohne Kinder zu einem Riesenerfolg. Lothar hatte sich durchgesetzt. Was er angefasst hatte in diesen Jahren, war wie ein tiefgründiges Rätsel gewesen, zu dem ihm stets im letzten Moment noch die richtige Lösung eingefallen war.

»Und wie war das jetzt noch mal mit *Do you really want to hurt me*?«

»Hä?«, sagte Lotmann, bevor er sich fangen konnte. »Was weiß ich. Ich kenn das Lied überhaupt nicht.«

Und zum ersten Mal lachte die Publikumsmaschine über ihn. Wahrscheinlich hielten sie es für ›erfrischende Ehrlichkeit‹. Damit konnten sie was anfangen.

Wie auf Kommando fühlte er wieder seine Blase. Wehmut schwappte in ihm über, ein klebriges Gefühl, an dem er in letzter Zeit immer öfter hängenblieb. Die Welt, die er sich eben wie eine Traumkulisse vor sein inneres Auge zurückgeholt hatte, bröckelte und zerstob unter dem derben Gejohle der Leute. Aufstehen. Jetzt. Einfach aufstehen und durch die Studiotür gehen. Erst in die Maske und zum Pissoir, dann einen Schluck trinken. Und danach Emilie anrufen. Ein paar einfache Schritte, ein übersichtlicher Plan. Warum bleibst du sitzen?

Aber er saß ja gar nicht. Ohne dass er sich willentlich daran beteiligt hatte, war sein Körper dem Kommando gefolgt. Lydia Werner war etwas gefragt worden, er hatte nicht zugehört. Jetzt stand er plötzlich. Lydia verstummte, Berger sah ihn fragend an. Die Zuschauer, denen schon die ganze Zeit über nicht entgangen war, dass mit dem Mann etwas nicht stimmte, warteten neugierig auf den Ausbruch. Ein Skandal lag in der Luft. Aber Lotmann hatte genug Skandale gehabt, er wollte nur verschwinden, einfach nicht mehr da sein; was er als letztes wollte, war, die Aufmerksamkeit auf sich zu lenken. Und deshalb konnte er sich auch jetzt nicht mehr setzen, es war entschieden. Er musste den Fuß heben. Nur den Fuß heben und einen Schritt gehen.

6

Sie kam eben von der Toilette zurück, als das Essen gebracht wurde; inzwischen hatte sich das Restaurant etwa zur Hälfte gefüllt. Hatte sie sich so lange die Hände gewaschen? Wenn ja, aus welchem Grund? Sie hatte sich lange auf diesen Abend gefreut, war wieder und wieder verschiedene Szenarien durchgegangen, wie er verlaufen könnte. Sie mochte Philipp.

Es war angenehm, in seiner Gesellschaft zu sein, er war ein vollendeter, professioneller Gesprächspartner. Es gab nie einen Hänger, erst recht keine extremen Spitzen oder Ausfälle; er wusste, wie man es anstellte, eine vertrauensvolle Atmosphäre herzustellen. Er fragte sie nach ihrem Leben, hörte aufmerksam zu, erzählte nur von sich, wenn es passte, und auch dann nur in Maßen, so als dürfe man die Wörter nicht leichtfertig verschwenden.

Lothar hatte nie Fragen gestellt, und wenn, dann nur grundsätzliche. Nicht: Wie geht es dir heute, sondern: Wie kommt es, dass es dir immer gut geht und mir immer schlecht? Er hatte geredet und geredet und darauf gewartet, dass sie sich an seinen Worten festhielt und mitreißen ließ. Wenn sie miteinander stritten, sprach sie leise, während er herumschrie und beleidigend wurde. Je sachlicher sie argumentierte, desto wilder schlug er um sich. Es war seltsam, dass sie nie Angst vor ihm gehabt hatte. Respekt ja, auch Achtung, aber keine Angst. Dabei hatte sie vor vielem Angst. Zum Beispiel davor, sich in einem Restaurant darüber zu beschweren, dass das Essen nicht heiß ist.

»Das musst du aber sagen«, sagte Philipp.

»Gleich. Wenn der Kellner kommt.«

Sie schnitt ihr Fleisch, setzte ihr tapferstes Lächeln auf und begann mit dem Essen. Im Hintergrund fiedelte eine Geige; plötzlich war ihr alles peinlich. Sie versuchte, das Gefühl abzuschütteln, es passte jetzt ganz und gar nicht hierher. Sie schüttelte auch wirklich den Kopf, und Philipp sagte: »Geht es nicht?«

Sie schnitt demonstrativ ein großes Stück von ihrem Lammcarrée ab und stippte es in die Sauce. Sie hatte keinen Hunger.

»Das Fleisch ist toll. Willst du mal?«

»Nein, ich bin …«

»Ach ja, immer noch Mohammedaner?«

Er stockte einen Augenblick, anstatt, wie er eigentlich sollte, nachsichtig zu lachen. Sie biss sich auf die Lippe: Schon wieder schief gegangen. Er lächelte gequält.

»Genau.«

Sein Carpaccio vom Frühlingsgemüse sah besser aus als ihr Kotelett, sie fühlte jeden Bissen kalt und hart in ihren Magen fallen. Als das Klappern des Bestecks und die Geräusche, die ihre Kiefer beim Kauen machten, unerträglich wurden, wollte sie sich entschuldigen, egal wofür, Hauptsache, etwas sagen, da sagte Philipp:

»Bist du mit dem Wagen gekommen?«

»Ja, mit dem Lancia. Von Lothar.«

»Ach, auf den konnte er heute mal verzichten?«

Emilie machte eine Bewegung wie ein Fernsehtechniker im Studio, der signalisierte, dass man nicht mehr auf Sendung ist.

»Was denn, schon wieder?«, fragte Philipp.

»Und ich glaube, diesmal für länger.«

»Wieder Alkohol?«

Sie nickte, nahm wieder einen Bissen, jetzt ging es etwas leichter. Sie fragte: »Haben sie dich eigentlich schon mal angehalten mit deinem … wie heißt das?« Philipp hatte ihr per Mail ein Foto von seinem Alltagsvehikel geschickt, ein quietschgelbes carbonverkleidetes Liegefahrrad, das aussah wie eine Zigarre oder auch ein Torpedo.

»Velomobil.«

»Genau. Du bist so ein richtiger …« Öko, oder?, wollte sie sagen, aber im letzten Augenblick – er hatte gerade die Flasche Wasser gehoben und verharrte jetzt in der Bewegung –

bekam sie die Kurve und verzichtete darauf, sich vollends unmöglich zu machen.

»Du wolltest auch noch, oder? Was bin ich?«

»Nichts, schon gut«, sagte sie schnell. »Danke.«

Er schien froh zu sein, dass der Kellner in Sichtweite kam.

»Bitte, kann ich noch einen Merlot haben?«, sagte Philipp, dann sah er Emilie an.

»Entschuldigung, ich …«, begann sie. Das wäre jetzt der Moment, um es zu sagen. Sie öffnete den Mund.

»Stimmt etwas nicht?«, fragte der Kellner. So ein junger Kerl. Er konnte doch nichts dafür; am Ende würden sie ihn entlassen.

»Nein nein, es ist sehr gut. Nur …«

Sie sah hilfesuchend Philipp an, doch Philipp machte keine Anstalten, sich in die Sache einzumischen. Er sah aufmerksam von ihr zum Kellner und wieder zurück, beobachtete sie interessiert und ein wenig spöttisch. Nein, nicht spöttisch. Nur interessiert. Er beobachtete sie *genau*. Sie spürte, wie sie nervös wurde, natürlich wegen der peinlichen Situation, in der sie plötzlich steckte. In die sie sich selbst gebracht hatte.

»Das Essen ist sehr gut«, sagte sie wieder. Die Pause legte nahe, dass das als Einleitung zu einem »aber« gemeint war, der Kellner wartete. Allerdings hatte er nicht ewig Zeit, und so ging er schließlich genauso vorbei wie der peinliche Moment. Kurz blitzte eine Erinnerung auf, ein geräucherter Aal Ende der Achtziger an der Ostsee, vor dem sie sich so sehr geekelt hatte, dass sie bei jedem Bissen gegen ihren Brechreiz ankämpfen musste, bis Lothar, der ihrer grausamen Selbstquälerei nicht länger zusehen mochte, ihr plötzlich das Besteck aus der Hand gerissen und seine Serviette über den Kadaver ihres Essens gebreitet hatte wie ein Leichentuch. Sie war ihm damals dankbar gewesen für diese Entmündigung.

»Jetzt musst du es kalt essen«, sagte Philipp.

»Ja«, sagte sie und schämte sich.

»Ich meine das jetzt nicht …«

»Nein, ich bin …«, unterbrach sie.

»Pädagogisch.«

»Ich bin selbst schuld. Ich hab da einfach … keine Ahnung. Franziska sagt mir das auch immer.«

»Was sagt sie dir immer? Wie geht es Franziska eigentlich?«

»Gut. Dass … Entschuldigung. Dass ich zu rücksichtsvoll bin. Und dass ich ihr manchmal vorkomme wie diese Nachkriegsfrauen, die immer nur machen und ertragen und stillhalten und darüber total vergessen, wer sie eigentlich sind. Wenn sie es jemals wussten.«

»Das scheint mir stark übertrieben zu sein.«

»Ich mach überall den Mund auf, also beruflich, nur nicht da … Ich weiß auch nicht. Das ist auch, ich meine: deswegen natürlich der ganze Krampf. Mit Lothar.«

»Sagt Franziska?«

»Sagt natürlich auch Franziska. Schmeckt aber auch kalt ganz gut.«

»Das kann ich mir kaum vorstellen«, sagte Philipp unverbindlich, als hätte Emilie eine Frage gestellt. Aber woher sollte er auch Genaueres wissen? Er wusste von der Scheidung. Aber er war immer zu diskret gewesen, um sie direkt nach ihrer Ehe zu fragen.

»Ich kann immer bis zum Ende durchhalten. Mir ist keine Kritik zu hart. Aber selber kritisieren …«

»Hört sich an, als würdest du gerne leiden.«

»Nicht gerne. Aber ich hab da eine höhere Schmerzgrenze …«

»Es ist kein Wettbewerb. Du bekommst keine Punkte dafür.«

»Ich weiß.«

»Wo man dann irgendwas gewinnt am Ende.«

»Ich weiß.«

»Was ist denn mit dir?«, fragte Philipp.

»Was soll mit mir sein?«

»Wo bleibst du dabei?«

»Hier. Ich bin jetzt hier.« Sie nahm seine Hand, es kam ihr nicht gestellt vor.

Sie aßen, tranken Wasser und Wein. Besteck klapperte, im Hintergrund das Anschwellen und Abebben der Unterhaltungen, die die übrigen Gäste miteinander führten, essende Ehepaare, deren Blicke ruhelos im Raum umhergingen. Sie hatten das Thema nicht beendet; es war ein Thema, das sich seine Ruhepausen selbst verordnete. Sie genossen die Stille. Als er sich die Mundwinkel abtupfte, fragte Philipp:

»Weiß Lothar, dass du heute Abend … dass wir uns treffen?«

Sie hasste es zu lügen, besonders, wenn es keinen Grund dazu gab. Sie hasste es genauso wie kaltes Essen, das schließlich gekocht worden war, um heiß gegessen zu werden.

»Natürlich«, sagte sie.

7

Am Nachmittag war sie in fast beschwingter Stimmung mit der Straßenbahn zu ihrer Mutter gefahren. Seitdem war sie durcheinander. Es war ein trauriger Besuch gewesen, obwohl sie sich so sehr gefreut hatte, ihre Mutter endlich wieder zu sehen nach der langen Zeit. Was sie zu sagen gehabt hatte, kam eigentlich nicht überraschend für Franziska. Sie verstand nicht, was mit ihr los war, sie hatte längst damit gerechnet. Dennoch wusste sie wenig darauf zu sagen. Sie hatte sich bald verabschiedet und auf den Weg zurück nach Duisburg gemacht. War dann eine Weile in Second Life unterwegs gewesen, hatte halbherzig ein paar Bücher durchgeblättert und sich eine Dose vegetarischer Bioravioli heiß gemacht, um die Zeit totzuschlagen.

Jetzt war sie allein auf dem Weg zu einem Konzert der Band Morbus Crohn, die Jazz mit Dub und elektronischen Elementen kombinierte. Auf dem Weg zum HundertMeister, wo das Konzert stattfinden sollte, sah sie einen Typen, den sie flüchtig kannte. Sie hatte ihn ein paar Mal in der Uni-Cafeteria in Duisburg gesehen; das letzte Mal hatten sie sich zugenickt, allerdings ohne miteinander zu sprechen.

Sie ging eine Weile hinter ihm her. Obwohl sie ihn nur von hinten sah, stand ihr sein Gesicht deutlich vor Augen: Er war dunkelhaarig, schlecht rasiert, ein wenig schmächtig. Seine Haare trug er kurz und unauffällig, und im Vorbeigehen waren ihr beim letzten Mal seine schönen Hände aufgefallen. Er kleidete sich auf eine Weise nachlässig, die ihn weder ungepflegt noch modisch erscheinen ließ. Wenn er einen Kaffee bestellte, klang seine Stimme leise und höflich, doch selbst ein »Danke« nahm einen milde spottenden Unterton an, weswegen sie es für ratsam hielt, einen gewissen Sicherheitsabstand einzunehmen. Ganz zu schweigen davon, dass er schon von sich aus keinerlei Anstalten machte, mit irgendjemandem zu reden; sie sah ihn immer allein.

Den ganzen Tag über war es schwül gewesen, viel zu warm für März. Noch galt die Winterzeit, erst heute Nacht würde sich das ändern, dennoch blühten die Bäume schon wie im Frühling. Sie hatte eine schwere Woche hinter sich, jeden Tag hatte sie in der Bibliothek gesessen, um sich auf ihre Prüfungen vorzubereiten; heute, am Samstag, wollte sie – was eigentlich? Spaß haben? Sich amüsieren? Feiern? Das klang alles nicht sehr wahrscheinlich.

Ein frischer Wind kündigte Abkühlung an, möglicherweise würde es in der Nacht noch gewittern.

Franziska ging an einer Baustelle vorbei; früher hatte hier ein altes Kaufhaus gestanden, Karstadt, jetzt war es abgerissen worden. Allerdings hatte man an einer Seite die alte Fassade stehen lassen, von riesigen Eisenträgern gestützt. Sie konnte sich gut vorstellen, wie sie später in dem neuen Gebäude zur Geltung kommen würde: ein Stück Geschichte, das man als Kulisse erhielt. Ihre Mutter hatte gesagt, sie würde morgen anrufen, wenn sie beim Anwalt gewesen war. Nicht, dass sie dann irgendwas würde sagen können, das Franziska vorher noch nicht gewusst hatte. Nichts würde sich ändern, außer dass sie ein Thema weniger haben würden, wenn sie telefonierten. Sie würde nicht mehr sagen können: »Ich weiß nicht, was mich noch davon abhält.«

War sie einverstanden, erleichtert, traurig? Ihre Eltern hatten in den letzten Jahren kaum noch miteinander geredet, und wenn, dann nur streitend. Meist hatte ihr Vater damit angefangen, doch je älter Franziska wurde, desto deutlicher registrierte sie die Anlässe, die ihre Mutter streute, wenn auch so dezent und unauffällig, dass man sie kaum wahrnahm. Ihr exaktes, sauberes Denken, ihre exegetische Haltung zu allem, was sie tat, das konnte jemanden wie ihren Vater rasend machen. Und ihre Mutter wusste das, und Franziska wusste, dass sie wusste, dass auch er es wusste. Sie kannten ihre Schwachstellen in- und auswendig, und wenn man Schwachstellen kennt, dachte Franziska, dann ist es wohl unausweichlich, dass man sie irgendwann angreift. Zumindest bei Menschen wie ihren Eltern.

Der Typ schien den gleichen Weg zu haben wie Franziska; sie folgte ihm über die Friedrich-Wilhelm-Straße und durch den Kantpark. In den Büschen am Lehmbruck-Museum drückten sich ein paar Junkies herum. Letzten Sommer hatte sie sich hier auf die Wiese gesetzt, zehn Zentimeter von einer benutzten Spritze entfernt. Im Dunkeln traute sie sich nicht mehr hierher, seitdem sie gehört hatte, dass immer wieder Frauen überfallen wurden und – na ja. Was Männer, die Frauen überfielen, eben noch so mit ihnen anstellten.

Sie war froh, als sie auf der anderen Seite wieder heraustraten und Richtung Dellplatz gingen. Hier begann ein richtiges Viertel, das einzige der Innenstadt. Ein paar Kneipen, ein Kulturzentrum, ein Programmkino, in der Mitte ein belebter Platz. Es war eine schreckliche Stadt, sie sehnte den Tag herbei, an dem sie endlich ihre Abschlussprüfung machen und von hier verschwinden würde. Aber an diesem kleinen Platz ließ es sich aushalten.

Sie gingen durch eine verkehrsberuhigte Zone, der Mann vor ihr mitten auf der Straße; offenbar hörte er nicht, dass sich von hinten ein Auto näherte. Sie beschleunigte ihre Schritte, sah die Kopfhörer, und bevor sie darüber nachdenken konnte, was sie tat, holte sie ihn ein und zog ihn am Ärmel von der Straße.

»Ey, du!«

Sofort drehte sich der Typ um und zog sich die Kopfhörer aus den Ohren. Der Wagen fuhr im Schritttempo vorbei, sie kam sich lächerlich vor. Als wäre sie auf eine Bühne gesprungen, ohne ein Programm vorbereitet zu haben.

»Ich wollte dir nur, äh … das Leben retten«, sagte sie, um das Beste daraus zu machen, und wunderte sich nicht einmal über ihre Schlagfertigkeit.

»Das wäre doch nicht nötig gewesen«, sagte der junge Mann nicht weniger schlagfertig. Er meinte es vielleicht im Scherz, gehörte aber nicht zu den Leuten, die komische Absichten durch entsprechende Gesichtsbewegungen markierten. Er schien ihre Verunsicherung zu bemerken; wie um es ihr leichter zu machen, lächelte er jetzt doch.

»Trotzdem danke.«

Damit, das wusste Franziska nicht aus Erfahrung, sondern vom Hörensagen, hatte sie den wichtigsten Schritt getan; von jetzt an würde es leichter werden.

8

Ich weiß nicht, welches Wort ihr daran nicht versteht: In zehn Minuten will ich eine Karre vor der Tür stehen haben, ist das klar?«

Die Assistentin mit den dicken Titten verschwand und wurde gleich darauf von einem Hampelmann ohne Titten, aber ebenfalls mit Headset ersetzt.

»Was gibt es …«

»Nimm erst mal das Ding ab, wenn du mit mir sprichst.«

»Was kann ich für Sie tun, Herr Lotmann?«

»Einen Wagen bestellen.«

Alle waren sie aufgeregt, ohne sich das groß anmerken lassen zu wollen, aber ihre halb geöffneten Münder verrieten Lothar, dass sie es hier mit einem Störfall zu tun hatten, von dem nichts in ihren Handbüchern stand. Sie konnten ihm nichts vormachen. Eine Generation von Billigfliegern, die sich überall benehmen, als wären sie im Urlaub, allen voran dieser Assistent. Lotmann durchschaute ihre aufgesetzte Abgeklärtheit, dieses Pokerface als Grundsatzkommentar, er verzeichnete jedes minimale Augenzucken, jede Geste, die nicht mehr im Einklang zur inneren Haltung stand. Er war ein Körpersprecher, so hatte ihn mal ein nicht ganz dummer Rezensent genannt, ein Mann der stummen Signale, und er ließ sich von diesen Milchbärten keine Komödie vorspielen.

»Angela kann Ihnen doch ein Taxi …«

»Also«, unterbrach Lotmann ihn, »erstens rede ich nicht von einem Taxi, und zweitens renn ich jetzt nicht hinter deinem Angelina-Jolie-Verschnitt her.«

»Gab es irgendwelche Probleme mit …«, fragte der Assistent jetzt atemlos. Er war sehr jung und sehr groß und auffällig schlank, und irgendetwas an ihm – vielleicht die roten Haare, vielleicht die Falten im Gesicht, die wohl kaum ein Kommentar zu seinem bewegten Leben sein konnten – reizte Lotmann dermaßen, dass er den Jungen beleidigen wollte.

»Nee, gab es nicht, alles super hier, außer dass ich einen scheiß Mietwagen will, wo ist da eigentlich das Problem, hm?«

Er trank den letzten Schluck, sein Flachmann war leer und

er betrunken, synchron sich hebende und senkende Pegelstände, Ziel erreicht, hundert Punkte. Das Studiogelände war in irgendeinem Kölner Außenbezirk, er kam sich vor, als sei es ein Lager, ein Gulag, völlig abgeschnitten von der Außenwelt. Er wollte dieses Fiasko hinter sich lassen. Seine Fresse in die Kamera halten, großartige Idee, danke, Melanie, und erinnere mich daran, dass ich dich, deine Familie und die Freunde deiner Familie auslöschen und eure Häuser noch niederbrennen muss. Er wusste, dass sein künstlerisches, Quatsch: sein wirtschaftliches Überleben davon abhing, dass er wieder Anschluss fand (wird sie Unterhalt fordern?), aber er konnte da einfach nicht mitspielen. O doch, kannst du: du hast es ja eben getan. Du hast dir selbst vor laufenden Kameras einen Regenschirm in den Arsch geschoben und ihn aufgespannt. Er wollte betrunken sein, in den Armen einer Frau liegen, weg von hier. Er dachte an Emilie, an sich selbst als jungen Mann, er dachte an Shakespeare, an sich selbst als alten Mann, an das Älterwerden der Liebe, er dachte an den Tod.

Natürlich hatte er selbst ein Handy, aber er zog es vor, sich noch mal das Telefon bringen zu lassen. Es verlieh ihm, so glaubte wohl irgendein vorgelagerter Bewusstseinsdistrikt, den exklusiven Nimbus, mit den Errungenschaften der Gegenwart absichtlich nicht Schritt halten zu wollen. Ein anderer Distrikt wusste, dass Lotmann dabei weniger wie ein Aussteiger als vielmehr wie ein Ausgestoßener wirkte.

»Ja, Karina, ich bin's … du, kannst du mich abholen? Ja … ich war in dieser beschissenen Show, ich muss jetzt jemanden sehen … Ich bin total unten, sag ich … Ach so, der Wagen ist … Dankwart? … Nee, dann lass mal, ich nehm mir selbst nen Wagen. Ja, bis später.«

Er trat aus der Maske und zündete sich eine Zigarette an. Möglicherweise, nein, sogar ganz sicher war hier das Rauchen verboten.

»Was ist jetzt mit meinem Mietwagen«, sagte er schroff in Richtung des Faltigen, der noch immer auf dem Flur herumtigerte und jetzt wieder sein Headset trug. In einer Art pawlowschem Reflex griff er danach, als er Lotmann sah, ließ die Hand dann aber wieder sinken.

»Also, wir haben inzwischen bei Sixt angerufen …«

»Wer, wir? Sitzt da die ganze Redaktion ums Telefon und bestellt mir einen Wagen, oder wie hab ich mir das vorzustellen?« Er kicherte über die Vorstellung. »Oder war das ein königliches Wir? Oder bist du Schizo? Was jetzt?«

»Wir, also ich, sie haben gesagt, sie bräuchten dann die Führerschein- und die Kreditkartennummer …«

»Quatsch.«

»Wie?«

»Quatsch, brauchen die nicht. Sag denen, ich bin ein guter Kunde, ich leih mir da seit Jahren die Karren aus.«

»Na ja, ich hatte gedacht, hier ist das Telefon, vielleicht könnten Sie das selbst …«

»Sag mal, wer ist hier der Laufbursche, du oder ich?«

»Nein, ich dachte nur, das mit dem Stammkunden und so, Sie könnten das vielleicht besser selbst mit denen klären.«

»Da gibt's nichts zu klären, Menschenskind, ich will bloß einen Wagen.«

»Die Vermietung sitzt am Flughafen, also, Sie müssten dann sowieso da hinfahren.«

»Was soll das heißen? Ich muss meinen Wagen neuerdings selbst holen?«

»Außerhalb der Geschäftszeiten ja. Schon immer«, sagte

der Mann, dem diese Bloßstellung stellvertretend für Lothar peinlich zu sein schien.

»Okay, dann besorg mir einen Mietwagen«, sagte dieser wiederum völlig unbeeindruckt, wie ein souveräner Messerjongleur, der, komme was wolle, nur Augen für die Mädels auf der Tribüne hat.

»Ääh …«

»Oder meinst du, ich latsch zu Fuß zum Flughafen raus«, sagte Lotmann jetzt schon etwas lauter, und seine Stimme bemühte sich vergeblich, die Fadenscheinigkeit seiner Argumente auszugleichen. Er wusste das. Er schrie trotzdem.

»Sagt mal, Kinder, wollt ihr mich eigentlich verarschen? Ich will einen Wagen!«

»Also, ich frage mich …«, sagte der junge, gertenschlanke Mann jetzt, und Lotmann fiel auf, dass er helle, wache Augen hatte.

»Was fragst du dich, Junge?«

»Worum geht's hier eigentlich?« Der junge Mann machte eine Geste, die das Telefon, Lothar und die gesamte Sprechblase ihrer Unterhaltung einbezog.

»Um ein Taxi«, sagte Lotmann beiläufig, während er weiter jonglierte, aber da saßen gar keine Mädels in diesem Zirkus, sein Grinsen traf leere Sitzreihen, und die Messer landeten eins nach dem anderen auf seinen Füßen. »Um einen beschissenen Mietwagen«, korrigierte er sich schnell.

»Aber vielleicht wäre es wirklich besser, ein Taxi zu nehmen, Herr Lotmann, so wie ich das sehe, sollten Sie nicht mehr fahren«, sagte der Mann mit plötzlich fester Stimme.

Das sind mir die liebsten: die sich auf einmal in Sicherheit fühlen, nur, weil sie im Recht sind. Weil sie die Wahrheit für sich gepachtet haben. »Was besser für mich ist, mein Junge, geht dich einen Scheiß an. Du sollst nur tun, was ich dir sage.«

»Tu ich aber nicht, bedaure, Herr Lotmann.«

»Oh, jetzt hab ich aber Respekt vor dir, du Arsch. Was bist du hier? Das Kamerakind? Was fällt dir ein, so mit mir zu reden? Glaubst du, dein Chef würde auch nur mit der Wimper zucken, dich zu feuern, wenn ich mich über dich beschwere? Glaubst du, draußen stehen nicht tausend Arschkriecher, die nur darauf warten, deinen Job zu machen?«

Der Mann sagte nichts; er hatte die Hände in die Hüften gestemmt und sah Lotmann unverwandt an.

»Du hältst dich für unersetzlich, was?«

»Ich möchte mich nur nicht beleidigen lassen. Ich glaube, mein Arbeitgeber würde mir da Recht geben, auch wenn Sie berühmter sind als ich.«

»Berühmter«, Lotmann zog verächtlich die Mundwinkel nach unten. »Ich hab dir einiges mehr voraus als bloß Ruhm.«

»Auch wenn Sie berühmter sind als ich«, wiederholte der junge Mann mit ruhiger Miene.

9

Sie waren beim Nachtisch angelangt, außerdem beim dritten, wenn auch kleinen, Glas Wein. Das war mehr, als Emilie sonst in zwei Wochen trank. Sie würde Kopfschmerzen haben, sie sollte sich etwas zügeln, schließlich musste sie morgen früh um neun in Mülheim sein, und es würde eine lange Nacht werden. Eine längere. Vielleicht.

»Wie lange geht das wohl schon?«, fragte Philipp jetzt.

»Was? Das mit dieser Melanie?« Sie zuckte die Schultern. Ihre Gedanken irrten ab. Sie bemerkte, wie sie bereits eine Spur zu lange auf ihr Glas gestarrt hatte, an ihrer Lippe nagend. Sie hatte sich das unbedingt abgewöhnen wollen, das war so, als kaue man an den Fingernägeln. Man könnte über die Arbeit reden, über Philipps Praxis, über den Sommer, das Essen oder Italien, das die Bilder an den Wänden allerdings von seiner abgeschmacktesten Seite zeigten. Aber Italien war zusammen mit den anderen Themen, über die sie hätten sprechen können, vorübergehend von der Landkarte verschwunden.

»Nicht lange. Ich glaube, er war bloß ein einziges Mal mit ihr im Bett. Aber es geht gar nicht um diese Melanie. Melanie ist bloß ein, ein …«

»Symbol.«

»Genau, ein Symbol.«

»Also hat er – und du weißt das? Seit wann?«

»Dass er Affären hat? Natürlich weiß ich das. Seit es angefangen hat. Seit, ich weiß nicht. Tausend Jahren.«

»Das ist jetzt mal ein Schlag. Ich meine: Lothar.«

»Sicher Lothar.« Sie schnaubte, sparte sich zu sagen: wer, wenn nicht er? Sie sah in Philipps Erstaunen – warum eigentlich? – eher unterschwellige Fraternisierung als das Bekunden moralischer Empörung.

»Ja, nein, ich hatte bloß gedacht, dass er …« Philipp blieb irgendwo zwischen zwei Gedanken hängen, sie fühlte, dass er fürchtete, etwas Falsches zu sagen, und sie wusste auch, was. Lothars Thema, sein großes Theaterthema, war die Liebe und ihre Negation durch Sex gewesen, und als er noch durch seine Aufführungen Schlagzeilen machte und nicht durch seine Kölner Kieznächte und besoffene Autofahrten und Handgemenge mit Verkehrspolizisten, da galt er einigen tatsächlich als eine künstlerische Autorität, die sich an der Bigotterie monogamer Beziehungsvorstellungen abarbeitete. Einer, der die Freiheit in Leben und Liebe verfocht, ohne in die 68er-Falle getappt zu sein. Einer, der klug genug war, Fragen zu stellen, anstatt marktschreierisch neue Lebensentwürfe hinauszuposaunen. Warum sollte ausgerechnet einer, der sein Anrecht auf sexuelle Freiheit stets öffentlich eingefordert hatte, seine Frau betrügen, so denkt Philipp, dachte Emilie.

»Er ist nicht anders als die anderen. Er gibt bloß offen zu, was alle anderen verheimlichen wollen.«

»Das ist jetzt eher so ein Lothar-Satz.«

Er hatte Recht. Was wollte sie damit eigentlich sagen? Am Anfang, als sie sich kennen lernten, da hatte sie Lothar nicht für einen wie alle anderen gehalten. Da hatte sie ihn für einen gehalten, der darum rang, hauptberuflich er selbst zu sein.

Ab Mai 1976 hatte Emilie ein Assistenzjahr bei August Monk in Bochum absolviert. Ihr Studium an der Kunstakademie Düsseldorf war fast beendet gewesen, sie war bereit, sich erste Meriten zu verdienen, und so erarbeitete sie mit Monk das Bühnenbild für Robert Plessners *Othello*-Inszenierung, Gert Machowiak spielte die Titelrolle. Fünf Wochen nach Beginn der Proben nahm Machowiak, nicht der einzige politisch aktive Schauspieler seiner Zeit, an einer Demonstration gegen die Bundesregierung in Bonn teil, nachdem Ulrike Meinhof tot in ihrer Stammheimer Zelle aufgefunden worden war. Am Abend des 10. Mai wurde Machowiak in seinem Opel Kadett angehalten und sein Wagen einer Fahrzeugkontrolle unterzogen; in seinem Kofferraum befanden sich fünf leere Bierflaschen, eine Wolldecke und ein halbvoller Benzinkanister. Da Machowiak als Übernachtungsadresse den Namen eines Freundes angab, der nach Meinung der Behörden in der Sympathisantenszene verkehrte, wurde Machowiak per Notstandsverordnung inhaftiert. Der Haftrichter beraumte einen Prozess an, der allerdings nicht vor Juni stattfinden würde. Sämtliche Protestnoten seitens der Bochumer Schauspielleitung blieben unbeantwortet, so dass der Intendant Hannes Lensch sich zur Umbesetzung der Hauptrolle gezwungen sah, um die Produktion nicht zu gefährden.

Lensch, der bis zum Vorjahr fester Regisseur in Bremen gewesen war, hatte dort einen Schauspieler entdeckt, den er nun fragte, ob er spontan als Othello einspringen könne. Plessner war dagegen, einem Nobody die gewichtige Rolle zu geben, aber Lensch setzte sich durch und holte den 31jährigen Lothar Lotmann nach Bochum.

Emilie hatte noch nie jemanden wie Lothar getroffen. Einen, der alle ungefragt duzte, der auf der Bühne rauchte, der ein ausgeleiertes Unterhemd trug oder auch keins und alle Mitspieler innerhalb von Minuten auf sein Spiel hin ausrichtete wie Kompassnadeln auf den Nordpol. Sie war eine leicht gehemmte junge Frau gewesen, intelligent, aber scheu, ein Mädchen aus einem geordneten Elternhaus. Sie war es gewöhnt, auch Gleichaltrige respektvoll zu siezen, rauchte nicht, trank nie mehr als einen höflichen Schluck, war darum bemüht, die Leute nicht zu sehr mit ihrer Selbständigkeit zu irritieren.

Lothar versuchte vom ersten Tag an, Plessner die Kontrolle über das Stück zu entreißen. Seine Vorstellungen von Othello widersprachen denen Plessners diametral. Dieser hatte eine zeitgemäße, milde die Rassismusdimension des Stoffes betonende Inszenierung im Sinn, die in der Figur der

Emilia außerdem der Emanzipationsbewegung Tribut zollte. Lothar durchkreuzte diesen seiner Meinung nach verlogenen Kniefall vorm Zeitgeist, wie er es nannte, permanent. Er spielte den Othello als plumpen, anzüglichen und narzisstischen Proleten, der sich in allem, was er tat, selbst bloßstellte. Emilie war fasziniert und abgestoßen zugleich, denn Lothar zeigte sich nicht im mindesten beeindruckt von Plessners massiver werdenden Drohungen, sich an Hannes Lensch zu wenden, falls er fortführe, sein Regiekonzept zu unterwandern.

Auch Philipp war bei der Produktion dabei gewesen. Emilie hatte ihn in ihrem ersten Semester Soziologie kennen gelernt, bevor er zur Medizin und sie zum Bühnenbild gewechselt war. Als Monks Assistentin hatte sie ihm einen Job als Hospitant besorgt, der die Aufgabe hatte, Plessner mit psychiatrischem Material zu den Themen Eifersucht und Wahnsinn zu versorgen. Sie hatte damals das Gefühl gehabt, dass sich zwischen ihnen beiden etwas anbahnte. Philipp war ein stiller, sensibler Mann, dessen gemessene Bewegungen und lang gezogene Glieder ihm die Aura eines Gelehrten verliehen. Sie wusste, dass er sehr klug war, und wenn er sie mit seinem etwas bohrenden Blick ansah, dann war das durchaus ein erotischer Akt gewesen: ein Blick, der tief und unbeirrbar in sie drang.

Aber Emilies Zurückhaltung traf in Philipp kaum auf einen entscheidungsfreudigen Konterpart, und so krebste ihre Liebäugelei ein wenig unbeholfen durch den Schlick ihrer Annäherungsversuche und drohte alle Augenblicke, entweder darin stecken zu bleiben – oder von einer ausgewachsenen Flut davongespült zu werden.

Und als Flut hatte sie Lothar erlebt. Emilie, die Monk und

Plessner loyale Gefolgschaft leistete, hatte keine andere Wahl, als in diesem Chauvi in jeder Hinsicht einen unliebsamen Aggressor zu sehen. Ebenso wie die Feuilletons der *Süddeutschen* oder der FAZ, die die Premiere unter Überschriften wie »Primat der Kunst« begeistert besprachen, war sie aber auch der Meinung, dass seine Darstellung des venezianischen Kriegsherrn vor Impulsivität und Originalität nur so strotzte. Die Art, wie er seinem Text scheinbar unfreiwillige Komik verlieh, wenn er nuschelnd deklamierte: *Sie liebte mich, weil ich Gefahr bestand / Ich liebte sie um ihres Mitleids willen*, und dabei das Machismo der Zeile gockelhaft karikierte, hatte etwas Geniales, ohne dabei sein Raffinement auszustellen. Das war kein Gelehrtentheater, keine Intellektualitätsbiedermeierei, sondern etwas Lebendiges, Unbegriffliches, das einen verwirrte und verstörte, das einem die Möglichkeit verweigerte, sich einen Reim darauf zu machen, der harmonisch zu all dem passte, was man schon auswendig kannte.

Politische Korrektheit hatte ihn nie interessiert. Als sie zum ersten Mal mit ihm sprach, zwei Becher überschwappenden Kaffees in der Hand und eben auf dem Weg zu einer Besprechung mit Monk, gelang es ihm, seine eigentlich konsensfähige Meinung über Eifersucht und Liebe vollständig hinter seiner Ignoranz zu verstecken.

»Othello ist einfach ein grobschlächtiger, bisschen dummer Neger, der glaubt, Desdemona sei sein Eigentum, weil ihm ein Vertreter der Herrenrasse das vorsagt. Er ist nicht nur paranoid, sondern auch bescheuert.« Er sagte das, ohne dass Emilie ihn danach gefragt hatte: Sie hatte sich lediglich dafür bedankt, dass Lothar ihr die Kantinentür aufgehalten hatte.

»Schwarzer«, sagte sie. »Neger ist pejorativ.«

»Was für'n Ding?«

»Abwertend.«

»Ich mein's ja auch abwertend. Othello ist ein Idiot. Das ist meine Meinung.«

»Aber wie können Sie ihn spielen, wenn Sie ihn für einen Idioten halten? Wenn Sie kein Verständnis für ihn haben?«

»Ich hab ja Verständnis. Übrigens heiß ich Lothar.«

Er streckte ihr die Hand hin, ohne zu bemerken, dass sie mit den beiden Bechern nur verschämt zurücklächeln konnte. Es war ihm offensichtlich peinlich, denn er zog die Hand sofort wieder zurück. Da bemerkte Emilie zum ersten Mal diese andere Seite an ihm – eine charmante Unsicherheit, fast Scheu, in Situationen, die nicht das Theater, sondern das Leben betrafen.

»Wenn Sie – du – jemanden verstehst – wirklich verstehst ..., dann kannst du ihn doch nicht für einen Idioten halten«, sagte sie überzeugt.

»Natürlich kann ich das«, sagte Lothar und war schon wieder ganz er selbst.

»Aber einen Idioten nennen wir doch jemanden, der nach Motiven handelt, die wir nicht tolerieren«, sagte Emilie, die daran gewöhnt war, einen ernsthaften Standpunkt mit vernünftigen Argumenten zu verteidigen. Lothar, jetzt kein bisschen unsicher mehr, verließ sich dagegen vornehmlich auf die Vehemenz seiner Behauptungen.

»Ja, nach idiotischen Motiven. Weil sie nur eine Verlängerung der herrschenden Vorstellungen seiner Zeit sind: Der Mann wird zum Gefangenen seiner romantischen Leidenschaft, dafür wird die Frau seine Gefangene. Das ist Besitzdenken, das ist das Gegenteil von Freiheit, gerade Othello als Neger müsste das wissen. Deswegen ist er ein Idiot. Weil er bloß die Ideologie der Mächtigen nachäfft. Was übrigens typisch für die Unterdrückten ist: Die wollen bloß selber unterdrücken.«

»Klingt, als wärst du schon fertig mit deiner Interpretation der Figur.«

»Ich muss sie ja auch spielen.«

»Für mich ist das nicht interessant, wenn mir ein Schauspieler vorschreibt, was ich von einer Figur zu halten habe. Es verrät die Figur und langweilt den Zuschauer.« Damit hatte sie sich verabschiedet, der Kaffee werde kalt. Als sie sich umdrehte, glaubte sie in Lothars Gesicht etwas zu lesen, das sie für geringschätziges Amüsement hielt und von dem sie erst, als sie nebeneinander im Bett lagen, erfuhr, dass es Bewunderung gewesen war.

Emilie war von Beginn an gewarnt gewesen. Sie hatte gewusst, mit was für einem Mann sie sich da einließ. Aber sie war jung gewesen und neugierig und selbstbewusst. Sie ahnte, dass dieser herrschsüchtige Mann beherrschbar war durch etwas, das ihm selbst fehlte und das sie besaß. Sie wusste nicht genau, was es war, aber sie spürte, dass sie ihm etwas voraus hatte. Sie traute sich alles Mögliche zu, und sie wollte wissen, weshalb Frauen wie sie vor einem Mann wie Lothar gewarnt sein sollten. Und dazu gehörte, mit einem Mann, den sie erst vor ein paar Stunden kennen gelernt hatte, in der ersten Nacht ins Bett zu gehen und mit ihm Dinge zu tun, von denen sie bis dahin noch nicht einmal gehört hatte.

»Also du wusstest, dass er fremdgeht, und hast nichts gesagt? Du?« Philipp rutschte auf seinem Stuhl herum, aber es lag nicht an ihrer Gedankenversunkenheit; den ganzen Abend schon war er nervös. Sie fühlte einen Vorwurf in seiner Stimme, der sie traf. So einfach, wie Philipp sich das dachte, war es nicht. Sie hatten ein Abkommen gehabt. Ein Lebensabkommen. Er hatte sie nicht betrogen, jedenfalls nicht von Anfang an. Später erst hatte er aufgehört, ihr davon zu erzählen, und sie hatte es nur noch an dem Geruch gemerkt, den er mit nach Hause gebracht hatte, an seiner Erregbarkeit, die ihn im Bett, je nach Saison, immer wieder neue Ideen haben ließ, die sie immer seltener für gute Ideen hielt.

»Aber das versteh ich nicht. Warst du nicht wahnsinnig eifersüchtig? Warum hast du ihn nicht zur Rede gestellt?«

»Das ist kompliziert«, sagte sie, und das war es tatsächlich: so kompliziert, dass sie es selbst nicht mehr verstand. Und obwohl Philipp ein erfolgreicher und wahrscheinlich wirklich guter Therapeut war, glaubte sie nicht, es ihm begreiflich machen zu können. Philipp war einer der Männer, die sich fragten, was selbstsichere Frauen an einem wie Lothar attraktiv finden mochten.

»Es war eine Art … Experiment«, sagte sie.

Philipp nickte, als verstünde er. Und vielleicht verstand er es auch wirklich.

»Ihr habt alles ganz anders machen wollen«, sagte er.

»Ja. Klingt ein bisschen einfach. Aber so war es wohl.«

»Und Franziska? Gehörte sie auch zu dem Experiment?«

Erschreckt blickte sie ihn an. In seinem Gesicht las sie nichts als die Gewissheit, die richtige Frage gestellt zu haben. Es war eine Überraschung, geradezu ein Angriff; plötzlich war er nicht mehr harmlos. Sie lächelte ein wenig. Die anfängliche Verkrampftheit zwischen ihnen war verschwunden, und sie stellte fest, dass sie sich ihm nah fühlte.

»Nein«, sagte sie mit genauso fester Stimme und lächelte. »Franziska ist das größte Geschenk meines Lebens.«

10

Als sie im Gedränge des HundertMeisters stand, hatte sie den Typen plötzlich aus den Augen verloren. Nicht verloren: Sie hatte ihm gar nicht nachgesehen. Sie ärgerte sich, dass es ihr so schwer fiel, den Besuch bei ihrer Mutter hinter sich zu lassen und endlich in ihrer verdienten Freizeit anzukommen.

Immer, wenn sie ihre Mutter besuchte, saßen sie zusammen in der Küche und sahen hinaus in den Garten, wo seit Jahren der inzwischen von Unkraut überwucherte Haufen mit zersprungenen Steinplatten und verrosteten Wasserrohren lag: die Überreste der alten Veranda, die irgendwann einmal durch eine neue ersetzt werden sollte. Seit Monaten stand ein grüner Müllbeutel zwischen diesen Trümmern, sie wusste, warum niemand sich dafür zuständig fühlte, ihn wegzuwerfen. Der Ehering ihres Vaters war irgendwo da drin. Zumindest dieses Problem hatte sich nun wohl endgültig erledigt.

Franziska hatte damit gerechnet, dass sie mit ihrer Mutter eine Weile Neuigkeiten über ihre Arbeit und ihr Studium austauschen würde, bevor das Gespräch bei ihrem Vater ankommen würde. Sie war sich darüber klar, dass sie dieses Thema in vielerlei Hinsicht nichts anging, und das war ihr sehr recht so. Dennoch versuchte sie meistens, ihrer Mutter etwas Hilfreiches zu sagen. Sie mochte diese Rolle nicht, aber sie spielte sie trotzdem. Obwohl ihre Mutter nie davon anfing, redeten sie in der Regel nach einer halben Stunde kaum jemals über etwas anderes. Es waren immer Kleinigkeiten. Ihre Mutter tat so, als würden diese Kleinigkeiten sie nicht sonderlich interessieren und schon gar nicht aufregen, aber wenn Franziska ihren abwesenden Blick sah und fragte, was mit ihr los sei, brach es sofort aus ihr hervor: Dein Vater hat wieder vergessen, diese und jene Rechnung zu bezahlen, er hat den Heizöltank leer werden lassen, er war letztens so betrunken, dass er in der Badewanne eingeschlafen ist.

Diesmal kamen sie auf das Thema, noch bevor Franziska ihre Jacke ausgezogen hatte. Ein Becher mit heißem Tee stand schon an ihrem Platz, dazu ein paar Briefe, die sich noch immer hierher verirrten. Ihre Mutter war nervös, knibbelte am Nagelbett ihres Zeigefingers. Sie hatte ihr feines Gesicht noch nie mit diesen Händen zusammenbringen können: Manikürte, immer raue Bauarbeiterhände.

»Franziska, ich muss dir etwas sagen. Ich lasse mich scheiden.«

Sie hatte darauf nicht geantwortet. Auf dem Tisch lagen wie gewöhnlich Stapel von Theaterzeitschriften, die ihr Vater seit Jahren nicht mehr las und ihre Mutter noch nie gelesen hatte; die obersten Nummern waren vermutlich aus dem letzten Jahrtausend.

»Okay«, hatte Franziska nur gesagt.

»Ich wollte dir nur erklären«, begann ihre Mutter, doch Franziska hatte mit einer Bestimmtheit, die sie selbst überraschte, gesagt: »Du brauchst mir nichts zu erklären, Mama. Warum solltest du mir das erklären? Warum jetzt?«

Ihre Mutter hatte sie angesehen, nach Worten suchend, an einer Antwort feilend, die sie, wie immer, erst aussprechen würde, wenn alle Ecken und Kanten abgeschliffen waren.

»Weiß er es schon?«, fragte Franziska.

»Ich hab's ihm gesagt.«

»Aber ist es auch bei ihm angekommen?«

»Ich habe keine Ahnung«, hatte ihre Mutter gesagt.

Auf dem Heimweg hatte Franziska in der Straßenbahn gesessen und aus dem Fenster geschaut. Sie fühlte Enttäuschung und Traurigkeit, die ihr irgendwie pflichtschuldig vorkam. In der Grundschule hatte sie mal an einer Aufführung teilgenommen. Lange hatte nicht festgestanden, ob ihre Mutter und ihr Vater dabei sein würden; Hannelore hatte die beiden so lange gedrängt, bis sie keine Wahl mehr gehabt hatten. In die Enttäuschung, die sie schon im Voraus empfand, für den Fall, dass sie nicht gekommen wären, hatte sich damals auch Erleichterung gemischt: So hätte sie wenigstens nicht mit ansehen müssen, wie sie einander den ganzen Abend lang ignorierten.

Die einzige Frage, die sich ihr aufdrängte, war: Was würde mit dem Haus geschehen? Sie konnte sich nicht vorstellen, dass ihre Mutter darauf verzichten würde, und sie hoffte es auch nicht. Sie beide waren in diesem Haus aufgewachsen. Für Franziska war es immer das einzig mögliche Haus gewesen, ein Ur-Haus, Schema und Blaupause für alle anderen Häuser, in denen sie jemals leben würde – oder für die, die sie selbst am Rechner konstruierte. Sie hatte sogar einmal die Geschichte dieses Hauses bis zu seiner Erbauung im Jahre 1899 zurückverfolgt.

Nach dem Ersten Weltkrieg hatte für eine Weile ein Spielzeugmacher seine Manufaktur in dem Haus gehabt. Während der Kindheit von Franziskas Mutter in den späten Fünfzigern fanden sich in den verzweigten Kellerräumen – das Haus war während des Ruhrkampfes von französischen Besatzungstruppen okkupiert und ausgebaut worden – alle Arten von Holzpferden, Eisenbahnen, Porzellanpuppen und etlichen anderen Spielsachen. Die meisten von ihnen waren unfertig oder kaputt, doch Franziskas Opa Georg hatte jedes von ihnen bereitwillig wieder in Stand gesetzt, selbst wenn er dazu erst Spezialwerkzeug besorgen musste.

Als Franziska hier aufwuchs, hatte sich der Keller mit Schätzen anderer Art gefüllt. Ihre Mutter sammelte Requisiten, die sie glaubte, irgendwann einmal gebrauchen zu können. Sie sammelte sie auch dann noch, als sie schon längst nicht mehr für das Theater arbeitete. Sie fuhr grundsätzlich mit dem Auto zu Trödelmärkten, weil sie wusste, dass sie dort garantiert etwas finden würde.

In den letzten Jahren hatte sie den Überblick über diesen Fundus vollkommen verloren. Das war seltsam, denn ihre Mutter war ordentlich, fast penibel. Sie hatte sich immer darüber beschwert, dass ihr Vater aus der Wasserflasche trank; sie selbst benutzte immer ein Glas, sogar dann, wenn sie nur einen einzigen Schluck trank. Sie hatte Jahre in die Renovierung des Hauses gesteckt, hatte den Terrazzo-Boden im Flur selbst restauriert, ebenso wie die Bleiglasfenster und die Eierstab-Friese an der Fassade. Trotz dieser Sorgfalt war es, solange ihre Eltern in dem Haus wohnten, immer unordentlich gewesen, schon in Franziskas Kindheit, und das lag nicht nur an ihrem Vater. Auch ihre Mutter ließ ihren Mantel auf dem Sofa im Wohnzimmer liegen, auf der Fensterbank im Wintergarten standen benutzte Kaffeetassen manchmal tagelang herum, und nicht selten war der Küchentisch oder die Arbeitsfläche vollkommen unbenutzbar, weil dort Zeug lag, das eigentlich in den Keller gehörte.

Ihre Tante Hanne war anders gewesen. Franziska war zu einem großen Teil bei ihr aufgewachsen. Bis sie in die Schule kam, hatte ihre Tante hier zusammen mit Opa Georg gewohnt, und weil Franziskas Eltern – zumindest aber ihre Mutter – den Großteil ihrer Zeit mit der Arbeit in anderen

Städten verbrachten, war Franziska manchmal wochenlang bei ihrer Tante gewesen. Seltener war sie in der Wohnung ihrer Eltern in Köln, wo meist ihr Vater sich um sie gekümmert hatte. Auch dort war sie gern gewesen.

Ihre Tante Hanne war eine verlässliche, manchmal etwas strenge und besitzergreifende Frau, der die sechzehn Jahre, die sie Franziskas Mutter voraus hatte, deutlich anzumerken waren. Während sie Franziska auf dem Spielplatz nie aus den Augen ließ und sie beinahe schon großmütterlich verhätschelte, nahm ihr Vater, der Chaot, sie oft ins Theater zu seinen Proben mit oder am Nachmittag in seine verrauchte Stammkneipe. Dort brachten er und sein Freund Dankwart ihr so sinnvolle Kunststücke bei wie jenes, einen Stapel Bierdeckel einen Salto von der Tischkante machen zu lassen, ohne dass ein einziger Deckel herunterfiel. Es war, als hätte Franziska während dieser Zeit in zwei Welten gelebt: In einem großen Gründerzeithaus mit Hausmusik und Büchern, die Hanne ihr zu lesen gab, und einem völlig verantwortungslosen Lotterleben in Köln, wo ihr Vater darauf aus zu sein schien, seiner Tochter all das Anständige und Wohlerzogene, um das sich Tante Hanne die ganze Woche über bemühte, wieder auszutreiben. Oft gab es Streit zwischen den beiden, immer um dasselbe: Ihr Vater warf seiner Schwägerin vor, sich zu viel, und sie ihm, sich zu wenig um Franziska zu kümmern. Beide hatten sie Recht gehabt.

Das alles war unwiederbringlich vorbei gewesen, als ihre Eltern nach dem Tod von Opa Georg das Haus von Hanne übernommen hatten. Von da an hatte sie ihre Tante seltener gesehen – ohne allerdings dafür mehr von ihren Eltern zu haben. Erst als sie älter wurde, in der Pubertät, bekam sie ein besseres Verhältnis zu ihrer Mutter, obwohl es plötzlich

Franziska war, die viel Zeit außer Haus verbrachte. Ihre Mutter war lange Zeit weit weg von Franziska gewesen, ganz anders als ihr Vater, der ihr allzu greifbar vorkam. Er hatte nie in das Haus gewollt, und er hatte darin gelebt mit der Aura eines Verdammten.

Sie hatte keine Ahnung, warum ihre Mutter so lange mit ihm zusammengeblieben war. Sie hätte sich an ihrer Stelle schon längst – nein: Sie hätte sich in so jemandem erst gar nicht verliebt. Er war unmöglich, war es immer gewesen, und eigentlich wollte sie überhaupt nicht weiter über ihn nachdenken, weil sie das bloß wütend machte.

Sie drehte sich um. Da war er wieder. Wenn sie noch die Kurve kriegen wollte – raus aus ihrem Kopf, rein in einen hoffentlich entspannten Abend –, musste es jetzt geschehen.

11

Karina wollte gerade ins Bad; sie war fast nackt, als er klingelte. Sein eingefallenes, völlig entgleistes Gesicht im Türspalt: in der ersten Schrecksekunde wollte sie die Tür einfach wieder zuschlagen. Dann aber unterdrückte sie den Impuls und zog ihn am Gürtel hinein. Sie kannte diesen Gesichtsausdruck, und sie wusste, dass der Abend furchtbar werden würde, wenn sie nichts gegen seine Stimmung unternahm. Sie ließ mit einem Schwung die Tür hinter ihm zufallen und griff ihm in den Schritt.

»Kann ich erst mal reinkommen?«

Sie zog ihn ins Wohnzimmer. »Jetzt bist du drin. Komm. Wir haben nicht mehr so viel Zeit.«

Er streifte die Jacke ab und warf sie über die Lehne des Sofas. Karina umarmte ihn, doch er entwand sich ihr und ließ sich schwer aufs Sofa fallen.

Damit war die Sache für sie eigentlich schon erledigt. So konnte sie nichts mit ihm anfangen. Leider war er in letzter Zeit selten anders. Er war alt geworden.

»Hör mal, können wir da nicht später hingehen?«, fragte er sie. »Nachher?«

»Nein, der Tisch ist bestellt, ich hab alle eingeladen. Dankwart …«

»Ich hab einen scheiß Tag hinter mir, mir geht's so was von …. Ich geh jetzt nicht unter Leute.«

»Ach so«, sagte sie nur.

»Ich dachte, wir könnten … Ich weiß auch nicht. 'ne Flasche Wein aufmachen. Bisschen reden.«

Um Gottes Willen, dachte sie. Heute machen wir's uns mal gemütlich. Ihr schauderte.

»Es war deine eigene Idee, Lothar. Schon vergessen?«

»Ich hab gesagt, dass ich dringend mit Dankwart sprechen muss. Die anderen Arschgeigen sind mir egal.«

»Die anderen Arschgeigen sind meine Freunde.«

»Freunde.« Er wiederholte das Wort, als wollte er es allein dadurch in seiner Scheinheiligkeit entlarven. »Wir gehen später.«

»Ich hab eigentlich nicht mitgekriegt, dass ich da irgendwas unterschrieben hätte«, sagte sie, ging hinüber ins Schlafzimmer und zog sich ihren Morgenmantel an.

»Entschuldige mal, wir sind schließlich …«

»Ja? Was sind wir?«

»Ich hab dir am Telefon gesagt, was heute los war.«

»Und ich hab schon am Telefon nicht verstanden, was es da

zu jammern gibt. Du bist in einer Fernsehshow gewesen, wie schlimm. Andere würden sich die Hand abhacken, um in eine rein zu kommen.«

»Was ist denn das für ein Scheiß? Ich bin im Arsch, ich bin künstlerisch ... Sag mal, bist du hirnamputiert, oder was?«

»Ja, vielleicht, stell dir mal vor: Vielleicht bin ich ja nur zum Ficken gut«, sagte sie mit plötzlicher Wut. »Dein Pech, dass da jetzt nichts mehr draus wird.« Sie zog den Mantel wieder aus, schleuderte ihn aufs Sofa und ging ins Badezimmer. »Wenn du nicht mitkommen willst, kannst du meinetwegen hier verschimmeln.«

Sie drehte das Wasser auf und steckte sich, noch an der Badewanne stehend, die Haare im Nacken hoch. Er fasste sie von hinten bei den Schultern.

»Ach komm jetzt«, sagte er. Seine Stimme klang bettelnd. Sie entzog sich seinem Griff und setzte sich auf den Rand der Badewanne, um die Temperatur des Wassers zu prüfen.

»Ich will doch nur ein bisschen reden, Karina.«

»Ich aber nicht. Pech gehabt.« Sie drängte ihn hinaus, knallte die Badezimmertür zu und stieg in die Wanne. Von Anfang an waren sie immer im Entweder-Oder-Modus miteinander umgegangen. Was war Lothar für sie gewesen? Ein Mann, der sie als Schauspielerin führen konnte. Dem sie erlaubt hatte, sie zu führen, nachdem sie klargestellt hatte, nach welchen Spielregeln das bei ihr ablief.

Ihre erste gemeinsame Inszenierung war Genets *Balkon* gewesen. Da gab es eine Szene, in der Karina als Bordellbesitzerin Madame Irma eines der Mädchen zurechtwies, und einer der Schauspieler schlug vor, dass das Mädchen vielleicht nackt sein sollte. So fing das an. Lothar griff den Vorschlag auf, man redete eine Weile darüber, auch Karina war einverstanden. Irgendwann kam Lothar darauf, dass vielleicht nicht das Mädchen, sondern Madame Irma selbst sich ausziehen sollte, und da war Karina auf die Barrikaden gegangen.

»Wenn du jemanden nackt sehen willst«, sagte sie vor versammelter Truppe zu Lothar, »dann zieh dich doch selber aus. Irma ist eine Puffmutter, die hat's nicht nötig, nackt rumzurennen. Völliger Stuss, die Idee.«

Lothar hatte die Probe unterbrochen und sie in sein Büro gebeten. Das machte er sonst nie, und natürlich hatte sie mitbekommen, dass er ein Auge auf sie geworfen hatte. Genau das war auch der Grund, weswegen sie es sich erlauben konnte, ihm Kontra zu geben. Von Anfang an war die Stimmung zwischen ihnen aggressiv gewesen, aggressiv sexuell.

Als sie in Lothars provisorischem Büro, dem Dirigentenzimmer, standen, in dem außer einem Flügel und einem einzigen Hocker zugezogene Vorhänge die einzigen Einrichtungsgegenstände waren, da hatte sie bemerkt, dass er hinter ihr unauffällig den Schlüssel im Schloss gedreht hatte.

»Was wird das hier?«, war seine erste Frage, mit der er gleich in die Offensive ging, aber wenn er sich für aggressiv hielt, dann hatte er Karina noch nicht kennen gelernt. Sie nannte ihn einen Chauvi, einen Unterlassungstäter, der nichts zum Lauf der Probe beizusteuern habe, als den unsäglichen Vorschlag eines versoffenen Arschlochs (gemeint war der Schauspieler) zu unterstützen, der noch dazu in keiner Beziehung zur Substanz des Stücks stehe.

»So, und was ist deiner Meinung nach die Substanz des Stücks?«, fragte Lothar spitz.

»Jedenfalls mehr als ein paar nackte Frauen! Da geht's um Leute, die sich eine Rolle suchen für ihr Leben, und nicht um diese frivole Scheiße. Das ist hier 'ne ernsthafte Angelegenheit, verdammt, und wir unterhalten uns über Klamotten!«

Lothar entgegnete, dass er mit ihrer Besetzung eigentlich die Hoffnung verbunden habe, eine Schauspielerin mit der Risikobereitschaft zu einem etwas ... körperorientierteren Spiel zu gewinnen ...

»Du kannst ruhig aufhören, wie ein Politiker zu quatschen, darum geht es nicht«, und um ihren Worten Nachdruck zu verleihen, hatte sie sich ihr abgetragenes Sweatshirt über den Kopf gezogen, so dass Lothars Blick vollautomatisch auf ihrem schmalen Oberkörper eingerastet war.

»Du kannst mir glauben, dass mich das einen Scheiß interessiert, ob ich nackt auf der Bühne stehe oder sonst was«, und sie breitete mit dem Stofffetzen in der einen Hand ihre Arme aus wie jemand, dem es nicht um Verführung, sondern um Glaubwürdigkeit geht, »bloß *hinstellen* lassen will ich mich nicht, das ist der Unterschied, ja? *Ich* muss da als Irma stehen, nicht du, und deswegen hast du das nicht zu entscheiden und ich auch nicht, sondern Irma hat das zu entscheiden, ob sie nackt da rausgeht oder nicht, verstehst du das?«

Er hatte es verstanden. Er hatte sie nachher an der Garderobe abgeholt und gesagt: »Ich lade dich zum Essen ein. Du bist mir was schuldig.«

Die Probe war vorbei gewesen; ihr Widerstand hatte sein Verständnis des Stücks erweitert; nun sah sie keinen Grund mehr, unhöflich zu sein. Er war ein interessanter Mann. Sie lachten. Drei Flaschen Wein tranken sie an diesem Abend, dann waren sie in ihrer Wohnung, im gleichen Augenblick schon hatten sie sich ausgezogen, und sie keuchte: Steck deine Zunge in meine Fotze.

Sie konnte von ihm verlangen, was sie wollte, er tat es. Er

nahm sich umgekehrt das gleiche Recht heraus. Es gab keine Verpflichtungen, keine: nicht einmal die, sich zu lieben. Wenn sie nicht reden wollte, redeten sie nicht. Wenn sie allein sein wollte, warf sie ihn raus. Was sie voneinander erwarteten, trugen sie auf der Bühne aus; im Bett waren sie frei.

Bloß, irgendwann wollte sie nicht mehr frei sein, und da fiel ihr auf, dass Lothar es nie gewesen war. Er hatte ein Kind, eine Zukunft mit ihm war nicht möglich; außerdem wusste Karina nicht, wie das funktionieren sollte: Zukunft. In Dankwart fand sie jemanden, mit dem alles, was Lothar auszeichnete, noch besser funktionierte – so gut, dass es schon wieder abartig war, krank. Allerdings waren gegen das, was sie später mit Dankwart hatte mitmachen müssen, die gelegentlichen Treffen mit Lothar wie gemütliche Wochenendausflüge ins Grüne gewesen. Sie hatten ein wenig über die alten Zeiten geredet, ein wenig getrunken, ein wenig gefickt. Es war ruhig gewesen, auch weil mit Lothar in dieser Hinsicht nicht mehr allzu viel los war.

Sie hatte sich gerade die Haare schamponiert, da ging plötzlich die Tür auf. Erst dachte sie, Lothar müsse pinkeln, seine Hose stand offen. Aber mit einem Gefühl konsternierter Belustigung, dicht gefolgt von Mitleid, sah sie, dass er eine halbe Erektion hatte. Zustande gebracht hatte. Stolz. Mit verzweifeltem Stolz.

»Komm«, keuchte er, »komm, du«, und er stellte sich mit seiner heruntergelassenen Hose genau vor ihr Gesicht.

12

Philipp war nicht gekommen, um den ganzen Abend über die Vergangenheit zu reden. Er wollte mit Emilie reden, er wollte sie für sich haben, zum ersten Mal in all den Jahren; nicht nur für ein paar Zeilen am Computer, sondern ganz und wahrhaftig. Doch er wusste nur zu gut, dass man in einer solchen Phase nur schwer an etwas anderes denken konnte. Er hatte dasselbe vor zwei Jahren erlebt, als er sich von Jutta hatte scheiden lassen. Selbst wenn man sich noch so gut versteht, wenn die ganze Sache ohne Streit abläuft, wie es bei ihm und Jutta gewesen war, ist es eine ungeheure Belastung. Man merkt, wie es die Kinder beschäftigt, auch wenn Sebastian und Annika beide erwachsen waren, jedenfalls fast. Man wird das schlechte Gewissen nicht los, das nagende Gefühl, vielleicht nicht sein Bestes versucht zu haben. Eine Beziehung, das hat eine Architektur, das ist etwas, das höher, komplexer und – im Idealfall – tragfähiger wird, je länger es dauert. Wenn man daran arbeitet. Ein Wolkenkratzer baut sich nicht von allein, nur weil man sich mit seinem Fundament Mühe gegeben hat. Man muss Stockwerk um Stockwerk gestalten, auch wenn man dafür bestehende Blaupausen verwenden kann. Es wird einfacher, aber das heißt nicht, dass man keine Kreativität mehr braucht. Im Gegenteil, je höher man baut, desto mehr muss man sich einfallen lassen, um das immergleiche Konzept interessant zu halten. Ein Restaurant mit Panoramablick, eine Aussichtsplattform, ganz oben eine Funkantenne, das alles sind tolle Attraktionen, doch man darf nicht die Stockwerke vergessen, die sie tragen: In einem Aussichtsturm kann man nicht leben. Es ist ungeheuer schwierig, etwas zu planen und zu bauen, in dem sich die

Menschen wohl fühlen, in dem man nicht nur arbeiten, sondern – das war das schwierigste – auch wohnen kann. Zu vermeiden, dass es zu einem tiefen dunklen Schacht wird.

Philipp hatte seinen Weitblick immer kurz vor der Erkenntnis eingebüßt. Er hatte nach einem Semester Soziologie schließlich Medizin studiert und seine beiden Praxisjahre in der Psychiatrie absolviert, dann seinen Facharzt gemacht und gedacht, jetzt könne es losgehen mit dem Marsch durch die Institutionen. Er hatte sich das als eine Art Tanz vorgestellt und war bitter enttäuscht gewesen, als er nach zwei weiteren Jahren festgestellt hatte, dass er keinen einzigen Schritt weitergekommen war. Alternative Behandlungsmethoden, Abkehr vom tief sitzenden Biologismus der Chefärzte, der Einfluss der Pharmaindustrie: Das alles hatte ihn entmutigt, und er hatte in sich weder die Kraft noch den ernsthaften Willen gespürt, sich ein Leben lang die Zähne daran auszubeißen.

Also hatte er kurzerhand gekündigt und beschlossen, etwas Sinnvolles zu tun. Über die Kirchengemeinde, in der er seit seiner Jugend aktiv war, erfuhr er von einem Entwicklungshilfeprojekt, und die nächsten drei Jahre sollte er Südamerika kennen lernen: Ecuador, Paraguay, Peru. Er half beim Bau von Schulen, beim Unterrichten und der medizinischen Grundversorgung und entdeckte, dass das Leben im Wesentlichen aus dem bestand, was man gelernt hatte und davon wieder abzugeben bereit war. Es waren keine selbstlosen Jahre, im Gegenteil; jetzt, in der Rückschau, wusste er, dass nichts, keine Erfahrung, auch seine späteren Fortbildungen und Selbsterfahrungskurse, ja nicht einmal die Meditation, ihn so bereichert hatten, wie das Kennenlernen dieser zutiefst anders denkenden Menschen. Am Ende der drei Jahre wollte er nicht zurück nach Hause und hängte drei Monate Trinidad und Kuba auf eigene Rechnung dran. Was er da sah, ernüchterte ihn derart, dass er in das Thema Revolution keine allzu großen Hoffnungen mehr setzte. Dafür entdeckte er dort das Tanzen: das wahre, lebensbejahende, körperliche Tanzen. Und auf dem Rückflug lernte er seine spätere Frau Jutta kennen.

Er war Mitte dreißig und hatte keine Ahnung, was er tun sollte; er wusste nur, dass es ihm nicht um ein eigenes Büro und zwei Autos in der Garage ging. Jutta arbeitete im Außendienst einer Kosmetikfirma, und selbst wenn er sich Mühe gab, konnte er sich nur schwer zwei Menschen vorstellen, die unterschiedlicher gewesen wären. Aber sie liebten sich, oder zumindest stellten sie sich sehr erwachsen darin an, das abstrakte Bild ihrer Beziehung so zu rahmen, dass es sich harmonisch in die erlesene Wohnzimmermöblierung einfügte. Sie bekamen zwei Kinder, einen Hund und, trotz seines Widerstands, ein bausparfinanziertes Eigenheim.

Zehn Jahre später wunderte er sich, dass das sein Leben sein sollte. Er hatte mit Zen angefangen und zwei Fortbildungen zum Paartherapeuten und systemischen Supervisor gemacht, auf dem Dach seines – ihres – Hauses sorgte ein kleiner Sonnenlichtkollektor dafür, dass er wenigstens die Nachrichten im Radio mit seinem Umweltgewissen vereinbaren konnte, und hinterm Haus waren Beete, die er, wenn auch erfolglos, mit Süßkartoffeln bepflanzte. Er ging mit Jutta tanzen, und so wenig sie auch miteinander zu besprechen hatten, das Tanzen überzeugte sie nach wie vor davon, dass da etwas Lebendiges, Bewegliches und, ja, Leidenschaftliches zwischen ihnen war. Sie wollte nichts mit den Problemen seiner Patienten zu tun haben, im Gegenzug schwieg er mit zusammengebissenen Zähnen zum Thema Tierversuche. Das Haus musste schließlich abbezahlt werden, Annika und Sebastian brauchten Lacoste und Nike, um eine starke Persönlichkeit zu entwickeln, und seine Meditationsseminare und Juttas Tennisclub ersetzten monatlich locker den Betrag für die Raten, die sie seit letztem Jahr nicht mehr zahlen mussten. Seit Anfang der neunziger Jahre arbeitete Philipp in freier Praxis und wunderte sich, dass er mit jedem Jahr weniger Begeisterung dafür aufbrachte, die Probleme anderer Menschen zu lösen. Denn in Wirklichkeit diente das nur dazu, den Blick für die eigenen zu verlieren. Er machte sich das nicht klar, doch er saß in diesem Haus, dieser Familie, diesem Leben fest und war unglücklich – obwohl all die Seminare, die er besuchte, ihm immer wieder einbläuten, man müsse nur ehrlich mit sich sein, dann käme das Glück ganz von selbst.

Er versuchte, dem Stillstand zu entgehen, versuchte, wenigstens auf der Stelle zu tanzen, um beweglich zu bleiben, doch das wurde immer mehr zu einem sturen Marsch auf dem Laufband. Er hielt Sitzungen in Paartherapie ab, die nicht selten schlecht und manchmal gar nicht bezahlt wurden, und bei jedem Wort, das er sagte, fragte er sich: Und ich? Deshalb sagte er ziemlich bald gar nichts mehr, wurde einer dieser Therapeuten, die man in psychoanalytischen Karikaturen manchmal sah: lediglich das wiederholend, was die Patienten sagen, allenfalls körperlich präsent.

Der Grund für die Scheidung lag unter anderem darin, dass körperliche Anwesenheit eindeutig zu wenig war. Jutta hatte längst eine Affäre, und es geschah ihm recht, dass der Mann ausgerechnet Tanzlehrer war. Er erfuhr das ganz prosaisch dadurch, dass Jutta eines Tages gestand – gestehen musste –, schwanger zu sein. Sie hätte versuchen können, den Eingriff zu verheimlichen, aber so viel schien sie seiner Kompetenz als Arzt noch immer zuzutrauen, dass sie es gar nicht erst mit einer Lüge probierte.

Sie hatten inzwischen den Nachtisch gegessen, Emilie trank einen Espresso. Trotz des leichten Carpaccios spürte er seinen Magen. Es war die Art, wie sie sich unterhielten. Wie alte Bekannte. Er wartete auf etwas anderes, auf etwas, das zu den nervösen Nadelstichen passte, die er manchmal spät am Abend unter der Haut gespürt hatte, wenn seine Gedanken sich in der Dunkelheit, von Jutta neben ihm unbemerkt, zu Emilie vorantasteten.

»Hast du jemals was mit einem anderen gehabt?«, fragte er Emilie.

»Einmal. Lothar hat schnell Wind davon bekommen und sich massiv dagegen gestellt.«

»Mit welchem Recht?«

»Lothar ist ganz gut darin, Sachen durchzudrücken, ohne das Recht dazu zu haben.«

»Warum lachst du?«

»Weil ihm ein interessanter Versprecher unterlaufen ist, damals. Er wollte wohl so etwas sagen wie: Ich werde nicht zulassen, dass der sich zwischen uns drängt. Was ihm rausrutschte, war: Ich werde nicht zulassen, dass ihr euch zwischen mich drängt.«

»Mein Gott.«

»Ja. Da muss man sich wirklich über gar nichts mehr wundern.«

»Warum hast du dich nicht schon viel eher von ihm befreit?«

»Es ist ja nicht so, dass ich mich gefangen gefühlt habe.«

Er betrachtete die feinen blonden Härchen über ihrer Oberlippe, das graue Wollkostüm und den breiten, geschmackvollen Schal, den sie trug, das kleine Feuermal an der rechten Schläfe. Er staunte darüber, wie zartfühlend und wohlwollend die Zeit mit ihr umgegangen war: Ihr Teint war klar und frisch, die Falten um ihren Mund und unter den Augen wirkten, als seien sie von einem Visagisten mit Absicht dort platziert worden. Die Haare, von silbernen Strähnen durchzogen, fielen in geschwungenen Wellen auf die Schultern, aschblond und füllig, und Philipp staunte noch mehr, als er feststellte, dass mit dem Älterwerden das Begehren keineswegs nachließ.

Er war jetzt ganz bei Emilie, weil er spürte, dass sie das alles rauslassen musste, wenn … wenn sie heute Abend noch tun wollten, wozu sie sich getroffen hatten. Er überlegte, wie er sie fragen konnte, ob das mit dem Hotel geklappt hatte, ohne die fragile Atmosphäre zwischen ihnen zu stören, ohne den Eindruck zu erwecken, er sei nur deswegen hier. Schließlich war es ihr Vorschlag gewesen. Er hatte vor Jahren im Scherz geschrieben, dass er mit jemandem wie ihr sogar eine Nacht im Hotel verbringen würde. Sie hatte das vor einer Woche aus heiterem Himmel aufgegriffen und geschrieben, sie sei in Düsseldorf, ob sie sich nicht treffen sollten? Ihretwegen auch in einem Hotel … In seinem ganzen Leben war er selten aufgeregter und kopfloser durch einen Tag gestolpert wie an diesem. Er hatte Klienten mit falschem Namen angesprochen, mittags die kleingeschnittene Paprika statt des Kerngehäuses in den Müll geworfen und am Abend die Sekretärin der Praxisgemeinschaft mit Emilie angeredet. Tatsächlich konnte er seit diesem Tag an nichts anderes mehr denken. Er probierte im Geiste mehrere Ansätze, wie er das Gespräch diskret auf dieses Thema lenken konnte.

»Was ist?«, fragte sie.

Er erschrak, weil er sie offenbar angestarrt und ihr obendrein nicht einmal zugehört hatte. Doch im nächsten Moment stellte er fest, dass es keinen Grund dazu gab. Sie sollte seine Bewunderung ruhig bemerken.

Plötzlich hatte er die Eingebung, dass sie weg von hier mussten, weg von diesem Tisch, aus diesem Restaurant, das schon ganz mit Vergangenheit angefüllt war. Allerdings war es noch zu früh, um jetzt schon ins Hotel zu gehen. Es war ein schöner Abend, viel zu warm für März, so schön wie im Sommer. Er musste an die Karibik denken, an den Calypso-Wettbewerb in Trinidad, wo sich ganze Dörfer an solchen Abenden trafen, um zu tanzen und die beste Band zu küren. Er hob die Hand und winkte dem Kellner.

»Hast du Lust zu tanzen? Ich kenne hier eine Bar, da spielen sie Salsa, Calypso, sowas. Sollen wir?«

13

Ruben suchte sich einen Platz im Gedränge auf der Tanzfläche, darauf bedacht, nichts von seinem Bier zu verschütten. Es war nicht sein erstes heute Abend, eigentlich trank er seit dem Mittag. Er steckte den Alkohol gut weg, vielleicht war das das Training. Wenn er trank, dann fühlte er sich nicht, als würde er auf etwas warten. Dann war er einfach vorhanden, tat irgendwas, dessen Absicht sich ihm von selbst erschloss, und es war gut. Erst am nächsten Morgen begann das Warten von neuem; das Warten darauf, dass irgendetwas geschehe in seinem Leben.

Die Band hatte noch nicht angefangen, gerade war das letzte Stück zu Ende gegangen. Ein bisschen Punk, ein bisschen Rock, alles auf schülerhaftem Niveau; er hatte früher selbst so was gespielt, in verschimmelten Bunkerkellern, in denen die Instrumente langsam den Geruch des vergorenen Weins annahmen, der aus den leeren Flaschen drang.

Mit ihrer Wetterjacke sah sie nicht aus, als ob sie regelmäßig hierher käme. Ruben fragte sich, ob er sie schon mal irgendwo gesehen hatte, viele Läden kamen ja nicht in Frage. Aber seine Erinnerung war oberflächlich und sprunghaft, er vergaß alles, ständig: Gesichter, Namen, Geburtstage. Er hielt es für nicht unwahrscheinlich, dass diese Vergesslichkeit mit chronischem, vielleicht pathologischem Desinteresse zusammenhing.

Die Leute um ihn herum waren ausgelassen, sprachen miteinander, lachten, amüsierten sich. Obwohl Ruben ständig ausging, weil er es allein zu Hause noch weniger aushielt als unter Menschen, kannte er niemanden. »Ich aber blieb ganz in der Nähe der Menschen, an der Oberfläche des Alleinseins, fest entschlossen, mich im Notfall in ihre Mitte zu flüchten«, das hatte er vor Jahren in Sartres *Ekel* gelesen, zu einer Zeit, als er noch Bücher las und ihn manchmal beeindruckte, was er darin fand.

»Du kennst hier auch keinen, oder?«

Da war sie wieder. Junge Frau, vielleicht gerade zwanzig oder etwas drüber. Sehr jung. Er wollte nicht reden. Andererseits wollte er das nie, und sie hatte ihm immerhin das Leben gerettet.

Sie waren das letzte Stück zum HundertMeister zusammen gegangen, schweigend; dann, im Gewirr an der Bar, waren sie sich abhanden gekommen, in der gegenseitigen Überzeugung, dass damit ihre Geschichte endete, noch bevor sie begonnen hatte.

»Nein.«

Das war schon gut für den Anfang, Ruben, wirklich nicht schlecht. An den Übergängen könnte noch was gemacht werden, aber Schwung, Intonation, selbst der coole Gesichtsausdruck: erste Sahne. Er zündete sich eine Zigarette an, hielt ihr die Schachtel hin, sie lehnte ab. Ein hübsches, freundliches, offenes Lächeln.

»Ich hab gerade gehört, dass die Band nicht kommt«, sagte sie jetzt dicht an seinem Ohr. Die Leute schlugen hinter und neben ihnen Wellen, so dass sie gegeneinander schwappten und sich wieder lösten wie Treibgut in einem Hafenbecken. Er bemühte sich, ihr den Qualm aus den Augen zu halten.

»Wie jetzt?«, fragte er. »Kann ja nicht sein, ich hab gerade den Bassisten gesehen.«

»Echt? Versteh ich nicht, gerade haben sie gesagt, die würden nicht kommen.«

Sie standen eine Weile lang ratlos da, und Ruben kam es so vor, als würde es nicht nur an seiner mangelnden Übung liegen, dass er keinen Anschluss fand. Dann sagte sie: »Ich hab letztens ein Stück von denen im Radio gehört, das war echt klasse.«

»Im Radio?«, fragte er verwundert. Morbus Crohn war keine Band für die Charts.

»Diese Uni-Station im Internet.«

»Ah so.«

Das war schon fast eine richtige Unterhaltung – ein bisschen steif zwar, aber immerhin bemühten sich beide, diese Steifheit durch Freundlichkeit und interessierte Blicke aufzulockern. Was ihr, fürchtete Ruben, besser gelang als ihm.

Dann ging, wie um nachzuhelfen, plötzlich das Licht in der kleinen Halle an, und per Lautsprecher wurde durchgesagt, dass das Konzert nicht stattfinden könne, weil der Gitarrist und der »Elektronikmann« auf halber Strecke im Zug festsäßen; einer hätte sich auf die Schienen geschmissen, und es sei völlig unklar, wie lange es dauern würde, ihn wieder einzusammeln. Raunen und Gemurmel ging durch den Saal, als der Lautsprecher knarzte und die Musik wieder angedreht wurde.

»Wie schrecklich«, sagte sie und meinte es sichtbar aufrichtig. Ruben sagte nichts. Er spürte den Impuls, das Bier auszutrinken und zu gehen, auf der Stelle, er fühlte diese Enge in der Kehle, begann zu schwitzen. Er hatte kaum einen Satz mit ihr gesprochen und fühlte sich schon überfordert. Er musste weg, bevor sie noch weiter hier standen und blödsinnige Sätze wechselten nach dem »Ich heiße Ruben und bin neunundzwanzig Jahre alt«-Schema. Neben ihnen beschwerten sich welche darüber, dass die beiden Bandmitglieder mit dem Zug gefahren waren, wo die Band doch offensichtlich einen Tourbus hatte. Man besprach ausgiebig, ob die beiden vielleicht radikale Umweltaktivisten oder sogar Straight-Edger seien; jemand sagte, die gebe es seit Ende der Neunziger nicht mehr, ein anderer wandte ein, dass Straight-Edger durchaus mit dem Auto führen, vom Prinzip her, ob es sie nun gebe oder nicht. Ruben konnte sich nicht entscheiden, ob er diese Unterhaltung witzig oder peinlich finden sollte, und ein Blick auf seine Gesprächspartnerin zeigte ihm, dass es ihr genauso ging. Sie lächelte ihn an. Wenn er wirklich gehen wollte, müsste er es jetzt tun. Gleich würde sie ihm ihren Namen sagen. Ihn womöglich fragen, was er »so mache«. Da war irgendwas, das ihn durcheinander brachte, die Luft war schlecht, sein Glas war noch fast voll; er konnte es unmöglich in einem Zug austrinken. Er konnte noch nicht gehen.

»Ich heiße übrigens Franziska«, sagte sie strahlend, und bei diesem Strahlen löste sich der Krampf. Die Leute bedrängten ihn noch immer, er hatte noch immer das Gefühl, dass es für ihre Unterhaltung keinen richtigen Grund gab, doch das Gefühl der klaffenden Sinnlosigkeit, das ihm so oft den Boden unter den Füßen und damit auch jegliche Gesprächsgrundlage entzog, war plötzlich weg.

»Ah«, sagte er, »schön«, und er meinte damit »freut mich«. Er gab ihr die Hand, und als er das Glas gegen ihres hob, fühlte er, dass ihr Lächeln ihm möglicherweise die Kraft für zwei oder drei weitere Sätze geben könnte.

Und er sagte: »Ich bin Ruben.«

14

Okay, ich komme ja. Wer ist denn noch alles da?«

»Freunde. Und Freunde von Freunden.«

»Kommt er auch da hin?«

»Ja. Später.«

Es stand seit langem fest, dass Dankwart wieder aus Berlin zurückkommen würde, daher hielt Lothar Karinas Gleichgültigkeit für gespielt, noch dazu schlecht, was ganz und gar nicht ihre Art war.

»Hast du eigentlich wieder was mit dem, oder was?«

Sie antwortete nicht, sondern sprühte sich Eau de Parfum unter die Achseln, etwas, das sie früher nicht getan hatte. Seit ihrer ersten Begegnung hatte sich hier einiges verändert, dachte Lothar, und er fühlte, dass es – wieder einmal – etwas mit Dankwart zu tun hatte, den er so dringend sehen musste. Nicht wollte; wenn er eine Wahl gehabt hätte, dann hätte er lieber darauf verzichtet, er war froh über die letzten sieben Jahre, die sich zwischen ihn und seinen alten Freund geschoben hatten. Kalte Wut stieg in Lothar auf.

Dankwart war das großspurigste und intriganteste Arschloch, seit es Theater gab. Quatsch, Theater. Für Dankwart war das Theater nur die Eintrittskarte gewesen. Für ihn hatte das Spielen nichts mit Unmittelbarkeit, mit authentischem Ausdruck, mit Identität zu tun. Er wollte nur in seine Biographie schreiben können: »Kommt eigentlich vom Theater.« Einen Scheiß kam er. Er war kein Schauspieler, sondern ein Schönling, Gernegroß, eine männliche Nutte.

»Und das sagst du mir jetzt so ganz beiläufig, ja? Seit wann?«

»Ist doch egal jetzt.«

»Mir aber nicht. Seit wann ihr wieder zusammen seid, hab ich gefragt.«

»Mein Gott«, sagte sie und wirbelte herum.

Sie hatte Recht. Zumindest hatte sie nicht ganz Unrecht. Es war viel Zeit vergangen, und dennoch war Dankwart immer ein wichtiger Teil in Karinas Leben gewesen. Wichtiger als er. Sie hatten 1992 geheiratet und sich sechs Jahre später wieder scheiden lassen. Dankwart hatte sie in einen Strudel aus exaltiertem Luxus und Drogenmissbrauch gezogen, nachdem er, zunächst im Fernsehen und dann in zwei Kinofilmen, sehr erfolgreich gewesen war, in der »Maisonate« sogar an Karinas Seite. Sie hatte darin eine alternde Tanzlehrerin gespielt, die mit einem ungarischen Exilanten kurz nach der Wende neues Glück erlebte, oder zumindest etwas in der Art von neuem Glück. Lothar hatte sich den Film nicht zu

Ende ansehen können, solch ein sentimentaler Scheiß war das gewesen. Das Publikum, mit dem Lothar selten einer Meinung war, hatte den Film gemocht, und Karina, die da schon in dem Alter war, wo die Rollenangebote für eine Frau nicht mehr so dicke kommen, hatte das ein Jahr lang mit Dankwart begossen. Dann hatte sie ein weiteres mit dem Versuch zugebracht, ihrer gegenseitigen Selbstzerfleischung zu entgehen. Aber Karina war vernünftig oder fertig genug gewesen, sich zu einer Therapie anzumelden und sich von Dankwart zu trennen. Die Endgültigkeit, mit der sie ihr Leben geändert hatte, währte acht Monate. Seit einem Jahr besuchte sie ihn wieder regelmäßig in Berlin. Und jetzt war er hier.

»Was spielt der denn hier?«

»Theater.«

»Der hat doch keine Ahnung, wie Theater überhaupt geschrieben wird. Der hat doch nicht mehr auf einer Bühne gestanden, seit ...«

Du darfst dich da nicht hineinsteigern. Das ist mehr als fünfzehn Jahre her, es ist vorbei und vergessen. Er hat dich damals bei *Virginia Woolf* hängen lassen, dann sind sie zusammen abgehauen und haben dich im Regen stehen lassen. So was kommt vor. Du hast Karina das nie vorgeworfen, also gibt es auch keinen Grund, es ihm vorzuwerfen. Er ist Schauspieler.

»Gut, du bist eifersüchtig. Ist bei mir angekommen. Können wir jetzt gehen?«

»Ich bin nicht eifersüchtig. Nicht auf ihn.« Es gab keinen Grund dazu. Dankwart hatte nie eine Vision von irgendetwas gehabt. Erfolg, das ja. Aber keine künstlerische Vision. Das ist es, dachte Lothar, was ihn zum Antonio und dich zum Torquato Tasso macht. Du hast doch eine Vision, oder, Lothar?

»Wenn du ihn für so schlecht hältst, versteh ich nicht, was du so dringend von ihm willst.«

Seine persönlichen Gefühle gegenüber Dankwart waren nicht wichtig. Es musste Dankwart sein, mit dem er den *Tasso* inszenierte, niemand anderes. Dankwart, der berechnende Tat- und Machtmensch, der sich mit den Herrschenden verbündet und die heiligen Prämissen der Kunst damit ebenso wie seine Freunde verraten hatte, der einem Künstler in jeder Hinsicht entgegengesetzt war: verwöhnt, pragmatisch, gewinnsüchtig. Niemand anderer als Dankwart konnte seinen Antonio spielen. Niemand anderer als dieser Mann ohne Vision konnte ihm helfen, allen zu zeigen, an welcher Lothar zugrunde gegangen war.

»Ich hab nicht gesagt, dass er schlecht ist. Ich hab gesagt, dass er kein Rückgrat hat. Und genau so jemanden brauche ich.«

»Und wofür?«

»Ich will ihm eine Rolle anbieten. Euch, um genau zu sein. Wenn du willst.«

»Davon weiß ich ja noch gar nichts. Wo willst du das denn machen?«

Es war bezeichnend für das, was aus ihr geworden war, dass das Stück sie nicht interessierte, sondern nur, wo es gespielt werden sollte. Darin war sie Dankwart zum Verwechseln ähnlich geworden. Es war exakt jenes opportunistische Denkmuster, das Leute wie Antonio ganz nach oben und Menschen wie Lothar aus der Umlaufbahn katapultierte.

An den großen Häusern bekam er keine Engagements mehr. Er setzte sich längst nicht mehr der Demütigung aus, dort anzufragen, und von allein geschah es ohnehin nicht;

inzwischen hatten dort Intendanten das Sagen, die sich schon nicht mehr an Lothars Namen erinnerten. Doch es gab kleine, unabhängige Bühnen, denen sein Zugang zum Theater noch etwas galt. Seinen ehemaligen Freund Dankwart für ein solches Projekt zu gewinnen, in dem Lothar gewissermaßen seinen Frieden machen konnte mit seiner Situation, das war ein Ziel, auf das er in den letzten Monaten hingearbeitet hatte, mit ähnlich großem Enthusiasmus wie früher, als er mit Emilie oder mit Dankwart – oder mit beiden – gearbeitet hatte. Er hatte Goethes Text wieder und wieder gelesen, hatte Sekundärmaterial besorgt, Goethes Zeit am Weimarer Hof pedantisch recherchiert. Er hatte mit verschiedenen freien Intendanten gesprochen, versucht, Geld aufzutreiben – und festgestellt, dass das schwierig war, wenn man weder eine Besetzung noch ein Regiekonzept hatte. Dennoch war der Gedanke an dieses Ziel das einzige gewesen, was ihn im letzten halben Jahr über Wasser gehalten hatte. Was ihn von seiner Krankheit abgelenkt hatte, von der Leere, die ihn heimsuchte, wenn er nicht arbeiten konnte – und davon, dass Emilie sich endgültig von ihm abgewendet hatte. Von der bohrenden Angst, dass er das alles ohne sie nicht schaffen konnte. Nicht schaffen wollte. Nur die Logik stimmt nicht ganz, Lothar; mit der gleichen Logik hast du diese Melanie-Sache inszeniert. Wenn du logisch denken würdest, Lothar, wärst du nicht hier. Nein, das wäre er nicht. Aber erstens hatte er immer verquer und niemals logisch gedacht, und zweitens ... zweitens wollte sich seine Frau morgen von ihm scheiden lassen.

»Glaubst du im Ernst, er wird dabei mitmachen?« Karina lachte, als könne Lothar die Abwegigkeit seiner Hoffnung dadurch leichter begreifen.

»Wieso nicht? Der *Tasso* ist ein gutes Stück. Ich dachte, du könntest die Leonore spielen. Was sagst du?«

»Die Rolle sagt mir im Augenblick gar nichts. Bist du fertig?«

Ja, natürlich: Er war fertig. Den ganzen Tag schon war er fertig, mit allem. Diese eine Sache, dachte er, immer wieder, in endlosen Schleifen, wie ein schweres Transportflugzeug, das über der Landebahn kreist und nicht landen darf, obwohl der Sprit zu Ende geht, diese eine Sache musst du noch erledigen. Du hast eine Vision, du hattest sie die ganze Zeit über. Dankwart, dachte er.

15

Lass uns nach Italien fahren.« Als sie hinausgingen, hallte dieser Satz leise in ihrem Kopf nach. Natürlich, die Bilder der Adria an den Wänden, das »Va bene« und »Prego« der Kellner. Und natürlich war das alles gelogen, aber ihr war schwindelig, sie war betrunken, und Italien blieb Italien, auch wenn es bloß eine Fiktion war. Sie musste hier raus.

»Ist dir nicht gut?«, fragte Philipp, sein plötzlich ängstliches Gesicht erleuchtet wie von einem Spotlicht.

»Geht schon«, sagte Emilie und schüttelte den Kopf, wie um die Bilder zu vertreiben. »Nur ein bisschen frische Luft.«

Philipps Worte hatten ihre Erinnerungen nicht verscheucht, im Gegenteil. *Ist dir nicht gut*, das hatte Lothar sie gefragt, auf ihrer Couch, am Abend, bevor sie nach Italien gefahren waren. Durchgebrannt. Sie lächelte.

»Worüber lächelst du?«, fragte Philipp, während er sie,

seine Hand auf ihrem Rücken, nach draußen führte, als sei sie einer Ohnmacht nah. Etwas daran widerstrebte ihr, sie war keine alte Frau, sie vertrug nur keinen Wein. Sie antwortete nicht, sondern schloss die Augen und atmete tief durch, um noch diesen kleinen Moment für sich zu haben.

Sie waren durchgebrannt, ohne Ansage. Am Vorabend hatte Lothar auf ihrem Sofa gelegen, erschöpft und glücklich, voller Angst. Der Bochumer Spielleiter hatte ihm eine Inszenierung angeboten.

»Hannes Lensch« hatte Lothar gestammelt, »ich meine, *Hannes* …«

Sie waren durch die Bochumer Innenstadt getingelt, das »Bermuda-Dreieck«, hatten gefeiert und über *Emilia Galotti* geredet, die seine erste eigene Inszenierung werden würde und Emilies erstes eigenverantwortliches Bühnenbild.

»Er meint, ich hab eine gute Phantasie für das Stück«, hatte Lothar gesagt, enthusiastisch wie ein kleiner Junge, der nicht glauben konnte, dass sein Lieblingsheld aus dem Kinderfernsehen ihm ein Autogramm gegeben hatte. Sie waren in einer überfüllten Kneipe gelandet, hatten zu Womack & Womack und den Rolling Stones und Cream getanzt, hatten sich in Nischen gedrückt und geküsst, taumelnd, weil sie nicht glauben konnten, dass jetzt der Augenblick gekommen war, in dem die Türen aufgingen. Emilie hatte ebenso viel Grund gehabt, sich zu freuen, schließlich war auch sie befördert worden, aber ihre Freude war stiller, abgeschlossener. Sie hatte gar kein Gefühl für den eigenen Triumph gehabt; den hatte sie nur gespürt, als Lothar auf dem Heimweg in die nächtliche Stille »EMILIAAAA« schrie, mit ausgebreiteten Armen, in der Kämpferpose des Underdogs, die sie kürzlich in »Rocky« gesehen und über die sie sich anschließend totgelacht hatten. Was diese Chance für ihn bedeutete. Es war in etwa dasselbe, was es für sie bedeutete, natürlich, aber wenn man es von außen betrachtete, wurde es anschaulicher, beinahe greifbar.

Sie hatte damit gerechnet, dass ihre Diskussion über *Emilia Galotti*, über Liebe und Besitz, über Sexualität und Macht und das Politische im Privaten in eine anschaulichere Form der Austragung übergehen würde, am Abend, in ihrem Bett. Aber als sie das Licht angeknipst hatte und ihre Schlüssel auf den Deckel des Plattenspielers klimperten, ließ Lothar sich auf ihr Sofa fallen, plötzlich schwer und matt, und sagte: »Emmy, ich habe Angst.«

»Ja«, hatte sie gesagt, »ich auch.« Die Wohnung war still; draußen fuhr ein Auto vorbei, der Scheinwerfer lief über die Wand und Lothar hinweg und verlor sich dann, bevor er Emilie erreichen konnte. Sie saß an dem Klavier, das ihr Vater ihr mitgegeben hatte, obgleich sie beteuert hatte, sie würde ohnehin nicht zum Spielen kommen. Deine erste Wohnung, hatte er gesagt, da muss ein Klavier drin stehen, deine Mama hätte das auch gewollt. Er hatte die Möbelpacker bezahlt, also hatte sie ihren Widerstand schließlich aufgeben müssen. Bisher hatte sie noch kein einziges Mal darauf gespielt, jetzt schlug sie einen Ton an, irgendeinen, der lange das Zimmer ausfüllte und sein Verstummen, dünner und dünner werdend, ins Unendliche hinauszögerte.

»Willst du was spielen?«, fragte Lothar. Sein Gesicht war jetzt wieder ruhig und glatt; wenn sich Sorge dahinter verbarg, so konnte sie nichts davon sehen.

»Es ist mitten in der Nacht«, sagte sie und meinte, dass dies ein Mietshaus war, und dann legte Lothar den Kopf schief und sah sie mit diesem Blick an, halb spöttisch, halb mitleidig, den er immer aufsetzte, wenn ihr Gehorsam den Notwendigkeiten vorauseilte. Noch vor ein paar Wochen hätte er sie aufgefordert, etwas besonders Lautes zu spielen, vielleicht hätte er es auch jetzt getan, wäre er nur in einer anderen Stimmung gewesen. Jetzt lächelte er nur und fragte: »Wovor hast *du* Angst?«

»Zu versagen«, antwortete sie knapp. Was hatte sie damit gemeint? Sie wusste es nicht mehr. Wahrscheinlich hatte sie die Chance gemeint, die sich ihr bot, und die innere Verpflichtung, sie für eine Karriere zu nutzen. Bei Lothar aber schien die Angst noch tiefer zu reichen. Sie ahnte inzwischen, dass es mit seinem Selbstverständnis zusammenhing, möglicherweise mit seinem Selbstverständnis als, so albern das auch klingen mochte: Mann.

»Was ist«, sagte er leise, »wenn mir nichts einfällt? Was ist, wenn die alle schon wissen, was ich sagen will? Was will ich überhaupt sagen?«

Die Frage stand im Raum, Emilie wusste nichts darauf zu antworten. Sie kannte ihn so nicht, wusste nicht, wie sie jetzt mit ihm umgehen sollte. Das war keine Attitüde, der Zweifel war echt, sie konnte es an Lothars Brust und Schultern sehen, die sich beim Atmen mühsam hoben und senkten.

»*Emilia Galotti*«, sagte er. »Ich hab doch keine Ahnung von dem Stück, mein Gott, ausgerechnet Lessing, hätte es nicht irgendwas anderes sein können?«

»Es ist perfekt«, sagte sie nur und versuchte, unerschütterlich zu klingen. Sie ging zu ihm hinüber, setzte sich vors Sofa, fuhr ihm mit der Hand durch die Haare. »Wir lesen es zusammen, du wirst sehen.« Sie wollte sagen, was er dann sehen würde, aber sie wusste nicht weiter. Sie hatte keine Ahnung, warum er ausgerechnet im Moment größter Freude mutlos werden musste. Schwer hörte sie sein Atmen.

Später, im Bett, küsste und berührte sie ihn; nicht, weil sie ihn ablenken wollte, sondern weil sie ihn *wollte*. Aber er lag nur schlaff auf dem Rücken und starrte in die Dunkelheit.

»Was ist los?«, fragte sie ihn. Er drehte sich um, strich mit der flachen Hand über ihren Bauch und legte seinen Kopf dorthin. Dann schlief er ein.

Am nächsten Morgen wurden vor dem Haus die Mülltonnen geleert, die Sonne schien, und Lothar stand vor dem Fenster und riss die Vorhänge auf. Kaffeeduft erfüllte die Wohnung, Lothar stellte eine dampfende Tasse auf den Boden neben das Bett, dann öffnete er das Fenster und ließ die kühle Luft herein; Emilie zog sich hastig die Bettdecke bis zum Kinn. Der Müllwagen war nur noch ganz leise am Ende der Straße zu hören, als er sagte: »Wir haben Arbeit vor uns, Emmy, aber die müssen wir nicht hier machen. Da draußen ist die Welt und lebt und pulsiert, und wir hocken hier in der Bude. Wo willst du hinfahren?«

Sie hob leicht den Kopf und rieb sich mit der Hand übers Gesicht.

»Was bitte?«

»Wo wollen wir arbeiten? Wir fahren zwei, drei Wochen irgendwohin und mieten uns was und tun so, als könnten wir machen, was wir wollen, oder was.«

»Jetzt? Sofort?«

»Mann, wach auf, Emmy, wir könnten schon auf der Autobahn sein!«

»Aber … das geht nicht … ich muss noch …«

»Quatsch. Ich muss auch, Hannes wird mir den Kopf abreißen, aber verstehst du nicht: da draußen!«

Emilie setzte sich auf, jetzt schon weniger zweifelnd, kratzte sich am Kopf und fragte: »Aber wohin denn?«

Lothar ging zum Fenster, lehnte sich raus und schrie quer über die Straße: »MEINE FRAU IST FAUL UND LANGWEILIG UND LIEGT DEN GANZEN TAG IM BETT RUM!«

Sie stürzte zum Fenster, unten blieb eine alte Frau mit Hund stehen und schaute ängstlich zu ihnen hoch. Sie zog ihn aufs Bett und versuchte, ihn mit dem Kopfkissen zu ersticken.

»Spinner. Ich bin gar nicht deine Frau.«

Er versuchte, ein Ohr freizukriegen, seine Stimme klang, als hätte er Watte im Mund.

»Zum Glück, du bist mir viel zu einfallslos.«

»Italien.«

»Was?«

»Ich war noch nie in Italien. Außerdem passt das zum Stück.«

Zwei Stunden später saßen sie in Lothars rostigem Ford Taunus, und Emilie spürte dieses trügerische Gefühl der Freiheit, das einen beim Anblick langer gerader Straßen manchmal überkommt. Es war Dienstag, ein ganz normaler Wochentag. Eben noch hatten sie im Berufsverkehr gestanden, jetzt ließen sie alles hinter sich. In Italien, dort wartete ihr erstes Stück über Emilia Galotti, die auf dem Lustschloss Dosalo gefangen gehalten wurde, wohin sie der gewissenlose Hettore Gonzaga entführt hatte.

»Geht's besser?«, fragte Philipp. In den letzten Strahlen der Abendsonne glitzerte der Rhein rechts neben ihnen, ein Containerschiff schob sich von hinten in den Blickwinkel, und Emilie dachte: Fast dreißig Jahre ist das jetzt her. Der Winter hatte das Ruhrgebiet nur noch mit den Fingerspitzen in seinem Griff gehabt, und je weiter sie nach Süden kamen, desto frühlingshafter wurde es. Sie bildeten Sätze aus den

Buchstaben der Autokennzeichen und daraus Geschichten, die von den Gesichtern der Männer und Frauen und Familien handelten, die ihren lahmen Taunus ständig überholten, erst recht, als die Straße zum Sankt Gotthard-Pass hin anstieg. Als sie schon fast aus der Schweiz raus waren, dudelte das Radio passend irgendwas Amerikanisches von Freiheit und neuen Ufern, dann sagten sie die Ermordung Siegfried Bubacks durch. Lothar zündete sich eine Zigarette an und kurbelte das Fenster runter; der Rauch, den er in den schmalen Spalt blies, wurde vom Fahrtwind noch im selben Augenblick fortgerissen.

»Die würden die ganze Regierung umbringen, wenn sie könnten. Aber wie sie die Mentalität in diesem Land umbringen wollen, das möchte ich mal sehen.«

An der Grenze durchsuchte der Schweizer Zoll den Taunus, eine Stunde lang, während Emilie und Lothar sich einer Leibesvisitation unterziehen mussten. Es war schon fast komisch gewesen, die deutschen Grenzer hatten sie bedenkenlos durchgewinkt, aber im Ausland fand man sie plötzlich verdächtig.

»Suchen Sie eigentlich eher Drogen oder eher Bomben? Vielleicht können wir Ihnen ja helfen«, sagte Lothar. Emilie kannte das schon, Sarkasmus lag bei ihm immer kurz vor rüdem Kontrollverlust, doch Lothar war zu guter Dinge, um ausfallend zu werden. Natürlich war es Schikane, sie passten höchstens dem Alter und der sozialen Schicht nach ins terroristische Raster. Emilies glatte, schulterlange Haare und der Pony, ihre schlichte Jeans, die Lederjacke und ihre Brille (die sie damals noch trug) ließen sie zumindest annähernd wie eine untergetauchte Pfarrerstochter aussehen, und Lothar ging mit viel Phantasie als vollbärtiger Mao-Exeget durch.

Aber Phantasie, danach sahen die Grenzbeamten nicht aus. Emilie nahm es gelassen, erkundigte sich, ob man in der Zwischenzeit eine Tasse Kaffee bekommen könne, die Beamten verzogen keine Miene.

»Demnächst bitte anschnallen«, gab man ihnen mit auf den Weg, nachdem man nichts anderes gefunden hatte.

»Scheiß Polizeiwillkür, scheiß Überwachungsstaat«, schimpfte Lothar, als die Zollstation hinter ihnen lag, doch als sie ihn aus den Augenwinkeln ansah, stellte sie fest, dass er gar nicht wütend war und die Linksrhetorik nur der Form halber von sich gab, fast ironisch. Vor den Fenstern wurden die Ausläufer der Alpen flacher, die Formenpracht und das Grün der Landschaft immer intensiver. An einer Tankstelle kauften sie eine Karte und beschlossen, bis zum Golf von Ligurien zu fahren und von Genua aus südwärts die Via Aurelia zu nehmen, entlang der Küste, hinunter bis Rom.

»Verdammt«, sagte Lothar, jetzt wieder strahlend, als sie auf einem Parkplatz eine Pause einlegten, beobachtet von einer Kuh, die an dem Drahtzaun zwischen ihnen herumlutschte. »Toll, dieses Italien. Die Luft! Die Kühe! Herrlich!«

Und von da an, so hatte Emilie es zumindest empfunden, waren seine Zweifel endgültig zerstreut gewesen. Das heißt, sie hatte nicht wissen können, wem die Zweifel überhaupt gegolten hatten: der italienischen Reise, dem Stück oder möglicherweise ihr. Jetzt konnte sie nichts mehr davon spüren.

Sie fanden eine kleine Pension in Bogliasco, einem Fischerdorf östlich von Genua mit steil zum Meer hin abfallenden Felshängen, das nicht aussah, als habe es der Massentourismus bereits für sich entdeckt. *Gli tedesci*, sagte die Wirtin, eine sonnengegerbte schmale Frau um die sechzig, und ihre Augen lachten dabei mit ihrem Mund um die Wette, als sei es ein besonders guter Witz gewesen. Als sie bemerkte, dass weder Lothar noch Emilie einen Ehering trugen, verlor sich ihr Humor ein wenig, aber dann plapperte sie nicht enden Wollendes über das Oktoberfest und die lustigen Bräuche in anderen Ländern, das Emilie mit ihrem Küchenlatein nicht mal zur Hälfte verstand, und als sie vor der Zimmertür angekommen waren, schien die Wirtin den fehlenden Ring wieder vergessen zu haben.

»Worüber lächelst du?«, fragte Philipp.

»Ich hab nur grad dran gedacht«, begann Emilie. Philipp wartete. Sie hatten den Rheinturm erreicht, links von ihnen lag der Landtag. Sie hatte keine Ahnung, was sie hier eigentlich sollten.

»Woran?«

»Ach«, sagte sie und machte eine wegwerfende Bewegung. Die ganzen Jahre, hatte sie sagen wollen, aber was hätte sie damit gemeint? Es war lächerlich, dass sie es nicht loswurde. Sie wollte hier sein, jetzt, mit Philipp, sie wollte mit ihm schlendern und sich die merkwürdigen Leuchtzeichen am Rheinturm erklären lassen, die die Zeit anzeigten. Aber sie bekam ihre Gedanken nicht von dieser Reise los. Und wie die Uhr funktionierte, wusste sie seit Jahren.

»Können wir da hoch?«

»Auf den Funkturm?« Sie schien Philipp durcheinander zu bringen, offenbar störte sie den von ihm geplanten Ablauf, und sofort war sie bereit, den Vorschlag zurückzuziehen.

»Gern«, sagte Philipp, »warum nicht?«

»Ich bin da Jahre nicht mehr gewesen«, sagte Emilie, zur Erläuterung oder auch zur Entschuldigung.

»Gern«, wiederholte Philipp.

Sie fuhren mit dem Expresslift hinauf; um den Druck auf

den Ohren loszuwerden, gähnte sie. Philipp lächelte sie an. Der Fahrstuhlführer, ein verhutzelter graugesichtiger Mann, beobachtete sie verstohlen.

»Wie oft machen Sie die Tour?«, fragte Emilie und deutete nach oben.

Der Mann, ungefähr so alt wie Lothar, mit eingefallenen Wangen und eingefallener Brust – eigentlich ist alles an ihm eingefallen, dachte Emilie –, zuckte die Schultern und sagte dann mit italienischem Akzent:

»200 Male. Vielleicht 300.«

»Wirklich? Am Tag?« Emilie war aufrichtig entsetzt.

»Isch kanne nicht aufören«, sagte der Mann unerwartet verschmitzt.

Oben überkam sie wieder der Schwindel. Der Rhein wand sich in die Dämmerung, auf den Brücken waren die Lichter angegangen. Schwach konnte man im Hafen Pirates Island erkennen; Philipp erklärte ihr gerade, dass der Besitzer, ein windiger Unternehmer, den Baugrund als Brache gepachtet hatte und sich seit ein paar Jahren mit der Idee, dort eine Strandbar mit exklusiven Cocktails und hippen DJs zu betreiben, dumm und dämlich verdiente. Der bewundernde Unterton in seiner Stimme war ein Angebot, Emilie erkannte das Potenzial für ein gemeinsames Gespräch: Philipps Unzufriedenheit mit seiner freien Praxis, die finanzielle Belastung seit der Scheidung, die zunehmende Enge seiner nie enden wollenden Problemfälle. Aber als sie sich gegen die überhängende Scheibe lehnte und auf die Liegestühle und Pavillons starrte, die schon für den Frühling in Stellung gebracht worden waren, musste sie an die Blaue Bar denken.

Jeden Morgen gingen Lothar und sie von ihrer Pension hinunter zur Küste. Mitten in einen riesigen Felshaufen hinein war eine Bar gebaut worden, eigentlich nichts als ein Bauwagen mit einer Terrasse davor, ohne Namen, lediglich mir ein paar Tischen und Stühlen. Es gab geröstetes Ciabatta, und man konnte den ganzen Tag dort sitzen und arbeiten, während man Cappuccino oder auch Martini trank und sich in den Text vertiefte. Unter ihnen plätscherte das Meer gegen die Felsen, wo die Angler genau wie sie darauf warteten, dass etwas Großes anbiss.

»Das funktioniert so für mich nicht«, sagte Lothar, es war sein Lieblingssatz, besonders, wenn er am Vortag von derselben Idee noch hellauf begeistert gewesen war. »Ich weiß nicht, was ich will; ich weiß nur, was ich nicht will.«

»Aber …«, hatte Emilie gesagt, wie sie es seitdem immer getan hatte, und so ging es dann die zweieinhalb Wochen, die sie in Italien verbrachten, hin und her, erst in Bogliasco, später in Lucca und Rom, bis das Bühnenkonzept stand, aus zusammengeschmolzenen Widersprüchen zu einem untrennbaren Block gegossen.

Noch wichtiger war das, was bei diesem Arbeitsprozess als Abfall zurückblieb, der zwischen ihnen liegen blieb und mit der Zeit einen störenden Geruch entwickelte. Aber – hatte sie gesagt – was er denn zu der patriarchalen Willkür des Prinzen sage, dazu müsse man doch Stellung nehmen, das sei doch gar nicht zu vermeiden?

»Ich kann mit Kampfbegriffen nichts anfangen«, sagte Lothar und riss die zweite Schachtel Zigaretten des Tages auf, »ich kann sowieso mit dem ganzen vorgekauten Emanzipationsmist nichts anfangen. Hettore ist ein Mann, Emilia ist eine sexuell anziehende Frau, da gibt es nix zu theoretisieren.«

»Das sehe ich anders«, sagte Emilie, »das ist ja ein pures Stereotyp, das kann man doch nicht so stehen lassen.«

Sie erinnerte sich gut, wie Lothar darauf mit der ihm eigenen Drastik die aufkommende »Totdifferenziererei« gleich im Keim erstickte: »Du kannst mir das ruhig glauben, Emmy, ich weiß, wovon ich rede. Männer sind so, glaub das mal ruhig.«

»Ja, sicher«, sagte sie und fühlte sich unbehaglich, »aber vielleicht ist das ja doch alles ein bisschen …«

»Gar nix ist da komplizierter«, unterbrach Lothar sie, »kann sein, da kommt gleich 'ne knackige Italienerin um die Ecke, dann will ich die bumsen, wie jeder normale Mann, und wer was anderes sagt, ist entweder schwul oder verklemmt.«

Eine warme Brise ging über die Bucht, weit weg schaukelten Boote. Die Sonne schien, und Emilie bekam Lust, auf die Steine zu klettern und ins Wasser zu springen, um hinterher ihre salzige Haut in der kühlen Luft trocknen zu lassen. Doch auf den glitschigen Steinen würde sie keinen Halt finden und womöglich ausrutschen, und die Wellen schlugen hoch aufschäumend gegen die Felskanten. Sie sah Lothar an, als sei es das erste Mal. Zog den Pullover enger um sich.

»Wie bitte?«, fragte sie und löste sich ruckartig von der Scheibe.

»Ich sagte, ich will ja nicht drängeln«, sagte Philipp, »aber …«

»Ich weiß schon«, sagte sie und bemühte sich um ein entschuldigendes Lächeln. »Ich weiß. Lass uns tanzen gehen.«

16

Ihr war ebenso wenig nach Tanzen zumute wie Ruben, daher verließen sie das HundertMeister. Trotz des ausgefallenen Konzerts waren die Leute nicht gegangen, später würde noch ein DJ auflegen.

»Wir könnten ins Graefen gehen, ist gleich hier über den Dellplatz«, sagte oder vielmehr schrie Ruben ihr ins Ohr, und als sie unten vor die Tür traten, ließ die Stille das Zwitschern der Vögel, das ihr zu laut für die Jahreszeit vorkam, umso deutlicher hervortreten. Auf dem Platz lag der Schimmer der Laternen, ein paar Jugendliche saßen auf der niedrigen Mauer der Randbegrünung und rauchten. Das Graefen war eine kleine Eckkneipe, die collagenartig mit Filmstills und Werbeplakaten tapeziert war.

»Hier war ich noch nie«, sagte Franziska. Obwohl sie in Duisburg studierte, kannte sie die Stadt so gut wie überhaupt nicht; auch dieses Viertel hätte sie nicht gekannt, wenn dort nicht das einzige Programmkino der Stadt gewesen wäre, in dem sie kürzlich eine Sondervorstellung von »Metropolis« mit Live-Piano gesehen hatte.

»Wo gehst du denn sonst hin?«, fragte Ruben, während er sich eine Zigarette aus seinem Softpack schüttelte. Hier war es heller, und zum ersten Mal konnte sie ihn richtig sehen. Gleichzeitig vermied sie es, ihm unverwandt ins Gesicht zu blicken; es war seltsam, so als verriete sie damit etwas, das sie vorerst noch geheim halten sollte.

»Five-Corners-Place«, sagte Franziska.

»Aha. Wo ist das?«

»In Second Life.«

»Ach. Das ist dieses Online-Spiel, oder?«

»Na ja. Ich würde es nicht als Spiel bezeichnen.« Sie sah ihm an, dass er fragen wollte: Wirklich? Du vergeudest deine Zeit mit so einem Kram? Die Frage blieb aus, die Kellnerin kam, sie redete weiter.

»Ich arbeite da.«

»Wo?«

»Im Netz. In Second Life. Ich programmiere Items, die ich an andere User verkaufe.«

»Du programmierst was?«

»Virtuelle Häuser zum Beispiel. High-Tech-Villen, spanische Fincas, chinesische Pagoden. Alles, was man gern haben möchte. Ich bin sozusagen virtuelle Architektin.«

Franziska war nicht besonders gut darin, in Gesichtern zu lesen. Es beruhigte sie, wenn ihr Gegenüber lächelte, sie wusste dann, dass sie mit Sympathie rechnen konnte und sich keine Sorgen machen musste. Ruben sah sie ernst an, runzelte die Stirn, lächelte dann für eine Sekunde und wandte seinen Blick ab. Sein Gesichtsausdruck wirkte, soweit sie sagen konnte, völlig unbeteiligt. Nicht gleichgültig, sondern als ginge ihn alles nur am Rande an. Er sah sich in der Kneipe um, dann wieder zurück zu ihr, dann starrte er sein Glas an. Ihr fiel nichts anderes ein, als seine Teilnahmslosigkeit mit dem in Verbindung zu bringen, was sie ihm gerade erzählt hatte. Auf eine merkwürdige, ein wenig irre und aufregende Weise machte ihn das ungeheuer anziehend.

»Das hast du dir jetzt ausgedacht, oder?«, fragte Ruben nach einer Weile, aber Franziska kam es so vor, als hätte die Frage, wenn sie ernst gemeint war, früher kommen müssen. Es interessierte Ruben nicht. Wahrscheinlich fand er es langweilig und doof, Items für Second Life zu programmieren.

Ihr wurde warm vom Cuba Libre. Sie trank selten Alkohol; der Cocktail stieg ihr sofort zu Kopf. Wie lange war es her, dass sie ausgegangen war?

»Mein Avatar heißt Kayser Lubitsch«, sagte sie.

»Mann oder Frau?«, fragte Ruben.

»Beides. Nach Belieben. Man kann ganz leicht das Geschlecht wechseln.«

An der Decke hingen Mobiles aus Pappmaché, die so grob und klumpig aussahen wie Freebies in Second Life – freie Items, die man sich beim Betreten der virtuellen Welt kostenlos besorgen konnte, um nicht mit leeren Händen dazustehen. Sie waren einfach programmiert und plump; für anspruchsvollere Ausstattung brauchte man Geld. Die Menschen, die im Graefen an den Tischen und Stühlen saßen – alternde Studenten, denen der verbissene Anspruch ins Gesicht geschrieben stand, ihr Studium AUF JEDEN FALL! durchzuziehen –, wirkten verbraucht und mutlos. Sie rührte in ihrem Glas; Ruben beobachtete die Tür.

»Suchst du jemanden?«, fragte sie. Er schüttelte leicht den Kopf. Sie dachte schon, er würde das Reden jetzt ganz einstellen, aber dann fragte er sie: »Siehst du den Typ da? Den mit dem kleinen Hund da neben sich auf dem Barhocker?« Franziska nickte. Der Hund sah aus wie ein schmutzigweißer Staubwedel. Er saß neben seinem Herrchen auf einem Barhocker; auf dem Tresen standen nebeneinander ein Glas Bier und ein Aschenbecher voll Wasser.

»Der ist immer hier. Pass auf, gleich wird der Fifi runterspringen, an seinem Herrchen hochsehen und rückwärts bis zur Tür gehen. Das ist das Zeichen.«

»Das Zeichen wofür?«, fragte Franziska.

»Dass er gehen will. Dann sagt Herrchen: Noch ein Bier.«

»Und der Hund versteht das?«

»Na ja. Er hechelt – da, siehst du? –, wedelt mit dem Schwanz und wartet. Herrchen trinkt sein Bier aus, und dann gehen sie nach Hause. Bis morgen.«

»Du scheinst öfter hier zu sein.«

»Nicht so oft wie die beiden.«

Ruben trank einen Schluck, sie tat es ihm nach. Er schien nicht zu wissen, wie es nach dieser kleinen schwungvollen Geschichte nun weitergehen sollte. Er sah sie aus seinen umschatteten Augen an und wirkte erschöpft und unsicher. Sie hätte ihm gern gesagt, dass sie sich genauso unsicher fühlte und dass er sich nicht sorgen solle, irgendetwas falsch zu machen, weil sie in solchen Situationen etwas Falsches von etwas Richtigem ohnehin nicht würde unterscheiden können. Aber so etwas konnte man leider niemandem sagen. Zumindest sie konnte es nicht.

»Die erinnern mich an ein altes Ehepaar«, sagte sie stattdessen aufs Geratewohl.

Er lächelte unverbindlich.

»Die sind ein bisschen wie meine Eltern.« Das stimmte natürlich nicht; sie dachte nur ohnehin die ganze Zeit an ihre Eltern. Sie hatte einfach etwas sagen wollen.

»Aha«, sagte Ruben. »Warum?«

»Ich weiß nicht. Dieses Unausgesprochene. So was blind Vertrautes. Aber auch die heimlichen Forderungen zwischen den beiden.«

Er nickte. Dann fragte er: »Was machen deine Eltern denn so?«

»Er ist Schauspieler und Regisseur, meine Mutter Bühnenbildnerin.«

»Eine Künstlerfamilie. Wow.« Er sagte das anerkennend, aber auch mit einem Hauch von Ironie in der Stimme. Oder bildete sie sich das ein? Überhaupt war das, was er sagte, immer mit der Andeutung eines Lächelns versehen. Lag darin Geringschätzung? Sie glaubte es nicht. »Nicht Künstlerfamilie. Künstlereltern.«

»Ich hätte auch gern Künstler als Eltern gehabt.«

»Täusch dich da nicht. Es gibt geeignetere Berufsgruppen.«

»Was meinst du?«

»Ich bin so ein Alibikind. Damit meine Eltern sich nicht den Vorwurf machen müssen, total selbstsüchtig gewesen zu sein und nur ihre Karriere im Kopf gehabt zu haben.«

Sie dachte an ihren zwölften Geburtstag. Es war ein kalter Tag im Januar gewesen, ein Samstag. Sie hatte ein paar Freundinnen eingeladen und wollte in ihrem Zimmer eine Take-That-Mottoparty veranstalten. Ihre Mutter hatte versprochen, ihr dabei zu helfen, aus den Brettern, die für die neue Terrasse schon im Gartenschuppen lagerten, eine Art Bühne in ihrem Zimmer zu bauen, auf der die Mädchen die Choreographie der Gruppe imitieren könnten.

Als sie in die Küche hinunter ging, geriet sie in einen Streit zwischen ihrer Mutter und ihrem Vater. Ihre Mutter stand mit verschränkten Armen vor der Spülmaschine. Ihr Vater saß am Tisch und rauchte; er hatte seine Jacke nicht ausgezogen oder sie gerade erst angezogen.

»Wir gehen gleich in den Schuppen«, sagte ihre Mutter zu ihr; es klang, als wolle sie Franziska hinauskomplimentieren. Natürlich machte sie das neugierig, und sie schüttete sich ein paar Cornflakes in eine Tasse, um einen Vorwand zu haben, ihnen zuzuhören. Ihr Vater sagte: »Es ist typisch, dass du mit solchen Sachen in letzter Minute kommst, wenn alles längst gelaufen ist.«

»Lothar, es sind noch drei Monate bis dahin.«

»Aber die Entscheidung ist doch schon gefallen. Du hast doch dem Schiller schon zugesagt, oder nicht?«

»Schilling, Lothar. Er heißt Thomas Schilling.«

»Es ist ja nicht so, dass ich den ganzen Tag auf der Veranda sitze und Eistee trinke.«

»Nein, Eistee trinkst du nicht.«

Ihr Vater drückte mit fahrigen Bewegungen seine Zigarette aus und steckte sich sofort eine neue an. Ihre Mutter wiederholte mit halbem Blick in Franziskas Richtung: »Ich komme gleich, Schätzchen.«

Sie verstand die Aufforderung und war schon im Begriff, die Küche zu verlassen, da sagte ihr Vater: »Sie will bestimmt nur wissen, worüber wir reden, oder, Franziska?«

Sie nickte.

»Deine Mutter ist zu einem Theaterfestival nach Kolumbien eingeladen worden.«

Franziska bekam große Augen. »Nach Kolumbien? Wow, das ist doch in Südamerika, oder? Können wir mitkommen?«

Ihre Mutter lächelte schief und gab ihr damit zu verstehen, dass die Verhandlungen darüber gerade liefen.

»Deine Mutter hat nur nicht bedacht, dass sie nicht die einzige Berufstätige ist.«

»Das habe ich keineswegs vergessen.«

»Dann scheint es dir egal zu sein. Ich drehe jedenfalls im März.«

»Du hast gesagt, du hast für den März noch nichts.«

»Emilie, es ist Januar, du weißt ganz genau, dass da noch was reinkommen kann. Außerdem bin ich dabei, wieder was für die Werkstatt auf die Beine zu stellen. Du kannst nicht einfach Termine machen, ohne mich zu fragen, weil, wenn du mal da rüber schauen willst, wir haben eine bezaubernde kleine Tochter, sie heißt Franziska und ist elf Jahre alt.«

Franziska lächelte und hörte sofort wieder auf.

»Ich bin nicht klein«, sagte sie ein wenig beleidigt. »Außerdem bin ich zwölf, ab heute.«

»Was soll das?«, fragte ihre Mutter leise. Sie war wütend. Wenn sie wütend wurde, sprach sie immer leise. Ihr Vater tippte und klopfte an seiner Zigarette herum und sah aus dem Fenster. Franziska sagte: »Ich kann ja zu Tante Hanne gehen, wenn ihr nicht da seid. Aber lieber würde ich mitkommen.«

»Ich will aber nicht, dass du immer bei Hanne bist. *Wir* sind deine Eltern.« Ihr Vater war aufgestanden und hatte seine Jacke aufgehängt, er sah ihre Mutter unverwandt an. »Ich möchte gefragt werden, Punkt. Du kannst von mir aus um die Welt fliegen, soviel du willst, aber ...«

Franziska sah auf die Uhr, bald würden ihre Freundinnen kommen. Auf ihre Frage, warum sie ihre Mutter nicht begleiten könne, sagte ihr Vater: »Viel zu gefährlich da unten. Da herrscht Krieg, Milizen gegen Drogenbarone, jedes Jahr werden tausend Ausländer entführt. Das kommt überhaupt nicht in Frage, dass du da alleine rumläufst.«

»Sie ist ja nicht alleine«, warf ihre Mutter ein.

»Jaja«, sagte ihr Vater; mehr nicht.

»Dann fliegen wir eben alle zusammen dahin«, schlug Franziska vor.

»Das wäre schon möglich«, sagte ihre Mutter. Ihr Vater starrte zu Boden. »Ich hab schon mal nachgefragt, die Fanny Mickey sagte – das ist die –«

»Ich weiß, wer das ist, Emilie«, ihr Vater war so gereizt, dass ihm das Sprechen schwer fiel. »Es ist ja nicht so, als ob ich das Festival nicht kennen würde.«

»Die hat jedenfalls gesagt, dass wir gerne mit Familie kommen können.«

»Ihr scheint hier alle zu vergessen«, sagte ihr Vater, und es hätte nicht viel gefehlt, dass er den Aschenbecher vom Tisch gefegt hätte, »dass ich nicht mal eben alles stehen und liegen lassen kann, um meiner Frau in Kolumbien für zwei Wochen die Koffer zu tragen, ja? Ich hab Verpflichtungen hier, begreift ihr das?«

Franziska hatte dann letztlich auf die Bühne verzichtet. Ihre Freundinnen hatten trotzdem Spaß gehabt und tanzten einfach im Zimmer herum; die Bühne wäre dafür ohnehin viel zu klein gewesen.

Sie trank einen Schluck und stellte fest, dass Ruben sie noch immer ansah. Sie schwitzte.

»Und?«, fragte er Franziska. »Seid ihr geflogen?«

»Ja«, sagte sie knapp und war erleichtert, dass Ruben noch etwas gefragt hatte. Sie spürte, dass es ihr gut tat, mit jemandem darüber zu reden, weil sie es lange nicht getan hatte. Aber sie wusste auch, dass es wohl nicht üblich war, in so einer Situation ewig über die eigenen Eltern zu reden. Es hatte sie so erleichtert, dass ihr erst jetzt in den Sinn kam, Ruben könnte an derart detaillierten Kindheitserinnerungen möglicherweise gar nicht interessiert sein.

Eine Pause entstand, offenbar spürte er, dass sie auf das Thema nicht weiter eingehen wollte. Stattdessen sagte Franziska: »Von meiner Seite wäre es dann jetzt Zeit für die Was-machst-du-eigentlich-so-Frage.«

Ruben versteifte sich; mit gefrorenem Lächeln sagte er: »Wenn du Wert darauf legst.«

»War nur ein Scherz. Wir müssen nicht …«

»Kein Problem.«

Furchtbar, dachte sie, dieses Gefühl, einen Fehler gemacht zu haben und ihn nicht wieder rückgängig machen zu können. Aber woher sollte sie auch wissen, was ein Fehler war und was nicht? Sie hatte dies alles schließlich vorher nicht geprobt. Sie improvisierte – und sie hatte keine Ahnung, wohin das führen würde.

17

Sie gingen schweigend nebeneinander durch die Benesisstraße Richtung Neustadt Nord, es roch nach Frühling und Abgasen und Shampoo. Er rauchte und hörte auf das regelmäßige Klacken von Karinas Absätzen auf dem Asphalt. Die Straße war nass, obwohl es nicht geregnet hatte – jedenfalls, soweit er sich erinnern konnte. Ein schwerer Geruch stieg von dem nassen Asphalt auf. Lothar bemerkte, dass Karina die gleichen Stiefel trug, die vorhin das Mädchen am Mülheimer Bahnhof getragen hatte und die er auch im Studio in einem Zuspieler gesehen hatte: knautschige, spitze Lederstiefel mit Absatz, in denen die Röhrenjeans steckten.

»Sind die eigentlich wieder modern?«

»Letztes Jahr. Jetzt schon wieder nicht mehr«, antwortete Karina einsilbig.

Er versuchte, nicht an die peinliche Szene im Badezimmer zu denken, und biss die Zähne zusammen. Leider konnte man nicht einfach zwischen den Gehwegplatten verschwinden oder durch die Löcher in den Kanaldeckeln. Er hatte in Karinas Bad so heiß geduscht, als könnte er dadurch die Scham abwaschen. Allerdings hatte der Blick auf seinen alt gewordenen, schlaffen Körper die Sache nicht leichter gemacht. Erträglich geworden war es erst, als er hinter dem abplatzenden Furnier von Karinas Küchenschrank einen nicht ganz billigen Single Malt entdeckt hatte, mit dem er seinen inzwischen leeren Flachmann wieder hatte auffüllen können.

Ihr Körper. Als sie nackt ins Badezimmer gegangen war, hatte er bemerkt, wie verändert er jetzt aussah: anders als noch zehn Jahre zuvor, als er sie kennen gelernt hatte. Da war sie Ende zwanzig gewesen und hatte den Körper einer jungen Tänzerin gehabt; jetzt war sie gezeichnet von den Attacken des Älterwerdens. Sie hatte einen Bauch bekommen, einen Hintern, die Brüste einer ganz normalen Frau; damals war sie sehnig gewesen, eine Puristin des Körpers, nicht eigentlich weiblich, sondern mehr eine Verweigerung alles Weiblichen. Er hatte diesen trotzigen, knochigen kleinen Körper begehrt, er hatte die Rücksichtslosigkeit, für die er stand, wieder und wieder gegen diesen Körper selbst gewendet, indem er ihn, weil Karina es so wollte, beinahe brutal geschunden hatte – auf der Bühne wie im Bett.

Als im Bad das Wasser plätscherte, hatte er sich schwer auf das Sofa fallen lassen. Jetzt, wo er sie nicht mehr vor sich sah, wo sie jegliche Forderung fallen gelassen hatte, war ihm der Gedanke an sexuelle Erregung nicht mehr so absurd vorgekommen. Er stellte sich die winzigen Brüste von damals vor, ihre Schulterblätter, die am Rücken abstanden wie die Flügel eines Engels, fast höhnisch.

Er hatte die Augen geschlossen. Er wollte hier bleiben, mit Karina, er wollte ihr jetzt so nah sein wie früher. Er stellte sich vor, wie er in sie eingedrungen war, wie er sie dazu bewegt hatte, sich selbst zu befriedigen, während er ihr sein zuckendes Glied vors Gesicht hielt. Vielleicht funktionierte es noch. Er öffnete die Gürtelschnalle, um zu sehen, ob er sie hier behalten konnte. Er spuckte in die Hand, es war, als wäre jetzt ihr Mund über ihm, ein kühler Lufthauch, dann ein Gefühl von feuchtem Lehm. Er kurbelte an seiner Phantasie, jetzt mechanisch, mit aller Gewalt, da fiel krachend die Erektionsszene aus diesem Woody-Allen-Film in sein Bewusstsein, »Was Sie schon immer über Sex wissen wollten«: ein paar winzige Mechaniker, die unter großem Hallo an dem fast aussichtslosen Versuch arbeiteten, einen kranartigen Penis über Winden nach oben zu befördern, ein Bergungsunternehmen in Sachen Lust. Er schnaufte, vertrieb den Gedanken, holte wieder ihr Gesicht hervor, zog es an den Haaren vor sein halb aufgerichtetes Genital; schon hatte er sich wieder im Griff und ließ sich gehen, er wollte Karina aus der Badewanne zerren und sie aufreißen, aufmeißeln, aufstoßen, um in ihr zu wüten, aber jetzt hörte er polternd die Toilettenspülung in der Wand über ihm, Wasser rauschte in der Leitung an ihm vorbei, vermutlich Scheiße, dachte er, die Scheiße eines Gabelstaplerfahrers in einem tristen Kölner Mietshaus. Und bevor die Erektion wieder ganz nachlassen konnte, hatte er die Hose behelfsmäßig hochgezogen und war ins Badezimmer gestürmt. Als er dann vor Karina stand, mit halb heruntergelassener Hose, merkte er, wie ihm das Blut aus dem Kopf und den Beinen und endgültig auch aus dem wich, wo er es am dringendsten brauchte.

»Los«, sagte er, eine Erregung vortäuschend, an die er sich schon jetzt nur noch schwach erinnern konnte, und trotzdem sprach er die Zeile tapfer weiter, »komm, du«, sie öffnete die Augen, du musst das jetzt durchziehen, dachte er, wie er es heute bereits am Bahnhof und im Studio gedacht hatte, bevor er unter den ungläubigen Augen der Gäste und des Publikums tatsächlich wortlos gegangen war, »blas mir einen«, brachte er keuchend seinen Text zu Ende, aber sein Penis war klein und schrumpelig und, wenn man es ganz nüchtern betrachtete, Lothar, auch ekelhaft, und Karina, in deren Augen eine mitleidige Überraschung lag, die er nicht an ihr kannte, beugte sich vor, Schaumblasen platzten auf ihren aus der Form geratenen Brüsten, fasste ihn unter den Hodensack, den das heiße Wasser noch weiter erschlaffen ließ, und dann war sie, wie um eine peinliche Szene vor dem totalen Abstürzen zu bewahren, seiner Bitte nachgekommen, einer Bitte, die die alten Tage wieder heraufbeschwören wollte und sie doch nur endgültig zu Grabe trug.

Die Scham war entsetzlich, besonders Karina gegenüber. Sie war neben Emilie diejenige, die am genauesten wusste, wie er nackt aussah. Du hast dich vor ihr entblößt, dich ihr völlig ausgeliefert, mit allem, was zu dir gehört – der exzessiven Lust, den Phantasien, deinem gesamten Triebapparat. Jetzt war ihm das peinlicher als alles, was Emilie von ihm wusste: sein Egoismus, sein Neid, die Missgunst gegenüber dem Erfolg seiner Kollegen, die Selbstsüchtigkeit, seine elende Großspurigkeit, nicht zu vergessen seine, er konnte das nicht länger anders nennen: Alkoholsucht – das alles konnte er ziemlich leicht akzeptieren, und seltsam, das zu denken, aber sogar jetzt war all dieser Müll bei Emilie noch gut aufgehoben. Aber das, was er in seiner Hitze zu Karina gesagt oder an ihr verrichtet hatte, das hätte er am liebsten ungeschehen gemacht.

Schon an der Tür der Capri Lounge wollte er sofort wieder umkehren, als sei die Schwelle mit einem Bannfluch belegt. Drinnen tingelte und pumpte ein Dub-Beat oder wie man das heutzutage nannte, rote Dimmstrahler über rauchverhangenen Tischen, die Kellnerinnen trugen allesamt knappe Schwarze, und vielleicht war das der Grund, weswegen er sich dann doch einen Ruck gab und eintrat.

An der Theke vorbei, dann auf den Tisch da hinten zu. Ein paar Schritte. Karina war dicht hinter ihm. Warum musste er unbedingt vorangehen, selbst wenn es ihm so ging wie heute? Warum musst du verdammt noch mal immer in der ersten Reihe marschieren, selbst wenn sie dich mit aufgepflanzten Bajonetten erwarten?

»Die Pflanze, die im November blühen will, hat keine Chance«, sagte irgendwer links neben ihm am Tresen, wo ein paar trübäugig aufgedunsene Männer Kneipengespräche führten. Er wusste, auch ohne den Rest des bierseligen Monologs zu hören, was das für ein Text war: der Text eines Gescheiterten. Der Gescheiterte sitzt immer an der Bar, dachte Lothar. Er hatte da selbst schon oft gesessen mit ähnlichem Text: Die Bedingungen sind ungünstig, so ungefähr ging er weiter. Sie ist nun mal programmiert, im Mai zu blühen, und wenn es niemals Mai wird, hat sie eben Pech gehabt.

Wie konnten ihn ein paar sentimentale Alkoholweisheiten so mutlos machen? Wann bist du eigentlich eine solche Memme geworden, Lothar, warum zum Teufel lässt du dich so hängen? Er wollte im Bett liegen, sich die Decke über den Kopf ziehen und bis zu seinem Tod schlafen, anstatt sich mit Karina zu ihren beiden Freundinnen zu setzen. Die eine kannte Lothar flüchtig, Linda, eine Tanzlehrerin, die vor zwei Jahren vom Pferd gefallen war und sich nur langsam wieder von ihrer Wirbelsäulenverletzung erholte. Nette Frau, gut aussehend trotz ihrer hochkomplizierten Gesichtszüge, leider nicht die hellste und hoffnungslos tiefgründig, was eine besonders fiese Kombination war.

Die andere kannte er nicht, befürchtete aber das Schlimmste: Irgendeine Serienkollegin von Karina, die auch schon, so viel hatte er zwischen den Zeilen herausgehört, im »Marienhof« mitgespielt hatte, vielleicht war es auch »Unter uns« oder »Großstadtrevier« gewesen, das kam ohnehin aufs Gleiche heraus. Sie trug eine Art Barett und sah sich permanent nach Leuten um, die ihr den Gefallen tun würden, sie zu erkennen; eine kleine, verwöhnte Schauspielgöre, die meinte, von hier aus ginge es nur noch ganz steil nach oben.

»Was war da jetzt eigentlich das Problem bei dieser Show?«, fragte Karina, als sie sich begrüßt hatten, in seine Richtung und zündete sich eine Zigarette an. Sie legte das Feuerzeug auf den Tisch und sah sich in der Bar um, als suche sie jemanden, was sie, wie Lothar wusste, auch tat. Er hasste diese Angewohnheit, Fragen zu stellen, um deren Beantwortung man sich in Wirklichkeit nicht scherte. Es war Gastgeberinnengetue, noch dazu schlechtes; denn die wirklichen Gastgeberinnen schafften es, sich für die Gespräche zu interessieren, die sie anleierten. Wie Emilie.

»Dass die mir kein Auto bestellen wollten«, sagte Lothar aus Reflex.

»Aha, und was haben Sie gemacht?«, fragte die Tänzerin, artig den Ball im Spiel haltend, den Karina eingeworfen hatte.

»Was ich gemacht habe? Den Praktikanten zusammengeschissen.« Er lachte glucksend, was zwar ein bisschen selbstgefällig klang, Lothar aber ein heiteres Gefühl verschaffte. Mochte es ihm auch noch so schlecht gehen, die Erinnerung an seine Großtaten war wie eine Eigenblutbehandlung, die sofort anschlug. Die Erinnerung – und Lindas interessierter Blick.

»Meine erste Lektion als Regisseur: Du musst immer klarstellen, wer der Chef im Ring ist.« Lothar bemerkte sofort, was er da gerade tat: Linda war Mitte dreißig und attraktiv, und die Rolle, die sich ihm in solchen Fällen ganz selbstverständlich aufdrängte, sah vor, eine anschauliche Anekdote zu lancieren, in der es um die eigene Unerschrockenheit vor dem Feind ging, am besten mit etwas Selbstironie versetzt, denn man möchte ja nicht als Aufschneider dastehen. Dann mal los, Lothar. Bühne frei.

»Das war damals, in Bochum war das, meine erste, nein, eigentlich meine zweite eigene Inszenierung, da kannten wir uns noch nicht«, dies zu Karina, die allerdings die Geschichte schon auswendig kannte.

»Kommt ein junger Schauspieler, Elmar hieß der, so ähnlich wie der von Bugs Bunny, kaum mit der Schule fertig, kommt der also an und fragt mich, ob er eine Stunde früher gehen kann.«

Von Anfang an hatte er Schwierigkeiten mit der Truppe gehabt. Es lag nicht an ihm, es lag am Stück, der *Kaukasische Kreidekreis*. Er konnte mit Brecht nicht das Geringste anfangen und hätte ihn auch niemals inszeniert, doch das Stück war ihm aufs Auge gedrückt worden. Lensch hatte ihm eine eigene Inszenierung versprochen, aber als er mit Emilie aus Italien zurückgekommen war und ein fertiges Bühnenkonzept für *Emilia Galotti* auf den Tisch legte, hieß es, tut mir leid, Lothar, die stellen sich quer.

Mit »die« waren die Schauspieler gemeint, die sich, wenn auch verspätet, offenbar ihres politischen Bewusstseins erinnert hatten. An der Schaubühne, hatten sie gesagt, würden längst die Schauspieler entscheiden, was gespielt werde und was nicht, und es sei jetzt an der Zeit, das überall umzusetzen. Man wolle kein bürgerliches Trauerspiel, das sich zwar politisch gäbe, aber nicht die geringste emanzipatorische Kraft entfalte, gerade jetzt nicht, wo politische Aktion vom Staat massiver denn je unterdrückt werde. Das Ensemble verweigerte geschlossen die Arbeit, bis die Vorschläge des »Kollektivs« zur Gestaltung des Spielplans berücksichtigt wurden. Lensch zuckte die Schultern und sagte, er könne sie ja nicht alle auf einmal entlassen.

»Kunst und Demokratie, da kann nur gequirlte Kacke rauskommen«, das war das erste, was Lothar seinen Schauspielern gesagt hatte, und natürlich war das nicht geschickt gewesen, Lothar, natürlich hast du damit schon am Anfang ein Riesenleck in den Kahn gerissen. Sie hielten ihn, noch bevor sie mit der Arbeit begonnen hatten, für einen überholten Vertreter jenes vorgestrigen Geniekults, der sich weigerte, gesellschaftliche Belange vom »Elfenbeinturm« hinunter »in die Mitte des Volkes« zu tragen. Lothar wurde übel, wenn er diese leeren Parolen nur hörte, und bis sie endlich mit den Proben anfingen, hatte er zahllose Diskussionen darum geführt, dass auf seiner Bühne keine Agitation stattfinden werde, sondern Theater. Wenn ich Agitation will, sagte Lothar, kauf ich mir die *konkret* oder noch besser die *Bild*, aber das hier ist *Theater*, versteht ihr das?

Die Brecht-Proben waren eine verkorkste Angelegenheit, du hattest keine Ideen zu dem Stück, und ohne Emilie wärst du am Arsch gewesen, richtig am Arsch, da gibt es kein Vertun. Er probierte viel aus, gab in seiner Unsicherheit widersprüchliche Anweisungen, verschwendete Zeit und Energie. Die Stimmung wurde immer gereizter. Als ihn Elmar Bode, ein Pausenclown, der in der Gruppe eine Art Maskottchenstatus hatte und seine Vorwitzigkeit Lothar gegenüber durch besonders kriecherische Subordination unter Beweis stellte, fragte, ob er von links oder von rechts kommen sollte, sagte Lothar: Woher soll ich das wissen, frag doch dein Kombinat.

Die meisten kamen mit der Situation nicht zurecht. Sie waren daran gewöhnt, ihrem Regisseur zu vertrauen; Lothar enthielt ihnen dieses Vertrauen vor. Er zeigte ihnen deutlich, dass er es allenfalls schaffte, sich hinter das Stück zu stellen; hinter Schauspielern, die ihm in den Rücken fielen, konnte er schon allein aus logischen Gründen nicht stehen.

Nach ein paar Wochen nahmen sich die ersten von ihnen offene Frechheiten heraus. Sie kamen zu spät, sprachen ihren Text zu leise oder ganz falsch, provozierten Lothar auf allen Ebenen. Weil er keinen Fehler machen wollte, ging er zum Intendanten und sagte: Hannes, die Leute kommen mit mir nicht klar, was soll ich machen? Lensch erklärte ihm, dass er, als er aus Dänemark zurück nach Deutschland gekommen war, dasselbe Problem gehabt hatte, und empfahl ihm, ein Exempel an einem Subalternen zu statuieren, um sich Respekt zu verschaffen.

Als Elmar ihn dann einmal fragte, ob er früher weg könne, sagte Lothar: »Nee, aber ich sag dir was. Dafür kannst du 'ne Stunde länger bleiben.«

Es wurde ruhig auf der Bühne; die, die mitgehört hatten, sahen sich an; sie wussten, worum es ging, und sie spürten, dass sich jetzt etwas ändern würde.

»Der ahnungslose Kerl sagt, er hat 'ne Sprechrolle beim Rundfunk, er muss die Miete zahlen. Sag ich: Und wenn deine Oma ein Kind kriegt, wir haben Probe. Nur, weil du kein Vertrauen in die Revolution hast, schick ich jetzt nicht das gesamte Ensemble nach Hause.«

Der Grünschnabel versuchte zu argumentieren, er habe

doch sowieso nur einen kleinen Part, die anderen könnten doch auch ohne ihn …

»Ach, können wir?«, hatte Lothar ihn unterbrochen, »Das ist aber nett von dir, danke. Pass mal auf, du Hornochse. Wenn du mir erzählen willst, wie ich meine Arbeit zu machen habe, kannst du ganz zu Hause bleiben, klar?«

»Harte Ansage«, sagte die junge Serienschauspielerin am Tisch, und es klang, Lothar hatte das erwartet, eine Spur Bewunderung mit. Sofort fühlte er, wie er freier atmen konnte.

»Aber so geht das beim Theater nun mal, Kindchen. Sagt dieser Elmar also: Ich meinte ja nur …«

Lothar war hart geblieben. Elmar war angezählt, er hatte bereits akzeptiert, dass er in keiner guten Verhandlungsposition war, und er hatte begriffen, dass er stellvertretend für alle anderen in die Grenzen der gemeinsamen Arbeit gewiesen wurde. Alle, das ganze Ensemble, hörten dem Gespräch inzwischen aufmerksam zu. Der Schauspieler ließ unausgesprochen, was genau er gemeint hatte, weil Lothar ihn harsch unterbrochen hatte: »Ob das jetzt für dich klar geworden ist, will ich wissen.«

»Dem war das natürlich sonnenklar«, sagte Lothar und trank ein halbes Glas Kölsch in einem Zug, »und das Beste war: Der saß dann am Ende der Probe nur noch rum und kam gar nicht mehr an die Reihe. Hat keinen Mucks mehr zu sagen gewagt.«

»Der kann einem aber ein bisschen leid tun, oder?«, sagte die Tänzerin vorsichtig, aber Lothar entgegnete empört: »Wenn ich Theater mache, dann mach ich Theater, da muss man sich entscheiden. Da gibt's nichts anderes«, bevor der Appell zu ihm durchdrang, dass er jetzt auch ein wenig Herz zeigen musste.

»Mir hat er ja auch leid getan. Aber ab dem Tag hat bis zur Premiere jede einzelne Probe stattgefunden. Und ich sag euch was: Die haben sich richtig ins Zeug gelegt, um sich was einfallen zu lassen, was mich beeindrucken könnte. Und die Inszenierung ist nicht mal schlecht geworden.«

»Und wie war die Premiere?«

»Was?«

»Die Premiere vom *Kreidekreis*«, sagte die Jungschauspielerin mit großen Augen.

»Ach so«, Lothar trank sein Glas leer, »die war eine Woche nach Schleyer und Stammheim und Mogadischu.« Die Leute, die schon eine Karte gekauft hatten, hingen wie erschossen in den Sitzreihen, die verkohlten Trümmer, die Emilie auf der Bühne platziert hatte, wirkten plötzlich so weit weg, dass niemand sich daran erinnern wollte, wie man sie einmal für brennende Fragen hatte halten können. Am Schluss des Stücks saßen noch zwanzig Leute auf den Rängen. Eine zweite Vorstellung gab es nicht.

18

Tanze Samba mit mir. Emilie konnte nicht anders, als an den Refrain dieses Schlagers zu denken, als sie den Habana-Club betraten. Schon allein aus der Sicht der Ausstattung war die Selbstkaribisierung, die man hier offenbar betrieb, zum Scheitern verurteilt. Über der Theke war ein Baldachin aus nachgebildetem Zuckerrohr befestigt, die Kellnerin – mit Abstand die Jüngste im Raum – sah aus wie zur Bacardi-Werbung herbestellt, und eigentlich fehlte nur noch der künstliche Strand neben der Tanzfläche. Das Schlimmste waren die Leute: weltmusikoffene Studienräte, hennagefärbte Volkshochschulabsolventinnen, die sich flott gemacht hatten, und verspätete Globetrotter, die es nicht ganz bis nach Kuba geschafft hatten, dazwischen allerlei zwielichtige Gestalten, hauptsächlich Schwarze oder Albaner, die den wenigen alleinreisenden Frauen hinterher stierten.

»Gefällt's dir?«, fragte Philipp über die Musik hinweg. Die meisten tanzten für sich, aber manche versuchten sich auch in Standardtänzen, die nicht unbedingt falsch aussahen, nur eben genauso authentisch waren wie das Zuckerrohrdach aus Plastik.

Sie lächelte. Von ihrem Schwindel war jetzt nur noch eine leichte Benommenheit geblieben, sie war ein bisschen angeschickert, und damit passte sie ja eigentlich wieder ganz gut hierher. Sie legte Philipp einen Arm um die Hüfte, und seinen überraschten Blick erwiderte sie lächelnd. Etwas trinken, ja. Einen Cocktail. Sie küsste ihn auf die Wange; bevor er darauf reagieren konnte, hatte sie sich schon wieder gelöst.

»Ich komm gern hierher«, sagte Philipp, jetzt ein wenig lockerer dadurch, dass er endlich etwas gefunden zu haben glaubte, worin sie sich wohlfühlte. Er erzählte von seinen Urlauben auf Tobago oder Trinidad und den Tanzwettbewerben, die dort inselweit veranstaltet wurden, von tagelangen Festivals und ungezügelter Lebensfreude. Ja, dachte sie sarkastisch, das ist wirklich alles sehr ungezügelt hier, und wieder lächelte sie ihn strahlend an. All diese furchtbar verkrampften Menschen, die versuchen, sich kubanisch zu bewegen und dabei doch nur hoffnungslos deutsch sind.

»Man muss den Versuch machen«, hatte Lothar immer gesagt, »eine Sprache des Körpers zu finden, die nicht schon vorbuchstabiert ist, sondern die etwas von einem selbst zum Ausdruck bringt, mit aller Widersprüchlichkeit.« Da gab es eine sehr schöne Szene in der Brecht-Inszenierung, sie erinnerte sich an diese junge Schauspielerin, die die Grusche gespielt hatte. Liljana Brandt. Lothar mochte sie, sie mochten sie beide, eine ganz schüchterne, aber auf der Bühne ungeheuer kraftvolle Schauspielerin. Sie war eine der wenigen gewesen, die nicht ständig den Disput mit Lothar gesucht hatte wie die anderen. Nachdem Lothar beinahe einen jungen Schauspieler von den Proben ausgeschlossen hatte, war die Stimmung in der Truppe gegen Null gesunken, und Emilie hatte sich gemeinsam mit Lensch demonstrativ hinter Lothar stellen müssen, sonst hätte die Truppe offen rebelliert. Sie hatten sich von seinem auf den ersten Blick autoritären Charakter provozieren lassen und merkten nicht, dass er ihnen innerhalb seiner Inszenierung die größtmöglichen Freiheiten gab, mehr als irgendein anderer Regisseur, mit dem sie bis dahin oder seitdem gearbeitet hatte. Liljana hatte das erkannt.

Sie spielte eine junge Frau, die auf der Flucht vor den Häschern der Revolution einen schreienden Säugling fand, den die Frau des gestürzten Großfürsten zurückgelassen hatte. Liljana interpretierte die Grusche spontan als eine fürsorgliche Frau, die stehen blieb, dem Baby ein Liedchen sang und es in ihren Armen davontrug.

»Neenee«, unterbrach Lothar sie. »Schön wär's.« Er sagte nicht, dass ihm diese Interpretation zu rührselig sei, und er schrieb Liljana auch nicht vor, wie sie die Rolle stattdessen spielen solle. Er sagte nur: »Stell dir vor, du wirst in der Nacht aus deinem Dorf vertrieben. Alles steht in Flammen, hinter dir wird geschossen. Du bist in Panik und weißt nicht wohin. Du hast keine Ahnung, ob deine Familie noch am Leben ist.

So. In diesem Augenblick der Flucht, Liljana, bist du getrieben, eine Einzelkämpferin, wie jeder, der es mit dem nackten Überleben zu tun bekommt. Woran denkst du?«

Und Liljana hatte gesagt: Ich denke wahrscheinlich gar nicht. Ich bin viel zu aufgeregt zum Denken.

»Wahrscheinlich. Und was willst du, in der Situation?«

Überleben.

»In Ordnung. Gut. Jetzt ist da dieses Baby, dieser Schreihals, wahrscheinlich vollgekackt, was weiß ich. Was fühlst du in dem Moment?«

Schwierig. Mitleid?

»Versuch mal«, sagte Lothar, »beim Verlassenwerden anzusetzen. Mitleid ist bloß moralisch. Jeder weiß, wie weh das tut, jeder weiß, wozu man fähig ist, wenn man verlassen worden ist. Das ist dein Gefühl, versuch mal, von da auszugehen.«

Lothar sagte das, wie Emilie jetzt auffiel, ohne jemals selbst erfahren zu haben, was Verlust bedeutete. Trotzdem bewirkte es eine außerordentliche Veränderung in Liljanas Haltung zu der Rolle. Bei der Generalprobe sah die Szene so aus: Sie nahm das Baby auf den Schoß und legte es wieder hin, sah sich um, stand auf und ging langsam, zögernd weg; nach ein paar Schritten kam sie wieder zurück. Setzte sich zögernd wieder hin. Betrachtete das kleine Bündel, schaute weg. Ein Gewehrschuss, sie zuckte zusammen, duckte sich, halb über das Baby, schon nicht mehr nur sich selbst schützend. Schließlich hob sie es mit einer resignierten Bewegung auf und rannte weiter. Ohne Freude und ohne große Emotionen begann sie ein neues Leben mit dem Kind.

Lothar hatte anfangs keine Vorstellung gehabt, was er mit dem Stück anfangen sollte. Sie hatten sich lange darüber unterhalten. Ihr Vater hatte Emilie von der Flucht ihrer Eltern aus Ostpreußen erzählt; Hannelore war zu diesem Zeitpunkt gerade sechs Jahre alt gewesen. Nun floss dieses Wissen in seine Inszenierung ein. Es kam nicht selten vor, dass Lothar das verdichtete, was sie sich gemeinsam erarbeitet hatten. Ohne sie, dachte Emilie mit plötzlicher Wut, wäre das eine ganz andere Inszenierung geworden.

Woher kam das jetzt? Lothar war deprimiert gewesen, dass die Aufführung ein Misserfolg geworden war. Die Monate danach lief es nicht gut für ihn, und er warf Emilie vor, dass sie dem *Kreidekreis* nicht hinterher trauerte. Sie hatte das für eine typische Theaterhysterie gehalten, die sie nicht weiter ernst nahm. Es war nur ein Theaterstück. Sollte sie ihre Karriere an den Nagel hängen, nur weil es kein Erfolg gewesen war? Das Herzblut, das er hineingesteckt hatte, war auch ihres gewesen. Doch er nannte sie eine Technokratin, und zum Glück hatte sie vergessen, was noch alles.

Und dann kam ein paar Wochen darauf von Harald Faun, der Opern inszenierte, das Angebot, das Bühnenbild für eine Mozart-Oper zu machen. Sie nahm es an. Es gab Streit; dummen Streit, ideologischen, oder wie auch immer man das nennen wollte. Lothar warf ihr die angebliche Wahllosigkeit vor, mit der sie ihre Stücke aussuchte. In Wirklichkeit war er nur verzweifelt gewesen, weil er gerade noch keinen neuen Auftrag hatte. Der dann eine Woche später kam.

Auf der Rückfahrt von ihrem Treffen mit Faun sagte er: »Übrigens hab ich Liljana gebumst.«

»Bitte wollen tanzen?« Neben ihr war ein Mann aufgetaucht, jünger als sie, der eben seine Zigarette in den Aschenbecher auf dem Tresen legte, ein *gepflegter älterer Herr*, wie ihr sofort in einer Mischung aus Belustigung und Ekel einfiel.

Er lächelte und sah sie fragend an. O Gott, dachte Emilie, denkt er etwa ... sehe ich etwa aus, als sei ich *allein* hier? Unwillkürlich sah sie zu Philipp neben sich, der auf die Tanzfläche starrte; der Cocktail hinter ihm war leer, die Kellnerin nahm eben das Glas weg und stellte ein neues hin. Emilie sah wieder zu dem Galan, und als sie stammelnd hervorbrachte: »Nein, ich...«, und dabei eine Kopfbewegung zu Philipp machte, da hoffte sie, dass der Mann nicht irgendein Bedauern aus dieser Geste las.

»So oder so«, hatte sie damals im Auto zu Lothar gesagt, »wir gehören jetzt zusammen.« Sie hatte das sehr ruhig gesagt, sein Gesicht in dem dunklen Auto neben sich fixierend. »Daran wird nichts etwas ändern.«

Jetzt bemerkte sie, dass auch Philipp auf die Szene aufmerksam wurde, und sie spürte, wie ihr Kopf heiß wurde. Was tat sie hier eigentlich. Wie gemein, wie niederträchtig war es, sich mit einem Mann zu verabreden, den sie schätzte und interessant fand und den sie aus den falschen Gründen viel zu lange nicht gesehen hatte, und ihn dann zu ignorieren? Und wie kam sie jetzt dazu, die Situation, in die sie sich selbst gebracht hatte, zu lösen, indem sie ihre Hand hob, so dass der Mann den Ring daran sehen konnte?

Er verstand den Wink, nickte, was ihn allerdings nicht davon abhielt, ihr dennoch ein Getränk auszugeben; erst als sie den Kopf schüttelte, lächelnd und noch immer höflich, hob der Mann sein Glas und zog sich zurück.

Philipp maß dem Vorfall keine Bedeutung zu, zumindest tat er so. Er fragte nur: »Du trägst deinen Ehering noch?«

Ja, das tat sie. Sie hatte sich geschworen, ihn bis zum letzten Tag zu tragen, nachdem sie Lothars Ring vor ein paar Monaten versehentlich weggesaugt hatte. Er hatte neben dem

Bett gelegen, vielleicht war er von der Kommode gerutscht, vielleicht aber auch bei einer Gelegenheit dorthin gelangt, die sie sich lieber nicht genau vorstellen wollte. Sie hatte etwas Hartes im Rohr klackern gehört und erst an den Ring gedacht, als sie den Staubsaugerbeutel schon längst gewechselt und in den Müll geworfen hatte. Seitdem stand der grüne Sack auf der Veranda, und sie hatten sich bisher beide davor gedrückt, den Ring aus dem längst vergammelten Unrat herauszufischen.

Sie war plötzlich müde. Aber sie hatte heute einen freien Abend nach fast acht Monaten pausenloser Arbeit und Stress, und sie wollte sich amüsieren. Es gab nichts, was dagegen sprach. Gerade wurde dieses Lied aus dem »Buena Vista Social Club« gespielt, das spätestens nach Castros Tod wahrscheinlich kubanische Nationalhymne werden würde. Und obwohl sie es schon hundert Mal gehört hatte, fand sie es noch immer schön. Das funktionierte wahrscheinlich so ähnlich wie bei einem Schlager. Wenn sie es sich genau überlegte, war da eigentlich kein Unterschied zu *Tanze Samba mit mir*. Sie war heimlich hier, inkognito, also konnte sie auch ihren üblichen Dünkel vergessen und einfach: tanzen.

19

Franziska hatte ihre Jacke ausgezogen und redete sich erfolgreich ein, dass sie der viele Qualm nicht im mindesten störte. Ruben hatte schon zwei Bier getrunken, während sie noch immer mit dem ersten Drittel ihres Cocktails beschäftigt war. Auf beide, so glaubte sie zumindest, hatte das den

Effekt gehabt, dass ihre Unterhaltung jetzt flüssiger lief. Es war ein richtiges Gespräch, fast so, als würden sie sich schon kennen.

»Irgendwie kommt man nicht um die Frage rum, oder?«, sagte Ruben.

»Hast du abgebrochen? Ist doch nicht schlimm.« Sie biss sich auf die Lippen – hatte das jetzt herablassend geklungen?

»Sagen wir einfach, ich bin Privatier. Wie Reemtsma.«

»Reemtsma ist aber Millionär. Bist du Millionär?«

Er lächelte. »Fast. Bisschen fehlt mir noch.«

»Bist du wenigstens mal entführt worden?«

»Okay, dann bin ich eben kein Privatier. Sagen wir, ich mach in Import-Export. Dann kannst du dir vorstellen, dass ich so ein … Waffenschieber bin. Ohne Vergangenheit, ohne Zukunft. Total geheimnisvoll.«

»Wie kommst du darauf, dass ich dich irgendwie geheimnisvoll finden will?«

»Okay, ich hab aufgehört zu studieren wegen akuter Perspektivlosigkeit, und bevor du fragst: Philosophie und noch irgendwas, kurz vor dem Taxischein hab ich die Sache hingeschmissen, jetzt mach ich dies und das und gucke, was so kommt. Sieh mal, das T-Shirt.«

Jemand ging an ihrem Tisch vorbei, auf der Brust ein Schriftzug: ICH WILL RENTE.

»Und …«

»Ich seh ja ein, dass es die Sache leichter macht, wenn man weiß, da sitzt jetzt ein Raketenwissenschaftler, dem brauch ich nicht mit Botanik zu kommen. Man weiß, welche Anschlussstellen in Frage kommen und welche nicht.«

»Man kann es aber auch mit einem Raketenwissenschaftler zu tun haben, der in seiner Freizeit Rosen züchtet.«

»Gut, okay, das weiß man dann aber erst hinterher. Ich züchte keine Rosen. Ich bin der, der gar nichts macht. Und erst recht nichts zu Ende.«

»Auch ein Profil, oder?«

»So hab ich das noch gar nicht gesehen«, aber sie sah an seinem Lächeln, dass ihm der Widerspruch durchaus klar war.

»Über irgendwas muss man sich aber doch definieren«, sagte sie vorsichtig. Nicht ohne sich zu fragen, was es bei ihr war. War sie eine Programmiererin? Sollte dieses eine, blutleere Wort ausreichen, all das zusammenzufassen, was sie sich vorstellte und fühlte und konnte?

Manche Leute konnten das. Ihr Vater zum Beispiel, und ihre Mutter. Theaterleute konnten das vielleicht. Die fühlen sich nicht auf einen Begriff reduziert, wenn man sie so nennt, die sind noch stolz darauf. Weil sie glauben, ihre Welt sei so offen, so voller Möglichkeiten und Identitäten, dass nur Grenzenlosigkeit ihnen die richtige Kontur verleihen kann. Ihr Vater hatte gesagt: Schauspielerei ist die Kunst, für wahr zu halten, was man tut.

Im Fall ihrer Eltern zeigte sich, dass das Etikett, das man sich aufklebte, den Inhalt nicht beschnitt und verkürzte, sondern mehr aus einem machen konnte, als man war. Bei ihrem Vater: Aus einem Säufer und Frauenhelden und Versager einen *Theatermann*. Sie wollte nicht urteilen – aber immer, wenn sie an ihn dachte, fiel ihr ein, was geschehen war. Wozu er fähig war, wenn er die Kontrolle über sich verlor.

Das hatte schon bei ihrer Geburt begonnen. Ihre Tante Hanne hatte ihr diese Geschichte erzählt, als sie alt genug war: wie Franziskas Mutter hochschwanger zu Hause saß und im Theater anrief, weil die Wehen immer schneller kamen. Franziskas Vater hatte ihr gesagt, er sei jederzeit erreichbar, aber ihre Mutter hatte nur die eine Nummer gehabt, und niemand ging ran. Als sie es fast aufgeben wollte, hatte sie doch den Pförtner am Apparat, der sagte, der Herr Lotmann probe gerade und wolle nicht gestört werden, aber er werde sehen, was sich machen lasse. Es endete damit, dass ihre Mutter es irgendwann nicht mehr aushielt und sich ins Auto setzte und allein mit ihren Schmerzen und ihrer Angst ins Krankenhaus fuhr. Franziska kam ziemlich schnell, es gab auch keine großen Probleme, außer dass ihr Vater ihre ersten Stunden verpasste und obendrein stockbesoffen war, als er endlich kam. Es war nicht ihre eigene Erinnerung, aber es war schon mal die erste, die sie an ihren Vater hatte. Ein richtiger Theatermann.

»Ich hab Motivationsprobleme«, sagte Ruben. »Chronisch.«

»Bitte? Tschuldige.«

»Oh, ich fang schon an, dich zu langweilen.«

»Nein, gar nicht, ich hab nur …«

»Motivationsprobleme. Bin noch dabei, mir einen schicken Namen dafür auszudenken und die Aufnahme in den DSM-IV zu beantragen.«

»Den …?«

»So 'ne Art Katalog für psychische Störungen.«

»Ist es so ernst?«

»Ich würde nicht sagen, dass es ernst ist – höchstens in dem Sinne, wie ein Stück von Beckett eine ernste Angelegenheit ist. Ich glaube nicht, dass ich ernsthaft krank bin. Nur lebensuntüchtig.«

Sie wusste nicht, wie sie darauf reagieren sollte. Er sagte das alles mit einem leisen Lächeln, mit einer Süffisanz, die es leicht klingen ließ. Auf der anderen Seite sah sie eine Müdigkeit in seinem Gesicht, von der schwer zu sagen war, ob sie von einer kurzen letzten Nacht oder den langen Tagen davor herrührte. Sie trank einen Schluck; anschließend wusste sie noch immer nichts zu sagen. Ruben schien nicht auf eine Antwort zu warten; er sah sich in der Kneipe um, dann auf seine Uhr, auf den Tisch. Wenn sie ganz ehrlich sein sollte, sah er nicht aus wie jemand, der sich blendend unterhielt.

»Ich sollte dazu vielleicht irgendwas sagen, oder? Mir fällt bloß grade nichts ein.«

Er lächelte und zuckte die Schultern. Auch er trank einen Schluck Bier; Franziska war erleichtert, dass sie mit ihrer Verlegenheit wenigstens nicht allein war.

»Gehst du viel ins Theater?«, fragte sie nach einer Weile. »Wegen Beckett.«

Er schüttelte den Kopf. »Du?«

Sie nickte. »Ich bin im Theater groß geworden. Jetzt arbeite ich in einem.«

»Du arbeitest im Theater? Hier? Als was denn?«, fragte Ruben, jetzt – oder bildete sie sich das ein? – wieder interessierter.

»Nachtwächterin. Ich mach die Türen zu, nachdem alle raus sind.«

»Heißt das, du bist dann allein da drin?«

»Wenn alle außer mir draußen sind, bedeutet das in den meisten Fällen, dass ich alleine zurückbleibe.« Schon wieder, dachte sie: Warum klang es immer herablassend, wenn sie einen Scherz machte? Doch Ruben ging gar nicht darauf ein, sondern sagte unverbindlich: »Scheint in der Familie zu liegen, oder?«

Sie fragte sich, ob es die Mühe lohnte, darauf zu antworten; sie hatte das Gefühl, dass ihr Ruben eher pflichtschuldig eine weitere Frage hingeworfen hatte. Oder nicht?

Plötzlich wusste sie, warum es ihr in der Vergangenheit so schwer gefallen war, Kontakt zu anderen aufzunehmen, und warum dieser Kontakt meist nicht allzu lange Bestand gehabt hatte. Es war eine komplizierte Mischung aus ihren eigenen Hemmungen und Wünschen und denen der anderen. Sie redete sich ein, sie müsse nur ein klares Bild von sich selbst haben und sich treu bleiben. Doch immer, wenn sie sich mit dieser Haltung daran machte, zu jemandem eine Beziehung aufzubauen, stellte sie schon nach kurzer Zeit fest, dass alles viel komplizierter und verwickelter war, als es zunächst den Anschein gehabt hatte. Und das war eigentlich auch ganz logisch: Denn die Wahrscheinlichkeit, dass man bei jemandem auf Verständnis und Anschlussfähigkeit traf, war weitaus geringer als die, dass sich beide Systeme als vollkommen inkompatibel erwiesen.

Und trotz allem – weil man sich nicht einfach hinsetzen und sich aus der Welt heraushalten konnte – entschied sie sich jetzt, das zu erzählen, was sie zu erzählen hatte, ob es ihn langweilte oder nicht.

»Für meine Eltern war das Theater die Hauptsache. Ist es immer noch. Für mich nicht. Für mich ist es ein Nebenjob. Nichts, das zwischen mir und jemand anderem stehen könnte.«

»So wie für deine Eltern?«

Sie nickte wieder. Sie hatte auf einmal so viel von sich preisgegeben. Warum? Weil Verständnis noch unwahrscheinlicher wurde, wenn man keinen Vorschuss gewährte. Wenn man nicht die Tür zur eigenen Geschichte wenigstens einen Spaltbreit öffnete.

»Sie lassen sich morgen scheiden«, sagte sie.

II

Komplikation: DAS WAHRE LEBEN

DIE LUST AM ZUSCHAUEN

Aufklärung als Massenbetrug: Der Desillusionist Lothar Lotmann feiert in Düsseldorf einen rücksichtslosen Triumph der Liebe – und des Theaters. Von Herbert Bönisch (*Theater heute*)

Düsseldorf, 15.5.1982. – Es gibt Abende, die vergisst man nicht. Die Premiere von Wedekinds Kindertragödie »Frühlings Erwachen« in der Inszenierung des großen Menschenmanipulators Lothar Lotmann wird zweifellos dazugehören. Es war eine doppelbödige Aufführung: Während die sinnliche und tollende Ausgelassenheit der pubertierenden Kinder in den besten Momenten auf das Publikum übersprang, stand der streng durchkomponierte Bühnenraum Emilie Fahnenbrocks mit seinen klaren, kontemplativ ausgeleuchteten Bauten und Tafelbildern in ästhetischer Korrespondenz zur geschliffenen Kunstsprache Wedekinds. Die Schnittmenge dieser disparaten Elemente erzeugte eine schwül erotische, zwischen wilhelminischer Korsettierung und sexueller Nervosität changierende Atmosphäre.

So enthemmt wurde der Sexus selten gefeiert und selten so radikal desavouiert in seinem marktwirtschaftlichen Ausbeutungsfuror. Was Wendla und Melchior als natürlich entdecken wollen, zeigt Lotmann als medial schon tausendfach überformt. In ihren Latexuniformen und punkigen Sex-Sprech-Floskeln wirken die

Selbstfindungskids, als würden sie den zehnten Schritt vor dem ersten proben und sich wundern, warum das Laufen nicht gelingen will.

Lotmann, dessen Inszenierung ganz von den Dualitäten, ja frenetisch zelebrierten Widersprüchen lebt, überblendet hier jugendliche Unschuld mit ihrer Pervertierung durch eine Gesellschaft, der die Körpererfahrung gleich zum geilen Sadomasochismus gerät. Auch das Wettbewerbhafte der Masturbationsszene weist in diese Richtung: In der Korrektionsanstalt, die Fahnenbrock mit offenen, aller Privatheit Hohn sprechenden Klosettschüsselreihen gestaltet hat, feiert der Pöbel mit naiv-diabolischer Freude Melchiors zweifelhafte Initiation. Den schwermütigen Moritz indes treibt der unauflösbare Zwiespalt zwischen körperlicher Sehnsucht und moralischem Dogma schließlich in den Suizid.

Ein Freudenfest der Dialektik

Lotmann zeigt damit das leuchtende Ideal der sexuellen Befreiung im Moment ihres Umschlags in entseelte Barbarei: Dem *Höher!, Schneller!, Weiter!* des neuen Liebeswettbewerbs qua zwanghafter Freizügigkeit. Wie Lotmann uns dieses Stück Gegenaufklärung präsentiert, ist manchmal bis zur Burleske überdreht. Doch noch das Possenhafte ist mit einer tiefen Zärtlichkeit imprägniert, die einzig den Kindern gilt. Effekthascherei ist die bevorzugte Überwältigungstechnik des Gegners; Lotmann karikiert sie zehntelmillimetergenau und wendet sie so gegen ihn selbst. Wie er dabei in seinem scheinbaren Tollhaus eine derartige Akkuratesse fertig bringt, die Bewegungen, Bild und Musik unauflösbar ineinander arbeitet, ist ein fast unbegreifliches Wunderwerk.

Emilie Fahnenbrocks Bilder sind dabei gesättigt von der Klage gegen die neue Schaulust, obgleich sie so ausgewogen und artifiziell sind, dass man den Blick nicht abwenden mag. Ihr eleganter Stilwille, der subtil der Zwangs- und Unterdrückungsthematik des Stoffes korrespondiert, mag vielleicht auch erklären, warum einer wie Lotmann, der nie von der Form, sondern immer vom Leben her inszeniert, dabei so formvollendet sein kann.

Schon Lotmanns letzte Inszenierungen in Bochum und Bremen stellten unter Beweis, dass zurzeit niemand den gesellschaftlichen Resonanzkörper des Theaters virtuoser zum Klingen bringen kann als er. Ihm ist das Verdienst zu verdanken, der »Kindertragödie« nicht nur ein hoffnungsvolles Ende verpasst zu haben, in dem die schwangere Wendla nun gegen Wedekinds Willen ihr Kind bekommen und weiterleben darf, sondern quasi im Alleingang verhindert zu haben, dass ein bisher frostiger Theater-Frühling übergangslos ins Sommerloch fällt. Dafür gehört sein Stück landauf, landab gezeigt, gefeiert und ausgezeichnet.

Düsseldorfer Schauspielhaus
Frühlings Erwachen
Von Frank Wedekind
Regie: Lothar Lotmann, Bühne: Emilie Fahnenbrock, Kostüme: Stella Montau, Licht: Ludwig Saldorf, Dramaturgie: Almut Bader.
Mit: Burkhardt Wenschel, Lilly Ocko, Bruno Sartorius.

20

Es war kalt auf der Bühne. Stille. Der Beleuchter sagte etwas zu ihr; das Licht, sie müsse so oder so stehen, sie hatte nicht zugehört. Um sie herum standen die anderen Schauspieler, sahen zu Boden, niemand sagte etwas. Lothar saß in Reihe vier, redete leise mit der Assistentin. Dann sagte er etwas zu ihr, sie verstand ihn nicht, dafür aber den Beleuchter. Das Kleid, sagte er, es sei das Kleid. Ja. Aber was sollte sie damit anfangen? Sie probten seit acht Stunden, letzte Nacht hatte sie kaum geschlafen, und noch immer hörte sich ihr Monolog nicht an wie etwas, das sie sagen könnte.

»Hast du gehört?«, brüllte Lothar sie an.

»Was? Ja! Nein!« Entweder man brüllte, oder man hatte nichts mehr zu sagen. Es gab einen Ideenvorrat für jeden Tag, davon war sie überzeugt, manchmal bekam man einen Dispokredit über Einfälle, die man noch nicht hatte, indem man einfach drauflos machte und Chaos stiftete. Manchmal fand sich dann irgendwo in diesem Müllhaufen aus halb frustriertem, halb albernem Herumgehampel eine Perle, und dann würde Lothar zu ihr sagen: Halt mal eben die ganze Abteilung, Karina, was hast du da eben gemacht, diese eine Bewegung da mit der linken Hand?

»Ich rede mit dir, du blöde Ziege!« Er war sauer, natürlich gab er nicht sich die Schuld, sondern ihnen. Sie waren nicht konzentriert, nicht bei der Sache, sie nahmen das alles nicht ernst genug.

Linda am Tisch lachte, vielleicht sogar über etwas, das Lothar gesagt hatte, aber das bedeutete nur, dass sie den Ernst der Lage nicht begriff. Die ganze Situation war im Absturz begriffen, und sie alle waren mittendrin.

»Ihr seid alle Lahmärsche, was ist da jetzt los, ich will die Szene noch mal sehen!«

»Pass auf, wie du mit mir redest, du hast ja selbst keine Idee!«

Sie konnte nicht mehr, heute nicht und überhaupt. Dankwart hielt sich im Hintergrund, hatte die Arme verschränkt und sich an die Bühnenwand gelehnt, wieder mit diesem Grinsen im Gesicht, hinter dem er sich verbarrikadierte. Er schaltete auf stumm und taub, bis irgendwer wieder etwas Konstruktives sagen würde, und er wusste genau wie sie, dass das noch dauern konnte. Hier gerieten zwei Dinge vollständig durcheinander, die getrennt gehörten, und das war nicht gut, das konnte nicht gut sein. Sie wusste, dass sie so nicht mit ihm sprechen konnte. Sie fühlte sich gefangen, und plötzlich wollte sie nur noch weglaufen. So, wie sie es schon einmal gemacht hatte.

Damals bei der *Lulu* war sie zwei Tage verschwunden, weil sie dem Druck nicht standgehalten hatte, für niemanden erreichbar, Lothar hatte sie schließlich in Amsterdam aufgegabelt. Sie hatten sich angeschrien, dann hatten sie sich geküsst, dann hatten sie in ihrem Hotelzimmer in einer Folge verrenkter Bilder die ganze Nacht lang miteinander geschlafen. Sie hatte keine Ahnung, warum sie Sex nur genießen konnte, wenn sie verzweifelt war. Sie war sich vorgekommen wie der letzte Dreck, feige und klein, völlig ohne Berechtigung, und als Lothar sie gefunden hatte, war alles noch schlimmer geworden. Jetzt sollte wieder alles gut werden, die Erwartungen wurden nur noch höher, sie spürte, wie die anderen sie misstrauisch ansahen. Ihre langsamen Bewegungen, der leere Blick, bei dem sie sich manchmal selbst ertappte: ist da nicht schon Irrsinn mit im Spiel, ein kleines bisschen wenigstens? Gehört die wirklich noch hier auf die Bühne oder nicht doch schon in die Klapse? Sie wollte nicht als wandelndes Klischee herumlaufen, aber sie hatte Angst, grenzenlose Angst davor, nackt dazustehen, und gleichzeitig kamen Leute wie Lothar und redeten ihr ein, diese Nacktheit sei ihre einzigartige Gabe. In jener Nacht in Amsterdam hatte sie sich geschworen, nie wieder mit ihm zu arbeiten, ja, nie wieder mit ihm zu schlafen, was in einem immer ungesunderen Ausmaß auf dasselbe hinauslief, seit Lothar im Sumpf seiner künstlerischen Stagnation feststeckte. Eine billige Absteige an der Prinsengracht, Blick auf vertäute Hausboote und den vollgemüllten Kanal, sie hatte keine Ahnung gehabt, warum sie ausgerechnet hierher gekommen war. Sie konnte sich nicht vorstellen, wie Lothar sie überzeugen wollte, wieder zur Produktion zurückzukommen.

Er versuchte es gar nicht. Sie schliefen miteinander, das war alles, am nächsten Tag bezahlte er das Zimmer und nahm sie im Mercedes mit zurück nach Hamburg. Was in den Stunden davor zwischen ihnen geschehen war, konnte sie nicht sagen. Vielleicht hatte sie sich begehrt gefühlt, *gewollt*, ohne, dass sie etwas dafür tun musste. Sie musste ihm nur ihre Möse hinhalten, dann kam alles weitere von allein. Irgendwann fing ihr Körper an, sich von selbst zu bewegen; sie hatte ihre Tage gehabt, innerhalb von Minuten war das ganze Bett voller Blutflecken. Lothar kam schon, als sie gerade erst anfing, er lag ausgepumpt neben ihr, sein rot verschmiertes Glied als Sinnbild seiner Erschöpfung hing schlaff herab. Es war nicht ihr Rhythmus, es war nicht ihr Tempo. Sie kniete sich über sein Gesicht und spreizte mit den Fingern ihre Schamlippen, ließ sich von der Vorstellung geil machen, sie sei schmutzig und könne nur so sauber werden. Sie redete sich ein, dass ein

Orgasmus in den nächsten überging, dabei war irgendwann alles nur noch Brennen. Sie saugte an seinem schlaffen Penis, den Eisengeschmack ihres eigenen Blutes im Mund, gierig auf jeden Millimeter hoffend, den er sich aufrichtete. Sie ließ ihn weitermachen, auch als das alles schon längst nichts anderes mehr war als Robotik. Es klopfte an der Tür, doch sie schrie nur noch lauter, obwohl Lothar versuchte, ihr den Mund zuzuhalten, sie vergaß einfach, wo und wer sie war. Das war der Sinn des Ganzen.

Auf der Bühne funktionierte das leider nicht. Sie konnten ihren Konflikt hier nicht in wortlosem Kampf austragen, weil schlicht und ergreifend eine Idee her musste, und solange keiner eine hatte, standen sie nur herum wie Schaufensterpuppen.

»Alle von der Bühne, hab ich gesagt«, Lothar brüllte jetzt, und dann stand plötzlich Miriam bei ihm, die junge Assistentin, die erst seit dieser Produktion dabei war, und sie bekam das ab, was er sich bei Karina nicht traute und nie getraut hatte. Vor allen Anwesenden, die im Moment nichts anderes zu tun hatten, als unfreiwillig Zeuge zu werden, machte er sie zur Schnecke.

»Du musst wissen, was da oben auf der Bühne läuft, und du musst wissen, was hier bei mir läuft, und wenn du das nicht sofort zusammenbringen kannst, dann nützt du mir hier nichts, dann bist du einfach keine Assistentin. Das muss zack-zack gehen, jetzt ist das im Eimer.«

»Vielleicht kannst du einfach mal einen Vorschlag machen, anstatt hier Leute vors Standgericht zu zerren«, rief sie von der Bühne herunter, und Dankwart zog sie beiseite und sagte: »Komm, Karina, das hat doch keinen Zweck«, und sie empfand wieder diese klaffende Sinnlosigkeit dabei, eine *Aufführung* zu machen.

Und als wollte Lothar jeden Zweifel im Keim ersticken, erklärte er ihnen, was der Sinn des Ganzen sei; warum *sie* gerade versagten und nicht er, warum das einerseits okay sei, sie das aber andererseits jetzt auch aushalten müssten.

»Leute«, er meinte Karina, »was da jetzt passieren soll, was ich jetzt von euch erwarte, das hat was mit Liebe zu tun, und Liebe kommt nun mal immer erst dann, wenn man nicht drauf wartet. Ich will nur, dass ihr offen seid, ihr seid nicht offen. Karina, was du da machst in der Szene, wie du ihm da die kalte Schulter zeigst, das geht so nicht, das kann man so nicht mehr machen. Da kann ich die Zahnräder bei dir knirschen hören. Du hast gerade mit diesem Typen geschlafen, nur um deinem Mann eins auszuwischen, und jetzt ist er verschwunden und du bemerkst, wie sehr du ihn liebst. Mein Gott, ich muss dir das doch wohl nicht mehr erklären. Wir reden hier vom Elementaren, da seid ihr alle Experten, alle, ausnahmslos. Aber wenn ihr hier so scheiße rumstolpert und keinen Bock habt, ja? …«

Dann nahm er den Text hervor, obwohl er ihn auswendig kannte, und las Marthas Monolog laut vor: *George, der draußen in der Dunkelheit herumläuft. Der gut zu mir ist, und den ich dafür beschimpfe. Der die Spielregeln genauso schnell begreift, wie ich sie wieder ändere. Der mich glücklich macht. Und ich will nicht glücklich sein. Ja, ich will doch glücklich sein. George und Martha. Traurig, traurig, traurig. Dem ich nicht vergeben kann, dass er zur Ruhe gekommen ist. Der mich sah und sagte: »Ja, das will ich.« Der den schrecklichen, verletzenden, beleidigenden Fehler machte, mich zu lieben. Dafür musste er bestraft werden. George und Martha. Traurig, traurig, traurig.*

Irgendwo fiel ein Glas zu Boden. Gelächter. Kurz schrak

sie auf, blickte sich um, als sei sie nicht ganz sicher, wo sie war.

»Die alte Übersetzung war einfach scheiße«, erklärte Lothar wortreich in die eine Ecke hinein, in der man ihm noch zuhörte, »das musste man einfach neu übersetzen.«

Sie nahm noch eine Zigarette und steckte sie an. Sie hatte das alles hundertmal gehört von Lothar. Diese »Vision«, dieser irrsinnige Glaube, der auf nichts als ein paar dünne Bühnenbretter gebaut war: Wahrheit.

Lothar hatte *Wer hat Angst vor Virginia Woolf?* aus Gründen machen wollen, deren Perversion für sie heute nur allzu deutlich war. Aus den gleichen Gründen hatte er die vollkommen schwachsinnige Entscheidung getroffen, Marthas Ehemann George selbst zu spielen. Das konnte nur schief gehen, kein erfahrener Regisseur hätte so etwas getan, und dass die Premiere dann ein solches Fiasko geworden war, verstand sie als die logische Folge. Diese Inszenierung hätte sein endgültiger Durchbruch werden sollen, nachdem er über zehn Jahre als viel versprechend gegolten hatte, als Geheimtipp, der an den größten deutschen Häusern arbeiten durfte. Er wollte nach Berlin und Bogotá eingeladen werden, wollte endlich den Kritikerpreis in seiner Biographie stehen haben. Er spekulierte auf den Skandal, und das konnte nicht gut gehen. Es war nicht ihre Schuld gewesen, nicht ihre und nicht Dankwarts, die das Stück in Lothars späterer Legendenbildung »verraten« hatten. Die Wahrheit war: Er hatte falsch besetzt. Sie alle drei waren eine fatal falsche Besetzung gewesen. Karina und Lothar als Ehepaar, das sich vor den Augen ihrer beiden Gäste selbst zerfleischt, ausgerechnet mit Dankwart in der Rolle des Zeugen und Rivalen Nick. Es war viel zu dicht an dem, was zwischen ihnen schwelte, und es war Lothars Tragik, dass das, was er für die Wahrheit hielt, nur zu einer Farce hatte geraten können.

Sie hatte es durchgestanden, war nicht wieder davongelaufen wie damals bei der *Lulu*. Sie hatte es ausgesessen, und genau das hatte Lothar ihr auch vorgeworfen, als sie zwei Monate später mit Dankwart nach Berlin ging. Sie hätte ihn künstlerisch sabotiert, versucht, ihm das Rückgrat zu brechen, gerade in dem Moment seiner Karriere, in dem er sich selbst so nah wie nie mehr danach gekommen sei: *Geradeaustheater*, so hatte er das genannt.

Dabei hatte das Stück nicht ausschließlich schlechte Kritiken bekommen, trotz allem, was Lothar sich mit dem Publikum erlaubt hatte: *voller Brüche, von großer sozialer Genauigkeit und einer virtuosen Wirklichkeitsnähe*, hatte die ZEIT geschrieben. Allerdings entstammte solches Lob nicht der Feder des Theaterkritikers August Harmsdorf, einem anderen alten Freund Lothars, mit dem er es sich verscherzt hatte, indem er ihm bei laufender Szene den Notizblock aus den Händen gerissen und ihn angeschrien hatte, das sei *Leben*, was hier gerade passiere, da schreibe man nicht mit!

War es etwa ihre Schuld gewesen, dass Lothar sich mit jedem anlegen musste? Dass er sich etwas beweisen wollte und es grundsätzlich mit der Brechstange versuchte? Er hatte sich alles, was aus dieser verkorksten Vorführung geworden war, selbst zuzuschreiben. Ja, er hatte seine eigenen Probleme auf der Bühne ausgestellt, er hatte das Publikum und die Kritik vor den Kopf gestoßen und, schlimmer noch: Er hatte neben einem bedeutenden Rezensenten sämtliche Intendanten gegen sich aufgebracht, indem er »Leute wie Lensch« (und sich selbst) damit verteidigte, dass die eben noch etwas anderes auf dem Theater vorhatten als subventionierte Armenspeisung für ästhetisch Obdachlose. Das war ihm von einigen Leuten sehr übel genommen worden. Lothar hatte es einzig und allein seiner eigenen Verbohrtheit zuzuschreiben, dass niemand mehr etwas von ihm wissen wollte. Man biss nicht in die Hand, die einen fütterte.

Es war ihr peinlich, hier zu sitzen und seit einer gefühlten Ewigkeit Lothars lächerlichen Theaterfanatismus zu ertragen, mit dem er sich doch nur zu rechtfertigen versuchte. Sie musste sich ein höhnisches Lachen verkneifen. Ein armer alter Narr. Der sich verrannt hatte. Der an etwas glaubte, das es nur in Büchern gab, und alle anderen Menschen bedingungslos dazu aufforderte, genauso realitätsvergessen darin zu lesen wie er. Alle, die diese Prämisse nicht teilten, waren Repräsentanten einer falschen Welt, Argumente interessierten ihn nicht.

»Stopp! Was soll das?«, fragte sie scharf. Jetzt war er zu weit gegangen.

»Ihr habt gar nicht die Eier dazu, euch hinzustellen und …«

Plötzlich war sie wieder ganz im Hier und Jetzt angekommen, im Köln des Jahres 2006, sie warteten auf Dankwart und versuchten vergeblich, einen amüsanten Abend hinzubekommen. Und das jetzt war auf Steffen gemünzt. Ausgerechnet auf ihn, natürlich. Er war ja ein Feindbild. Intellektuell und schwul. Das würde sie Lothar nicht durchgehen lassen. Nicht noch mal. Nie mehr. Sie würde dazwischen gehen. Jetzt sofort. Und wenn sie ihm jetzt ein für alle Mal das sagte, was ihr hinterher leid tun würde. So sprichst du nicht mit meinen Freunden.

21

Wenn Philipp Menschen beim Tanzen beobachtete, dachte er nicht automatisch an Sex. Genau genommen war es beinahe eine abwegige Vorstellung. Der Tanz war ein soziales Ritual, das auf völlig anderen Regeln basierte. Er forderte Hingabe, doch die Hingabe galt der Musik, nicht dem Partner. Der Partner ist lediglich ein Erfüllungsgehilfe, über den man ans Ziel gelangt, und das ist der Weg des Tanzes. Der Sex aber ist seinerseits nur der Erfüllungsgehilfe, das Ziel lautet ebenfalls Hingabe: an einen geliebten Menschen.

Er hatte das nie gespürt. Mit Jutta kam das Erlebnis des Tanzens der sexuellen Vereinigung am nächsten, trotz des fundamentalen Unterschieds zwischen ihnen. Die Art, wie sie miteinander schliefen, war demgegenüber beinahe geschäftsmäßig, jedenfalls distanziert. Sobald sie mit seinem Samen in Berührung gekommen war, hatte sie ihn hektisch weggewischt, als handele es sich um eine ätzende Flüssigkeit. Sie hatten sich einander nicht hingegeben, nie. Philipp war sich nicht mehr sicher, ob dieser Anspruch, der in seinem Kopf so stimmig war, überhaupt jemals in der Praxis funktionierte. Nichtsdestotrotz hatte er ihn zu einem Standardsatz seiner Therapiestunden gemacht: Wer nicht bereit ist, sich dem anderen zu schenken, der wird niemals wahre Liebe erleben.

Die Luft war stickig und verqualmt, er war angetrunken, und die ostentative Paarungsbereitschaft einiger männlicher Gäste des Clubs schien langsam auf ihn abzufärben. Er spürte, dass ihn die Bewegungen der Frauen anzogen, dass da etwas in ihm in Wallung geriet, das er nicht gut in Worte fassen konnte. Er sehnte sich nach Emilie, die direkt neben ihm stand und doch so weit von ihm entfernt war. Er musste an die Carrerabahn denken, die er seinem Sohn vor Jahren geschenkt hatte: zwei Spuren, die nebeneinanderher liefen, immer im Kreis, ohne die geringste Möglichkeit, jemals zusammen zu kommen – außer wenn ein Auto aus der Kurve flog oder beim Looping abstürzte und durch einen unwahrscheinlichen Zufall exakt in der anderen Spur landete. Das hatte er allerdings noch nie erlebt.

Er konnte sich nicht recht vorstellen, wie es mit Emilie sein würde. Dass überhaupt ein Einverständnis darüber bestand, ohne dass dafür ihre Beziehung die Grundlage geschaffen hatte, fand er ungeheuerlich. Er hatte all die Jahre an sie gedacht. Nicht kontinuierlich, nicht jeden Tag, aber da war immer die irgendwie vorbewusste Gewissheit, dass es sie gab. Mit Liebe hatte das nichts zu tun, geliebt hatte er ja Jutta. Er hätte keinesfalls seine Ehe dafür aufgegeben, auch für sie nicht. Er hatte sich einfach gefreut, eine Mail von ihr zu bekommen, eine Postkarte, ja, auch nur einen Zeitungsartikel zu lesen, in dem ihr Name vorkam.

Und jetzt stand sie neben ihm, und sie waren im Begriff, etwas zu tun, das ihn mit verstohlener Erregung erfüllte. Er bestellte noch einen Cocktail bei der Kellnerin, und ihr offenherziger Anblick ließ ihn in aller Klarheit denken, dass er Emilie in wenigen Stunden nackt sehen würde.

Er stellte sein leeres Glas hinter sich auf den Tresen, da bemerkte er den Mann, der bei Emilie stand. Es war ein Ausländer mit gegelten Haaren, und Emilie hielt ihm ihren Ringfinger hin. Philipp begriff im ersten Moment nicht, was das bedeutete. Wer war der Mann? Im nächsten Moment fühlte er sich geschmeichelt, dann betrogen und schließlich wieder geschmeichelt. Dieses Gefühl dauerte an. Von allen Männern hier war er der eine für Emilie: Sie hatte ihn als ihren Ehemann ausgegeben. Ein deutlicheres Zeichen dafür, dass sie hier sein wollte, mit ihm, hätte sie ihm nicht geben können. Er rückte etwas näher an sie heran. Es lag nicht nur an ihr, wenn ihre Gedanken sich nicht an das Hier und Jetzt festbinden ließen. Er musste sie einfangen.

»Glaubst du, dass Männer so sind?«, fragte Emilie unvermittelt, als er sie gerade fragen wollte, ob sie noch etwas trinken wolle. Der ölige Schürzenjäger war von selbst gegangen. Philipp glaubte, sich verhört zu haben; gerade spielten sie *Chan Chan*, das längst – oder immer noch – alle mitsummen konnten, und die drei Cocktails, die er bereits gekippt hatte, weil die fünfzehn Jahre Meditation ihn doch noch nicht locker genug gemacht hatten, schärften seine Sinne auch nicht gerade. Um sie herum herrschte Ausgelassenheit, und Philipp hatte jetzt das ebenfalls ausgelassene Bedürfnis, sich zu bewegen.

»Was meinst du?«, fragte er über die Musik hinweg zurück.

»Dass Männer, sobald sie eine Frau sehen, an nichts anderes denken, als, na ja. Dass wirklich *alle* so sind?«

Sie sah ihn an, als säßen sie bei einer Podiumsdiskussion. Mit einem Schlag wurde er nüchtern. Warum fragt sie mich das jetzt, dachte er. Ist das Absicht, Berechnung, will sie mich auf die Probe stellen? Er erwiderte ihren Blick, regungslos, wie er es sich in langen Jahren professionellen Zuhörens antrainiert hatte. Er konnte Zuversicht ausstrahlen, auch wenn er keinen blassen Schimmer hatte, was er sagen sollte. Und er würde etwas sagen, das sich fundiert und hundertmal geprüft anhörte. Er war Fachmann. Fachmann für das Leben und seine Funktionsdefekte. Es gehörte zu seinem Profil, zu allem etwas sagen zu können.

22

Am Tisch neben ihnen saß ein Typ, den man in den Neunzigern Slacker genannt hätte; wirre Haare, Brille, Dreitagebart, die ganze Erscheinung vorsätzlich auf Nachlässigkeit getrimmt. Ihm gegenüber saß eine junge Frau wie aus einem Model-Contest, blond, langhaarig, dünner Stoff mit einem Hauch von Figur darunter. Sie lachte permanent über das, was der Slacker im Takt seiner Bierbestellungen erzählte, und trank dazu Cola light. Ruben war der Anblick peinlich, alles, das ganze Ambiente dieser Bar, war in der vorgeblichen Ablehnung von Lifestyle in Wirklichkeit dessen Verkörperung. Schon die Collagen an den Wänden aus Filmplakaten und ausgerissenen Fotos verrieten den auf Vintage gebürsteten Stil, der Perfektionsansprüche demonstrativ ablehnte, um nie zugeben zu müssen, ihnen nicht gerecht worden zu sein.

Der Slacker rauchte eine nach der anderen, und seine Gesten und Sprachgirlanden wirkten nicht einstudiert, sondern getragen von einer Lebenshaltung, die sich nichts anderem verpflichtet fühlte als dem Prinzip der Improvisation. Er sah die Frau kaum an, deren Interesse er so scheinbar absichtslos hervorzurufen versuchte, als sei dies nur eine zufällige Plauderei, bei der es um nichts ging. Und vielleicht glaubten die beiden auch tatsächlich, dass die Szene, die sie da spielten, sich gerade von allein schuf, dass es nirgendwo ein Skript oder eine Regieanweisung für so etwas gab.

Warum war dann aber von außen so mühelos zu erkennen, dass das Gegenteil der Fall war? Da waren zwei junge Menschen verschiedenen Geschlechts. Der männliche Teil warb um bewundernden Zuspruch und damit die sexuelle Gunst des weiblichen Teils. Die Frau brauchte nur gelegentlich an ihrer Cola zu nippen und an den richtigen Stellen über die Witze des Mannes zu lachen. Beide kannten sich gut mit den jeweiligen Klischees ihrer Geschlechterrollen aus und bemühten sich so gut es ging, die peinlichsten davon zu vermeiden. Der Slacker unterließ es zum Beispiel, dem Model Feuer zu geben; stattdessen zündete er sich selbst die Zigarette an und reichte ihr dann das Feuerzeug. Damit daraus nicht einfach ein neues und ebenso fragwürdiges Ritual wurde, nahm sie sich hier und dort selbst Feuer. Galanterie hätte sie vermutlich beleidigt, weil sie die behauptete Gleichberechtigung zwischen ihnen in Frage gestellt hätte. Sie hätte den Widerspruch deutlich gemacht, in dem sich jede zwischengeschlechtliche Konstellation nach dem sexuellen Paradigmenwechsel der siebziger Jahre befand: Die Frauen wollten jetzt umworben werden, ohne die Werbemittel durch Unterwerfung rückfinanzieren zu müssen. Die Männer orientierten im selben Zug ihre Interessen an den Marktbedürfnissen der Frauen und wurden auf diese Weise zu den etwas scheinheiligen Agenten ihrer eigenen entfremdeten Bedürfnisse.

Ruben trank sein Glas leer. Wenn man die Dinge betrachtete, wie sie waren, dann wurden sie erst ganz blass und dann vollkommen durchsichtig, und dahinter war – nichts. Vorauszusehen waren vier bis sieben Jahre harter Kampf um die schwankende Konjunktur der Beziehung und schließlich die Einsicht, dass jede wirkliche Veränderung einen tief greifenden Umbruch erforderte. *To let myself go / is the only way of being*, tönte es wie ein Kommentar aus den Lautsprechern.

Ihr Gespräch war ins Stocken geraten. Franziska hatte von ihrem Studium erzählt, Ruben dafür ein bisschen von seinem, das schon Äonen zurücklag. Die Ablagerungen an Erkenntnis, die es zurückgelassen hatte, waren wie Katzengold, mit dem er in Situationen wie diesen noch ein wenig glänzen konnte.

Immer wieder spürte Ruben die Sinnlosigkeit, überhaupt mit etwas zu beginnen. Alles, was auf der Welt geschah, taten die Menschen wider besseres Wissen: Ressourcen plündern, Kriege führen, ihre Geschichte einem anderen Menschen aufzwingen. Das schlug in einem langen, manchmal aber auch sehr kurzen Bogen wieder auf die Menschen zurück, und nichts blieb übrig als Chaos, Leid und Verzweiflung, über die man sich dann wunderte, als habe man es nicht vorher wissen können. Würde man nicht selbst ständig in die dafür vorgesehenen Fallen tappen, müsste man lächerlich finden, wie unbelehrbar die Menschen waren. Die Medienfalle. Die Konsumfalle. Die Sinnfalle. Köder, die nicht aus dem goldenen Käfig hinausführten, sondern nur dazu dienten, seine Geräumigkeit zu entdecken. Bis man vergaß, dass man in der Falle saß.

Ihre Augen waren sehr klar und wach, von einem Blau, das selbst in der schummrigen Beleuchtung des Graefen leuchtete. Franziska, die er jetzt seit drei Stunden kannte, war ihm vollkommen klar. Nicht, dass er sie durchschaute oder berechnen zu können glaubte; aber das, was es von ihr zu verstehen gab, würde deutlich und eindeutig sein, dessen war er sicher, genauso scharf konturiert wie ihre Nase, die glatte Haut, die hellen Augen. Er kannte sie nicht, setzte ein Bild aus den paar Bruchstücken zusammen, die sie ihn hatte ausgraben lassen. So lief das: Sag mir deine Zahlen, ich verbinde sie, Paarbildung nach dem Malbuchprinzip. Er wollte das alles nicht. Es fühlte sich überzeugend an, aber es würde doch nur wieder zu dem führen, was ihm schon bestens bekannt war: Diese enervierende Absehbarkeit des Lebens, wenn man eine Laborratte war. Was glaubte er, was er hier tat? Sich verlieben? Allein dieses seltsame Wort, das für so viel Verschiedenes stand. Vor Jahren hatte er mal ein Buch gelesen, *Eine Nacht in der Hölle* von Gianroberto Cavalli. Ein Dekalog darüber, was die Menschen auf Erden für Liebe halten, was aber in Wirklichkeit etwas ganz anderes ist. Selbstsucht. Die Angst, allein zu sein. Eitelkeit. Neun Kapitel handelten von der Liebe als Lüge. Nur im letzten ging es um die, die ihren Namen verdient hatte, wenn überhaupt: Die Liebe der Eltern zu ihren Kindern.

»Was ist mit dir?«, fragte sie ihn. Eine seltsam vertrauliche Frage, eigentlich zu besorgt für ein Verhältnis, das noch gar nicht verbunden und somit noch weit entfernt war, zu einer *Beziehung* zu werden. Und dennoch kam die Frage direkt aus dem Handbuch für die optimale Beziehungsanbahnung: Wir können über alles reden, weil alles, was uns betrifft, erwähnenswert ist; weil es *uns* betrifft. Ein hermetisch geschlossener Teufelskreis.

»Ach so, nichts«, sagte er und spürte, wie er schlagartig müde wurde. Dieses ganze Gerede, dieser Schrott über Kommunikation und Systemtheorie, den er da gerade erzählt hatte, für den er sich sogar richtig ins Zeug gelegt hatte. Wie lächerlich, mit Wissen anzugeben, das nur geliehen war und im Moment des Aussprechens schon zur Lüge wurde. Sich aufzuführen wie ein balzender Pfau: Es war widerlich.

»Entschuldige. Ich war … ich muss jetzt gehen.«

»Oh. Ja.«

Dazu diese alberne Denkerei, die er sich längst hatte abgewöhnen wollen. Als würde das irgendetwas ändern. Es war ein ständiger Kampf, und Kampf ist immer sinnlos. Man gaukelt sich damit nur etwas vor. Biologische Prozesse: Adrenalin, Serotonin, ein Tag weniger Warten. Alles eine sinnlose Strategie, Liebe als vermeintliche Rettung vor der Leere, eine Rettung auf Raten. Aber die Liebe ist nicht die Rettung.

Er war träge geworden, vielleicht lag es an dem vielen Bier. Ungeschickt fingerte er nach seinem Portemonnaie. Der Laden hatte sich in seinen visuellen Code verwandelt, als sehe er jetzt die Matrix, kalt und kahl, wie sie ist: Menschen, die den doppelten und dreifachen Getränkepreis und weite Anfahrtswege auf sich nahmen, nur um gemeinschaftlich zu *sitzen* und zu *reden*, wie Affen, die sich zum gegenseitigen Lausen verabreden. Was war das alles für eine Scheiße. Was war das alles für eine unfassbare Scheiße.

»Ist wirklich alles in Ordnung?« Franziska sah ihn mit klaren fragenden Augen an. Die Kellnerin war lachend an ihren Tisch getreten, sie sagte irgendetwas zu dem Slacker, der jovial ein weiteres Bier bei ihr in Auftrag gegeben hatte. Franziska legte der Kellnerin einen Zwanziger hin, offenbar bezahlte sie für ihn mit. Wenn sie meinte. Er musste raus hier, schnell.

»Ich bin spät dran, tut mir leid, ich muss jetzt gehen«, sagte Ruben, dann stand er auf und versuchte, sich beim Hinausgehen unter den Blicken hinwegzuducken. In seinem Gesichtsfeld blinkte eine Anzeige, wie das Energielevel eines Egoshooters, beinahe bei Null. Sie hatte schon nach ihrer Jacke gegriffen, war aber zu überrascht, um ihm sofort zu folgen. Als er hörte, wie sie ihren Stuhl nach hinten rückte, stand er schon auf der Straße.

23

» … gerade was gesehen von Mautner, also ganz toll war das, richtig skandalös.« Einer von Karinas schwulen Freunden. Lothar hatte nicht hingehört, als sie ihn vorgestellt hatte. Röhrenjeans und HJ-Frisur, Brille und Schal, den er in einer losen Schlinge um den Hals geknotet hatte, damit man sehen konnte, dass man es hier mit einem Intellektuellen zu tun hatte. Bei »skandalös« kicherte er hinter vorgehaltener Hand, als sei so ein Wort für ihn vollkommen aus der Zeit gefallen. Lothar spürte sofort, dass er hier das Kommando übernehmen wollte.

»Aha, was war denn so skandalös daran?«, fragte er ihn. Karina zündete sich eine neue Zigarette an, nachdem sie die vorige eben ausgedrückt hatte; nur ihre Routine hinderte sie, die eine an der anderen anzustecken. Linda und die Serienschauspielerin, die er bisher ganz gut allein unterhalten hatte, beugten sich neugierig nach vorne.

Der Schwule lächelte liebenswürdig und rollte mit den Augen. Dass die das immer gleich so übertreiben müssen.

»Also, das war so richtiges *Theater*, ja? Also Theater jetzt als letzter explizit nostalgischer Ort der Kunst, wie ein Museum, erfüllt von der – im benjaminschen Sinn – auratischen Präsenz des Schauspielers.«

Alles klar, dachte Lothar. Guter Einstieg. Kann losgehen.

Erstmal ging es aber noch weiter: »Wo gibt's das denn heute noch. Dieser ganze Krawall auf der Bühne, auch gerade wieder, das hat ja was von bundesrepublikanischer Bildungsfolklore. Da wird der Exzess ritualisiert, sozusagen, wie bei irgendwelchen südpazifischen Opferfesten. Die tanzen wie die Wilden ums Feuer und beschwören die maxwellschen

Dämonen der informationsgesellschaftlichen Entfremdungsdynamik …«

»Informationsgesellschaftliche …«, versuchte Lothar einzuwenden, dann verschluckte er sich, weil er verächtlich hatte lachen wollen, obwohl er noch damit beschäftigt war, sein Bier zu schlucken.

»Die sich aber natürlich nicht so leicht austreiben lassen, und das wissen auch alle. Deswegen sitzen die Zuschauer dabei wie auf einer Betriebsversammlung, da fehlt nur noch, dass sie ihre Butterbrote auspacken und Kaffee aus der Thermoskanne rumgehen lassen. Und selbst wenn das banal und vulgär ist, was da vor ihnen auf der Bühne verhandelt wird, unterstellen sie noch dem schlechtesten Stück ein gewaltiges bildungsbürgerliches Surplus. Weil es eben Theater ist.«

»Surplus«, warf Linda ein, »schönes Wort.«

Beflügelt von dem Zuspruch redete der Schwätzer weiter, er kam jetzt richtig in Fahrt, sogar Karina hing ihm an den Lippen. »Das ist ja total altes Europa. Da wird mit irrwitzigem subventionistischem Aufwand ein kulturelles Erbe hochgehalten, das in unsere upgegradete DSL-Welt so wenig passt wie König Lear auf die Popkomm. Und warum?«

Er schaute gespannt in die Runde, um die Höhe seines kleinen rhetorischen Wellenschlags abzuschätzen. Lothar bestellte ein weiteres Kölsch, obwohl noch ein volles Glas vor ihm stand, und gab sich im Übrigen unerschütterlich.

»Also, das sei mal dahingestellt, ob das nicht in unsere Zeit passt, es gibt ja Millionen Jugendliche, die jubeln dem Papst zu. Das ist ja gerade die Herausforderung an das Theater, immer wieder neue Formen zu finden und …«

»Ah, Entschuldigung!« Der Schwule hatte die Traute, ihn zu unterbrechen. Er schien das für lustig zu halten; ständig dieses süffisante Grinsen, diese billige Überheblichkeit, nur weil man studiert hat.

»Ich bin noch nicht fertig …«

»Aber die Formen sind doch längst erschöpft, machen wir uns doch da nichts vor. Entschuldigung, aber ich habe doch sehr die Befürchtung, dass da versucht wird, eine Vinylplatte mit aller Gewalt noch irgendwie in einen CD-Schacht zu quetschen, verstehen Sie?«

»Hihi«, quietschte Linda, die schon einen Daiquiri zu viel intus hatte, um zu bemerken, wie unvorteilhaft das klang. Mit ihrem Kichern hatte sie nun dem Windei wieder Auftrieb verschafft.

»Ich bin ja nicht blöd«, sagte Lothar und zündete sich eine Zigarette an.

»Nein, weil, das sind einfach völlig inkommensurable Paradigmen. Inzwischen sind wir ja sogar schon bei MP3. Es reicht ja nicht, dass man Videokameras auf die Bühne stellt und sich dann freut, wie clever man jetzt das digitale Zeitalter auf die Bretter geholt hat.«

Linkerhand gab Linda angesichts der gedanklichen Schärfe abermals ein anerkennendes Geräusch von sich. Lothar hatte das überzählige Glas geleert und knallte es auf den Tisch.

»Wer macht denn das auch«, sagte er verächtlich, »das ist ja …«

»Eben, das muss ja gar nicht sein. Was mich ärgert, ist gar nicht das Theater, das Theater hat es gar nicht nötig, sich der Gegenwart anzubiedern.«

»Ich wollt grad sagen«, sagte Lothar, obwohl er im Moment vergessen hatte, was er hatte sagen wollen, weil er nach seinem Bier Ausschau hielt.

»Was ist denn dann die Aufgabe des Theaters?«, kam es

zaghaft aus der Ecke, in der die Serienschauspielerin saß, aber Lothar bekam den verlorenen Faden wieder zu fassen: »Ach so, jetzt weiß ich, guck dir doch mal an, was sie da jetzt in Peking hingebaut haben, Kulturtempel hoch zehn, da soll noch einer sagen, das Theater riecht schon komisch ...«

»Ja, genau ...«, begann sein Antagonist, aber jetzt war Lothar an der Reihe mit dem Unterbrechen. »Mich interessiert dieses Hirngewichse im Theater ja kein bisschen, ich will da Leben sehen, unmittelbar, ja?, und das Leben hört wegen ein bisschen Internet und Digitalfernsehen ja nicht gleich auf.«

»Genau, Theater ist was für Puristen, für Liebhaber, da gehört das Kratzen und Knistern und das Umdrehen der Platte sozusagen noch untrennbar zum Rezeptionsakt dazu ...«

»Theater ist ja der ganze Raum, der Geruch, das gehört alles zusammen ...«, ergänzte Lothar, aber da bemerkte er, dass er dem Schwulen so nahe gekommen war, dass sie sich beinahe die Hände hätten reichen können.

»Aber als Inszenierungsstrategie des Körpers ist es eigentlich reif für den Denkmalschutz.«

»Was? Wie jetzt?«

»Ich meine: Hier die Bühne, da das Publikum. Das kann man doch heute so gar nicht mehr denken, diese Trennung, seit wir in einer medial-ontologischen Möbiusschleife leben.«

»Was für 'ner Schleife?«

»Gucken Sie doch mal zum Beispiel bei Second Life, wo man ganz nach eigenem Belieben die Identität wechseln kann, sogar das Geschlecht ...«

Wovon redete das Männchen? Lothars Tochter hatte ihm mal Internet, wie hieß das, aufgespielt oder was, nachdem er sich Jahre geweigert hatte. Er brauchte keinen Computer, aber ständig war Franziska damit angekommen. Er hatte sie immer wieder vertröstet. Zurückgewiesen passte eher. Denn eigentlich tat er Franziska einen Gefallen, wenn er sich von ihr vernetzen ließ, nicht umgekehrt. Es hatte immer ein Abgrund zwischen ihnen geklafft, und Lothar wischte das Bild, das ihm in den Sinn kam, angewidert beiseite, zusammen mit dem Bierglas, das jetzt zu Boden ging. Jemand lachte, und er schüttelte den Kopf: Alle am Tisch sahen ihn an. Vielleicht halten sie dich für ein bisschen durchgedreht, kein Problem, Lothar, lass die Leisetreter denken, was sie wollen.

Als die Kiste lief, stellte Franziska fest, dass nicht funktionierte, was sie ihm hatte zeigen wollen, der Computer war zu alt. Sie hatte einen ganzen Nachmittag daran gearbeitet, Lothar war unten in der Küche gewesen und hatte einen Text gemarkert. Das war dann ihr Besuch beim Vater gewesen. Getrennte Räume, getrennte Beschäftigungen, aber man hatte sich gesehen, war schön, bis irgendwann mal. Er hätte ohnehin nicht verstanden, worum es da ging, überhaupt Internet: Ihm kam es schon hoch, wenn er sie alle auch nur dieses Wort aussprechen hörte wie einen geheimen Namen Gottes. Er sagte sehr laut in das Gesabbel des Schwulen hinein:

»Schwulsein ist auch kein Aufreger mehr. Guck dir das mal an, ihr macht Straßenparaden und heiratet im Fernsehen, das kratzt keinen mehr. Das soll jetzt das nächste große Ding sein, oder wie?«

»Nein, das sag ich ja gar nicht …«

»Deswegen ist das Theater noch lange nicht abgemeldet, glaub das mal nicht. Ihr fickt euch ja auch weiterhin in den Arsch.«

Ein wenig still war es jetzt geworden, ebenso still, wie es hell war. Sogar die Gespräche am Nebentisch drehten eine Warteschleife.

»Jaaa«, sagte der Schwule gedehnt, »und?«

»Ja – wie?«, konterte Lothar, als sei das schon ein Argument. Vier Augenpaare, von denen er nur Karinas bohrend spürte, hefteten sich auf ihn, wahrscheinlich sogar noch mehr, Lothar spürte die Kippen unter den Fußsohlen, die er gewohnheitsmäßig unter sich hatte fallen lassen. Er fühlte sich wach und eindeutig, endlich mal wieder.

»Also, wenn das so angekommen ist«, der Schwule wählte seine Worte ruhig und bedächtig, »als hätte ich Sie persönlich …«

»Ach, komm jetzt.«

»Persönlich beleidigen wollen, dann tut mir das sehr leid. Ich habe nur etwas über die ästhetischen Möglichkeiten des Theaters sagen wollen …«

»Wovon du leider keine Ahnung hast.«

»Das mag sein, aber selbst wenn ich mich da aufs Glatteis begeben habe, was ich gar nicht mal glaube, dann sollten wir doch beim Eiskunstlauf bleiben und die Bodychecks beim Eishockey belassen.«

»Eiskunstlauf ist was für Rosettenreiter. Das ist immer dasselbe mit euch.«

»Lothar, es reicht.«

»Erst das Maul aufreißen, und später war's alles bloß ein Missverständnis. Intellektuelles Gequatsche. Das ist ja leicht, dieses Diskursgesülze abzuspulen. Aber sich hinstellen und mal was aushalten, das macht keiner von euch, das kann keiner von euch.«

»Wir haben …«

»Da habt ihr gar nicht die Eier dazu. Sich hinzustellen …«

»Lothar.«

»Sich hinzustellen und …«

»Ich hab gesagt, es reicht!«

Das war Karina. Sie hatte geschrien, unüberhörbar. Trotzdem liefen die Gespräche an den anderen Tischen einfach weiter. Die Fernsehfuzzis hatten mitbekommen, dass dies der Troublemaker-Tisch war, und ignorierten ihn lieber.

»Für wen hältst du dich eigentlich«, kam es von Karina, »dass du so mit meinen Freunden sprichst?«

»Ich hab ja nicht mir dir gesprochen, oder?«

»Lass ruhig, Karina«, sagte das Männchen.

»Genau, Karina. Kann dein Freund sich nicht selbst verteidigen, wenn er mit meiner Inszenierungsstrategie nicht zurechtkommt?«

»Also entweder bist du besoffen, oder … Such dir doch jemand anderen zum drauf Rumtrampeln, wenn du deine Männlichkeit beweisen musst …«

»Netter Versuch, aber ganz falscher Ansatz.«

Das machte sie verrückt. Er wusste das. Er aschte neben sich auf den Boden und hatte plötzlich wahnsinnigen Spaß daran, Karina so zu sehen: rote Flecken im Gesicht, die Augen zu Schlitzen verengt, diese dicke pochende Ader auf ihrer hohen Stirn.

»Du bist so was von gefrustet, das kotzt mich dermaßen an. Glaubst du eigentlich, du bist der einzige, für den es nicht gut läuft? Du kannst doch froh sein, du kriegst doch deine Engagements …«

»Danke, Karina, ich kann mich da auch gar nicht beklagen.«

»Auch wenn dich als Vorabendgangster keiner mehr ernst nimmt, aber immerhin kommst du übern Winter. Versuch das mal als Frau ab einem bestimmten Alter, wie das dann aussieht, da möchte ich dich mal sehen.«

»Das stimmt«, versuchte die Serienschauspielerin, obwohl sie für das Thema zwanzig Jahre zu jung war, »bei uns …«

»Da kann ich ja wohl von Glück reden, dass ich keine Frau bin«, sagte Lothar und trank sein Glas aus.

»Obwohl der Unterschied bei dir ja auch immer kleiner wird«, geiferte Karina zurück.

Das hatten alle gehört. Er hätte jetzt sofort etwas erwidern müssen. Er hätte jetzt sofort fragen müssen, was das denn bedeuten solle, aber leider wusste er, was es bedeutete, und falls er es zwischendurch doch mal vergessen sollte, war seine verstrahlte Prostata so freundlich, ihn daran zu erinnern. Er lächelte, was nicht unbedingt die schlechteste, aber auch nicht die wirkungsvollste Strategie war.

Karina war keine Anfängerin, und natürlich setzte sie nach. »Das erklärt natürlich auch deine, na wie heißt das?«

»Ich habe keine Ahnung, wie das heißt, Karinchen«, lächelte Lothar.

»Steffen, wenn Männer, dings«, fingerschnippend, »wenn die mit Schwulen nicht umgehen …«

»Homophobie«, piepste prompt das Männchen.

»Genau, das erklärt natürlich auch deine Homophobie.«

»Ich hab höchstens eine Phobie gegen Schwachsinn.«

»Ja klar. Früher warst du wenigstens nur künstlerisch impotent …«

Nicht Lothar, sondern Linda und die Serienschauspielerin, die genau in seinem Blickfeld saßen, machten sich jetzt kleiner. Hatten den Kopf aufgestützt und sahen aus den Augenwinkeln nach draußen, saugten an ihren Strohhalmen die Luft aus den Gläsern, unten klirrte das Eis. So langsam müsstest du schon was sagen, Lothar.

»Also, ich muss dann mal gehen, ein Freund legt heute

Abend noch im Roxy auf …«, sagte der Schwule, stand auf und hängte sich seine Tasche diagonal über die Schulter.

»Steck 'nen schönen Gruß mit rein«, sagte Lothar.

»Du brauchst jetzt nicht zu gehen«, sagte Karina, »du …«

»Nee, lass mal«, sagte Steffen und riss sich leicht von Karina los, »ich geh nicht deswegen, ich muss wirklich los. Ihr habt ja eh einiges zu besprechen. Tschüss, Linda, tschüss, Marlene, Herr Lotmann, hat mich gefreut …«

Und der Junge streckte ihm tatsächlich die Hand hin. Woher kannte er seinen Namen? Lothar starrte ihn an, völlig aus dem Konzept. Was sollte das jetzt? Ihn anfassen? Größe zeigen. Versöhnungsgesten statt Eskalation, gelebter Pazifismus? Oder war das einfach eine Falle, um ihn endgültig zu demontieren? Ein perverses Rätsel ohne Lösung, bei dem er nur versagen konnte?

»Tut mir leid, ich hab grade keine Hand frei.«

»Auch gut. Also tschüss dann.«

»Du bist wirklich so ein verbittertes …«, sagte Karina. Voller Hass. Ihre Stimme war tatsächlich hasserfüllt, ganz ungekünstelt und intensiv. So hätte er sich das manchmal auf der Bühne gewünscht. Diese subtile Unmissverständlichkeit, die einen betraf und betroffen machte, weil man diesem Gefühl ausgesetzt war und sich seiner Härte nicht entziehen konnte. Aber jetzt fühlte er nichts, keine Härte noch sonst irgendwas. Er schwamm in einem Goldfischglas und sah gleichgültig zu, wie sich im Glas die Sprünge ausbreiteten.

24

Sie achtete nicht auf die Leute um sich herum. Sie bewegte sich im Takt der Musik und beschränkte ihren Blickkontakt darauf, gelegentlich zu Philipp hinüberzusehen. Sein Tanzstil war nicht schlecht, viel besser als der der meisten anderen hier, die zu steif im Rücken waren. Wie sie selbst. Ihr fiel auf, dass sie ihn noch nie hatte tanzen sehen, nur auf den Photos seiner Website. Das zeigte ihr, wie lange sie sich nicht gesehen hatten, wie viel sich in der Zwischenzeit verändert hatte. Er hatte schmale Hüften, und sein langer Oberkörper machte kontrollierte und dennoch locker wirkende Pendelbewegungen. Seine Arme, jetzt ebenfalls in Bewegung, sahen nicht mehr aus wie angetackert, und sogar die Bewegungen seines Hinterns waren einigermaßen sexy. Fragte sich nur, welche Figur sie selbst machte.

Sie war als Mädchen zur Tanzschule gegangen, auf die ihr Vater sie geschickt hatte, aber ihr Körper hatte das alles schon seit Jahrzehnten vergessen. Sie tat einfach, was sie konnte, und bemühte sich, nicht zu viel nachzudenken. Alles, was sie vorhin über die verkrampften Leute gedacht hatte, betraf sie selbst. Sie konnte den Widerspruch, bei anderen so gehässig über das geurteilt zu haben, was sie jetzt selbst nicht hinbekam, nur ertragen, indem sie einfach nicht darüber nachdachte. Das hatte immer gut funktioniert, erstaunlich. Es war auch das sinnvollste, was man mit Widersprüchen anfangen konnte.

Nur so hatte sie mit einem Mann zusammenleben können, der an nichts anderes als seine Vergnügungen dachte, während sie nichts anderes tat als zu arbeiten, selbst als sie mit Franziska bereits hochschwanger gewesen war. Sie hatten diese Maisonettewohnung auf der Aachener Straße in Köln günstig bekommen und ein Jahr lang versucht, gemeinsam darin zu wohnen. Im selben Jahr hatte sie auch ihren Wagen gekauft, ein altes gelbes Postauto mit Regalen und Schubfächern im Laderaum, und ihn so umgerüstet, dass man zu zweit darin schlafen konnte. Das ganze Jahr 1983 waren Lothar und sie mit diesem selbst gezimmerten Wohnmobil unterwegs gewesen, hatten Stücke in Stuttgart, Bremen und Zürich gemacht, und das ganze Jahr über hatten sie davon gesprochen, wie sie die noch leere und unrenovierte Wohnung einrichten würden.

Am 24. Dezember kehrten sie nach einer Nonstop-Fahrt aus Zürich bei Schneetreiben in die Kölner Wohnung zurück. Sie hatte zu Lothar gesagt, wenn wir die Feiertage nicht in der Wohnung verbringen, dann werden wir gar nicht mehr darin wohnen. Das hatte zwar nicht die geringste Logik, aber Lothar hatte es überzeugt.

In der Wohnung war nichts gewesen als ein kleiner Zwei-Platten-Herd, eine Matratze und ein paar Farbeimer. Es roch nach altem Putz, die Schritte auf den abgeklopften Fliesen hallten zwischen den nackten Wänden. Die Geschäfte hatten schon längst zu, aber sie waren fest entschlossen, die Wohnung bis zum Abend einigermaßen wohnlich zu bekommen. Es war ein aufregendes Jahr voller Arbeit gewesen, sie hatten interessante Orte und anregende Menschen getroffen und große Inszenierungen auf die Beine gestellt: *Peer Gynt*, *Die Zofen* von Genet, als letztes *Hedda Gabler*. Jetzt kamen sie nach Hause.

Emilie kehrte den Schutt und die abgerissenen Tapeten zusammen und holte den Restvorrat Kerzen aus dem Bus. Unterdessen kaufte Lothar einem türkischen Kulturverein, der als einziger Laden in der Aachener Straße noch geöffnet hatte, zwei Konserven mit Tomaten, etwas frische Paprika und Kartoffeln ab. Irgendwie schaffte er es, einen so ausgehungerten und zugleich vertrauenerweckenden Eindruck auf den Inhaber zu machen, dass der zu seinem Kühlschrank ging und Lothar noch zwei Lammkeulen in die Hand drückte. Als er nach Hause kam, war er gerührt davon, dass er durch einen Nichtchristen zum ersten Mal in seinem Leben etwas Weihnachtliches erlebt hatte.

»Heute ist der Tag, an dem wir nach Hause kommen«, sagte er bedeutungsvoll zu Emilie, und wie immer war das im Wissen gesagt, dass sie Theaterleute waren und all die bedeutungsschweren Dinge eben auch im Alltag sagen durften, so wie Gewichtheber auch außerhalb der Trainingszeiten etwas Schweres heben dürfen. Sie lachte und führte Lothar in das große Zimmer, in dem später der verglaste Raumteiler stehen würde, der das Tageslicht im Raum auffächern sollte. Jetzt war es draußen bereits dunkel. Sie hatte die sechs Farbeimer mit Zeitungspapier beklebt und zu einem abstrahierten Tannenbaum aufgestapelt, auf den Außenkanten hatte sie die Kerzen verteilt; oben, an der Spitze, klemmte ein gefalteter Stern aus Pappe. Sie nannte ihn ihren kubistischen Weihnachtsbaum. Da sie weder Christbaumkugeln noch Äste zum Dranhängen hatten, malte Emilie den Schmuck einfach auf die weißen Wände. Auf WDR 4 kam scheppernde Weihnachtsmusik, im Wagen waren noch zwei Flaschen Chianti, und für das Essen reichten zwei Kochplatten vollkommen aus. Und natürlich, weil es aus der Not geboren war und weil sie aus nichts etwas gemacht hatten, wurde es ein denkwürdiges Weihnachten. Sie waren früh ins Bett gegangen und hatten alles um sich herum vergessen, auch die Kerzen auf dem kubistischen Baum.

Sie sahen den Lichtschein im Nebenzimmer, sie waren nackt, und ihr Bett war warm. Sie spürte seine Oberschenkel an ihren, spürte die Wärme seiner Brust an ihrem Rücken, spürte sein sich aufrichtendes Glied an ihrem Hintern. Er küsste sie dorthin, wo der Hals in die Schultern überging, sie schloss die Augen, sie hätte ewig so liegen können. Sie waren kein ganz frisch verliebtes Paar mehr, und manchmal fragte sie sich, ob sie überhaupt noch verliebt waren oder ob sich dieses Gefühl bereits verpuppt hatte, um sich in etwas anderes zu verwandeln. Lothars Hände an ihrem Hintern, er tastete. Sie wusste, dass Lothar und sie ein Gefühl teilten, das ihrem Zweifel standhielt. Sie hatte akzeptiert, dass sie zusammen bleiben würden, weil sie sich für einander entschieden hatte, und deswegen konnte sie jetzt sagen: »Nicht.«

Seine Erregung war auf der Suche schon weit vorangekommen, aber sie brauchte länger, um in Lothars Atemlosigkeit einzustimmen. Sie wollte ihn nicht zurückweisen, sie wollte nur das Tempo drosseln.

Nebenan hörte sie ein Geräusch, kurz darauf nahm sie einen Geruch von verbranntem Plastik wahr. Sie sprang aus dem Bett, sah den kokelnden Farbeimer und entsorgte ihn im Waschbecken. Als sie ins Bett zurückkehrte, nahm Lothar keine Sekunde den Blick von ihr. Er lächelte.

»Du machst mich einfach scharf«, sagte er.

»Ja«, antwortete sie. »Weil ich eine Frau bin, oder?«

»Sicher. Hauptsächlich aber, weil du du bist.«

»Mir kommt es ziemlich austauschbar vor. Dich machen offenbar auch eine Menge anderer Frauen scharf.«

Er seufzte. Ja, vielleicht passte ihm die Diskussion jetzt nicht, aber darauf konnte sie keine Rücksicht nehmen. Zu ihrer Überraschung sagte er: »Das ist ein bisschen wie mit dem Reisen. Schau, du bist Europa. Da komme ich her, da gehör ich hin. Ich könnte niemals woanders leben. Hier liegt meine gesamte Identität, hier sind die Strukturen, in denen ich fühle und denke. Aber manchmal will ich eben reisen. Nach Marokko. Oder Ägypten. Viel zu warm da, scheiß Infrastruktur, bloß Wüste und Kamele. Dazu diese bescheuerte Sprache, man kann sich mit keinem vernünftig unterhalten. Aber trotzdem reizvoll, irgendwie. Einmal wenigstens will ich da gewesen sein, und sei es nur zum Schwitzen.«

»Warum hab ich das Bedürfnis nicht?«, fragte sie. Es war aufrichtig gemeint. Sie erlebte das nicht wie einen Defekt, aber zumindest als etwas, das sie nicht begreifen konnte.

»Vielleicht hast du es ja und merkst es nur nicht. Es ist doch natürlich, mehrere Menschen zu lieben.«

»Jetzt sprichst du schon von Liebe.« Ihr Körper spannte sich an, sie konnte nichts dagegen tun. Sie spürte seine Hand auf ihrer Schulter und ließ es zu, dass er sie streichelte; allerdings nur, weil es ihr dumm vorkam, seine Hand abzuschütteln.

»Was ist dann Liebe«, fragte sie, »wenn du sie dir irgendwo holen kannst wie ein Tourist? Ich weiß nicht, wie das funktionieren soll, Lothar. Wie soll man denn so eine Zukunft haben? Wenn man nicht weiß, wo man zu Hause ist.«

»Ich weiß es doch. Ich hab's dir doch gerade gesagt.« Seine Stimme war ganz leise, sehr vorsichtig, als habe er Angst, etwas zu zerbrechen. »Sieh es mal so: du bist immerhin ein ganzer Kontinent. Alle anderen sind nur Länder. Es gibt keinen Grund, eifersüchtig zu sein.«

»Doch, es gibt einen. Du triffst dich mit anderen Frauen, und ich weiß nicht, ob du dich nicht irgendwann für eine von ihnen entscheiden wirst. Wie kann ich das wissen? Und selbst wenn es mit Liebe gar nichts zu tun hat: Was bringt es dir? Was musst du dir beweisen?«

Er nahm es nicht als Angriff, sondern dachte darüber nach. Sie hörte seinen ruhigen Atem, spürte den Luftzug beim Ausatmen in der Dunkelheit. Sie mochte seinen Geruch. Ein Geruch, das war etwas sehr Feines, Flüchtiges, etwas, das man rein und klar halten wollte, wenn es einem gefiel.

»Vielleicht muss ich mir alles beweisen«, sagte er schließlich. »Ich bin mit drei älteren Schwestern aufgewachsen, meine Mutter war ein Drachen, mein Vater ist im Krieg geblieben. Vielleicht übertreibe ich es manchmal. Ich weiß nicht genau, wie es geht. Meine Lust ist nichts Schlechtes. Vielleicht will ich mich beweisen, vielleicht ist es bloß Trieb. Aber es ist meiner. Ich will so sein. Ich kann nicht anders. Und ich weiß nicht, warum ich anders sein sollte.«

Sie hätte sagen können: Wegen mir. Doch sie verstand, was er sagte, als eine Selbstoffenbarung. Sie begriff, dass ihre Einzigartigkeit darin lag, diese Offenheit verdient zu haben. Niemand anderem würde er je so viel von sich preisgeben. Denn im Grunde hatte er gesagt: Ich bin nichts als das, was ich mir zu tun angewöhnt habe. In einem immer deutlicheren Maß hatte sie das schon bei ihrer gemeinsamen Arbeit am Theater bemerkt. Der Theaterdonner, den er erzeugte, war im Grunde eine Ablenkung davon, dass das Unwetter um ein leeres Zentrum kreiste. Lothar kam aus der Mitte der Gesellschaft, er war ein behütetes Nachkriegskind gewesen, wie sie selbst. Er wollte jemand sein, der den obsessiven Drang verspürte, der Gesellschaft die Maske vom Gesicht zu reißen. Doch es ging nicht um die Gesellschaft. Es ging allein darum, dass sich Lothar für jemanden hielt, der nichts zu sagen hatte. Der Angst vor seiner eigenen Gesichtslosigkeit hatte.

In diesem Moment hatte sie erkannt, dass sie ihn nicht verändern konnte, ohne den ganzen Mann abzulehnen, und sie wusste, das würde ihn vernichten. Und sie dachte: Was war Liebe, wenn nicht die Hingabe an den Versuch, den geliebten Menschen vor seiner Vernichtung zu bewahren?

Lothar sprach später oft von dieser Nacht, nicht zuletzt, weil er sich einredete, dass in ihr Franziska gezeugt worden war.

Emilie fühlte sich leicht. Die Musik hüllte sie ein, saß ganz eng an ihrem Körper wie ein passendes Kleid, und sie bewegte sich darin ganz von allein. Alle, die jetzt hier tanzten, schienen sich dadurch ihrer selbst zu entheben, und vermutlich hatte Lothar nichts anderes getan. Nur eben auf seine Weise.

In den Monaten der Schwangerschaft hatte er mit Dankwart am Schauspiel Köln gearbeitet, und die Proben dauerten bei ihnen nicht bis abends um acht, sondern bis zum nächsten Morgen. Sie wusste meistens nicht, was bei diesen Proben genau passierte. Sie wurden in Bars gesehen, tranken, amüsierten sich mit Animierdamen. Emilies Phantasie reimte sich das alles irgendwie zusammen, und genauer wollte sie es auch nicht wissen. Sie renovierte die Wohnung und schonte sich, was ihren Gefühlshaushalt anging; das war ihre Art und Weise, die Balance zu halten. Sollten die beiden doch in der Öffentlichkeit die Berufshalbstarken geben. Sie ahnte, dass Lothar sich mit anderen Frauen traf, dass er sich mit Dankwart in einem regelrechten Wettstreit befand. Auch den Zuhälter Mirko Palepu, ein Deutsch-Rumäne, der die Rotlichtbars des Bahnhofsviertels in der Hand hatte und dessen Nachnamen Lothar absichtlich falsch aussprach, indem er ihn (in vager Hommage an dessen amouröses Gewerbe) französisch betonte, lernte Lothar durch Dankwart kennen.

Das alles nahm Emilie hin. Einzig der Gedanke, er könne mit Prostituierten verkehren, ekelte sie. Lothar behauptete, er schlafe nicht mit Nutten, denn er sehe nicht ein, sich seine Lust von deren ökonomischen Notwendigkeiten ausbeuten zu lassen.

»Ist das alles?«, fragte Emilie, fassungslos darüber, wie er derartig die Tatsachen verdrehen konnte.

»Sicher«, sagte er ungerührt. »In den Puff gehen ist so, als ob du dir den spannendsten Krimi im ganzen Buchladen aussuchst und dann das Ende zuerst liest.«

Sie nahm das nicht ernst. Diese Reaktion bemühte sie immer öfter, wenn er Dinge tat oder sagte, die ihr nicht gefielen. Sie entschloss sich einfach, sie unwirksam zu machen, indem sie sie in Klammern setzte. Ihr war es lieber, er tobte draußen herum, als dass er es in der Wohnung tat, die sie gerade so liebevoll hergerichtet hatte. Noch weniger begeistert als von seinem Nachtleben war Emilie davon, ihren Lebensgefährten morgens mit offener Hose im Wohnzimmer zu finden, noch schlafend, leere Flaschen und umgekippte Aschenbecher auf dem Boden verteilt. Öfter als einmal klaubte eine junge Schauspielkollegin morgens mit spitzen Fingern ihre Kleider vom Boden und machte sich schnell aus dem Staub, aber Emilie hatte nichts gesagt und nichts gefragt, hatte einfach damit begonnen, symbolisch ein paar Flaschen wegzuräumen. Sie wartete nicht darauf, dass Lothar irgendetwas sagte, sondern war zufrieden, wenn er damit aufhörte, sich den Kopf zu reiben, als wolle er auch noch Mitleid, und stattdessen den Staubsauger in die Hand nahm, trotz seiner Kopfschmerzen. Damit versicherte er ihr, dass sie eine Abmachung hatten und dass er sich an seinen Teil hielt. Das machte es ihr leicht, sich auch an ihren Teil zu halten. Es war pragmatisch, da mochte er Recht haben. Kein Grund, sich zu beschweren. Er hatte eine pragmatische Frau.

Als Franziska geboren wurde, kam ihr dieser Pragmatismus sehr gelegen. Es war der 1. September, schon am Morgen hatte sie unregelmäßige Wehen gehabt, wie auch schon in der Woche zuvor.

»Ruf mich im Theater an«, hatte Lothar nach dem Aufstehen gesagt; er war spät dran gewesen, musste zur Probe und fuhr die paar Minuten bis zum Theater mit dem Postbus, weil sein Taunus in der Reparatur war. »Oder soll ich bleiben?«

Sie hatte ihn weggeschickt und gesagt, dass sie niemanden bräuchte, der ihr das Händchen halte. Den Tag über hatte sie sich zu entspannen versucht, Tee getrunken und ein heißes Bad genommen. Dann kamen die Wehen regelmäßiger. Sie rief im Theater an, doch weder an der Pforte noch in der Umkleide hinter der Bühne ging jemand ran. Also nahm sie die Tasche, in die sie bereits vor einem Monat einen Body, Strampler und für sich selbst Morgenmantel und Pyjama gepackt hatte, und verließ die Wohnung. Es war ein warmer Tag, die Sonne stand noch flach über den Dächern. Schon nach ein paar Schritten schwitzte sie, ihre Beine waren so geschwollen, als müssten sie jeden Augenblick platzen. Das Gehen war schon seit einigen Wochen beschwerlich, doch jetzt kam sie sich vor, als tue sie ihrem Körper etwas Grausames an, indem sie ihn auf diesen Kreuzweg geschickt hatte. Von Zeit zu Zeit musste sie stehen bleiben und sich mit geschlossenen Augen an eine Häuserwand lehnen. An der Universitätsstraße stieg sie in die Stadtbahn und fuhr die drei Stationen zum Neumarkt. Als sie am Bühneneingang des Theaters stand, war die Pforte glücklicherweise besetzt.

»Ich habe angerufen«, sagte sie atemlos. »Ist Lothar da?«

Die Frau an der Pforte war neu, Emilie kannte sie nicht. Sie hatte eine schwarze Lockenfrisur und eine Stimme wie ein Tenor. »Sie meinen Herrn Lotmann? Um was geht es denn?«

Sie wies auf ihren Bauch. »Er kriegt ein Kind.«

»Ach so, ja. Der Herr Lotmann ist gar nicht mehr im Haus.«

Emilie musste zur Toilette; sie wäre jetzt von einem Fuß auf den anderen getreten, wenn sie nicht Angst gehabt hätte, ihre Fruchtblase könnte dadurch platzen.

»Wo ist er denn?«

Die Frau zuckte die Schultern. »Das weiß ich nicht, das kann ich Ihnen nicht sagen.« An der Art, *wie* sie es Emilie nicht sagen konnte, erkannte diese, dass sie log.

»Sie wissen, wo er ist.«

»Also, ich darf das aber nicht sagen.« Die Frau wurde ganz klein, ihre Stimme flüsternd, als wolle sie sich am liebsten unsichtbar machen.

»Bitte«, sagte Emilie.

»Ich könnte meine Arbeit verlieren.«

»Und ich mein Kind.«

Es waren noch mal zwei Stationen mit der Straßenbahn, eigentlich, dachte Emilie, hätte sie auch gleich zum Krankenhaus fahren können. Aber nein: Es ging ihr nicht nur um den Weg dorthin, sondern um Lothar. Schließlich war es ihr gemeinsames Kind. Also stieß sie die Tür des Kleopatra auf, dichte Rauchschwaden wallten ihr entgegen, und sah Lothar am Tresen. Sie stützte sich auf seine Schulter und sagte:

»Wir müssen gehen. Sofort.«

Lothar war zu verdutzt, um etwas zu sagen. Vielleicht war er auch zu betrunken. Er schlingerte hinter ihr her ins Freie, stellte besorgte Fragen und konnte sich im Übrigen nicht mehr erinnern, wo er den Wagen abgestellt hatte.

»Ich dachte, du arbeitest«, sagte sie und merkte im gleichen Moment, wie sinnlos das jetzt war. Lothar sagte nichts, sondern hielt konzentriert nach dem Postwagen Ausschau. Die untergehende Sonne spiegelte sich in der Glasfassade eines Versicherungsgebäudes, so dass er die Augen zusammenkneifen musste.

»Lothar, ich habe Schmerzen.«

»Der scheiß Wagen ist doch sonst gar nicht zu übersehen«, sagte Lothar entschuldigend.

Sie liefen einmal ums Karree und fanden ihn schließlich im Parkverbot.

»Die Schlüssel«, sagte sie.

»Wieso?«

»Ich fahre.«

»Nee, nie im Leben.«

»Glaubst du, ich lass dich so mein Kind zum Krankenhaus fahren?«

Er kletterte folgsam auf den Beifahrersitz. Als Emilie sich setzte und die Füße nach dem Gaspedal ausstreckte, hatte sie das Gefühl, sie würde gleich das Bewusstsein verlieren, so sehr verkrampfte sie sich in der unbequemen Sitzposition. Lothar sah aus, als bekäme er von all dem kaum etwas mit.

Sie fuhren stadtauswärts, bis Lothar irgendwann sagte: »Kannst du da vorn mal eben anhalten?«

Sie reagierte nicht.

»Hier, gleich da vorne.« Da war ein Kiosk, sie wusste, was er wollte. Sie gab Gas.

»Das kann ja wohl nicht dein Ernst sein«, presste sie zwischen zusammengebissenen Zähnen hervor.

»Dauert eine Minute«, lallte Lothar, und bis zum Kreißsaal, in dem Betrunkene keinen Zutritt hatten, redete sie kein

Wort mehr mit ihm. Als die Tür sich schloss und sie beide trennte, sagte sie zu ihm: »Versuch, etwas zu schlafen.«

Eine halbe Stunde später war Franziska auf der Welt.

Damals hatte sie sich nicht schwerelos gefühlt wie jetzt. Im Gegenteil. Als sie von der Last befreit war, die das Baby in den letzten Monaten für sie bedeutet hatte, fühlte sie sich erst richtig schwer. Da war jetzt etwas Sichtbares, etwas, das schrie und Bedürfnisse hatte und versorgt werden wollte, und sie war nicht mehr als ein ausgelaugtes Gefäß. Am nächsten Morgen hielt Lothar seine Tochter im Arm. Sie sprachen nicht mehr über den Abend davor; sie wusste, er schämte sich. Es war jetzt nicht an ihr, irgendetwas zu tun. Jetzt war er an der Reihe.

25

Franziska war wie vor den Kopf gestoßen. Eben noch waren sie sich so nahe gekommen – jedenfalls hatte sie das Gefühl gehabt, dass es Nähe gewesen war. Dann war Ruben aufgestanden und gegangen. Völlig unvorhersehbar. Sie verstand es nicht, sie verstand gar nichts. Was war das dann vorher gewesen, diese Unterhaltung, diese Blicke? Man konnte doch nicht nett zueinander sein, um sich im nächsten Augenblick umzudrehen und zu gehen, als sei nichts gewesen. Doch, natürlich konnte man. Sie wusste es, sie war Expertin im Verstehen von so etwas. Zumindest verstand sie inzwischen, dass andere Menschen immer etwas völlig anderes dachten, als man dachte, dass sie es dachten. So endete es immer. Neu war nur, dass es diesmal schon endete, bevor es angefangen hatte.

Ihre diesbezüglichen Erfahrungen hatte sie bisher mit zwei oder drei Jungs gemacht; drei, zählte man Marvin mit dazu, ihren ersten Freund, wenn man das so nennen konnte. Da war sie zwölf gewesen, und ihre Freundschaft hatte drei Stunden gedauert, bevor ihr Vater sie beendet hatte. Das war in Bogotá gewesen, und heute wusste sie, dass dieses Ereignis die Weichen für alle späteren Variationen des Themas Freundschaft und Liebe für sie gestellt hatte.

Mit sechzehn hatte sich ein Junge aus ihrer Parallelklasse an sie herangemacht, mit dem sie in den Pausen zusammengestanden hatte, während die anderen aus ihrer Klasse sich in der Raucherecke herumgedrückt hatten. Sie hatte nicht zu den Frühreifen gehört, sie trug keine modischen Klamotten, hörte keine angesagte Musik und hatte noch nie verstanden, warum das mit dem Rauchen für viele in ihrem Alter so wichtig war. Frederick aus der Parallelklasse war genauso gewesen. Sie hatten sich über Computerprogramme unterhalten, über Informatikprobleme und über astrophysikalische Fragen wie die Möglichkeit der Erschließung des Mars, also über alles, was völlig uncool war. Dann fingen sie an, sich auch nach der Schule zu sehen, programmierten zusammen ein Tool, das alle Mathehausaufgaben des laufenden Schuljahres auf einmal lösen konnte, bevor Frederick versuchte, ihr bei *In the air tonight* von Phil Collins mehr oder weniger unvermittelt die Hand in ihre Unterhose zu schieben, womit sie weder gerechnet hatte noch einverstanden war.

Etwas, das man eine richtige Beziehung, oder wenigstens den Versuchsaufbau dazu, nennen konnte, hatte sie erst mit achtzehn erlebt; es dauerte drei Monate und sieben Tage, und sie hatte den Jungen, mit dem sie damals zusammen gewesen war, wirklich gern gehabt. Er war damals der Beweis für sie gewesen, dass unter rein entwicklungsphysiologischen Aspekten alles mit ihr in Ordnung gewesen war, womit sie zu ihrer Erleichterung sowohl Homo- als auch Asexualität ausschließen konnte. In Sebastian hatte sie sich verliebt, da war kein Zweifel möglich; wie bei normalen Teenagern begann es mit dem Herumgeknutsche bei einer Party, langen Gesprächen, die sich um den Ablösungsprozess von Sebastians Noch-Freundin drehten, verzehrender Sehnsucht, endlosen Telefongesprächen und ihrem Ersten Mal, das ihre ängstlichen Befürchtungen keineswegs eingelöst hatte, sondern ihr, im Gegenteil, als liebevoll und zärtlich in Erinnerung geblieben war. Dann hatte sich, nach drei Monaten und sechs Tagen, herausgestellt, dass der Ablösungsprozess von Sebastians Noch-Freundin ohne Franziskas Wissen noch gar nicht stattgefunden hatte, und nach einem Tag, der in einer überaus hässlichen und tränenreichen Vorwurfs- und schließlich Trennungsszene verstrichen war, hatte sich das Thema Jungs für sie bis auf weiteres erledigt.

Sie musste irgendwas gesagt haben. Beziehungsweise, Ruben musste irgendwas falsch verstanden haben. Vielleicht hatte sie ihn gelangweilt. Vielleicht hätte sie mehr sagen müssen, oder nicht mehr, sondern etwas anderes. Oder vielleicht hatte er sich auch nur bevormundet gefühlt, weil sie – aber was machte sie sich da für Gedanken, sie war ja nicht ihre Mutter.

Sie sah sich um. An der Theke saßen Typen, die sich entweder miteinander, mit dem Barkeeper oder mit sich selbst unterhielten. An den Tischen kleine Grüppchen und Pärchen, trinkend, lachend. Man kam da nicht einfach dazwischen. Man konnte sich nicht einfach irgendwo hinsetzen und sagen, hallo, ich bin die Franziska, erzählt doch mal. Das alles war sehr schwierig und sehr selten, und man wurde sich erst bewusst, wie breit der Abgrund eigentlich war, wenn man die Kante auf der anderen Seite verpasste und hineinfiel. Warum war das alles so schwierig?

Sie wäre sogar bereit gewesen, Theunissen im Theater warten zu lassen. Sie hatte Nachtdienst, und es war schon öfter vorgekommen, dass der Pförtner in Mantel und Schuhen auf den Schichtwechsel wartete. Sie hatte sich sogar vorgestellt, Ruben zu fragen, ob er sie nicht begleiten wolle. Die Nachtrunde durch das leere Theater war eine einsame Angelegenheit, und sie hatte sich vorgestellt, wie sie gemeinsam durch die Gänge des alten Gebäudes gingen, sich unterhielten, sich vielleicht in den leeren Zuschauerraum setzen würden, um dort – was zu tun? Um sich näherzukommen? Solange sie im Stadttheater arbeitete, hatte sie schon oft alleine in einer der Sitzreihen gesessen und auf die leere Bühne gesehen. Ruben gefiel ihr, auch wenn sie nicht wusste, was es eigentlich war, das ihr an ihm gefiel. Dass er sie einfach sitzengelassen hatte, hinterließ eine riesige Enttäuschung in ihr.

Das Stadttheater erhob sich weiß und hell erleuchtet zwischen den Trümmern der Innenstadt, die gerade umgekrempelt wurde: das Casino und Kongresszentrum auf der einen Seite der Königstraße, eine Mall auf der anderen. Überall Kräne und Baugruben, selbst die große Wiese vor dem Theater hatten sie zugeschüttet. Sie kam an der Stadtbücherei vorbei und stieß auf den Brunnen von Niki de Saint Phalle, der im Winter und den größten Teil des Sommers allerdings trocken war. Was natürlich dem Sinn eines Brunnens widersprach, zumal dieser hier *Lifesaver* hieß und einen Vogel darstellte, der ein Mädchen vor dem Ertrinken rettete. Kaum mehr Leute auf der Straße, trotz des Wetters, nur noch ein paar Obdachlose oder zumindest Randexistenzen.

Am Brunnenrand saß ein Mann und rauchte. Was, wenn das Ruben wäre?, dachte sie.

Eben noch hatte sie sich vorgestellt, wie der angebrochene Abend mit ihm hätte weitergehen können. Was hielt sie davon ab, es einfach noch mal zu versuchen? Wieso setzte sie sich nicht neben ihn und vertraute ihrem Gefühl, dass es etwas gab, das sie miteinander geteilt hatten? Es musste doch nicht kompliziert sein, wenn sie es nicht wollte. In einer anderen Welt, wie es sie beispielsweise im Netz gab, in *Second Life*, existierten solche Grenzen nicht. Da konnte man seine Unsicherheiten ablegen, wenn sie einen behinderten. Warum konnte es eine solche Welt nicht auch in Wirklichkeit geben, zumindest für zwei Menschen?

Franziska ging näher heran; sie rieb nervös ihre Hände aneinander. Ihre Mutter hatte die Angewohnheit, sich ständig die Hände einzucremen. Weil sie fürchtete, sie trockneten aus; durch ihre Arbeit waren sie ständig rau. Franziska konnte Creme an den Fingern nicht ertragen, im Urlaub hatte sie sich immer von ihren Eltern eincremen lassen. Von ihrer Mutter. Das heißt, irgendwann hatte sie ganz darauf verzichtet, sie war ohnehin ständig im Wasser gewesen. Das Wetter machte es einem leicht, an Urlaub zu denken.

»Darf ich mich setzen?«

Er schien nicht überrascht, sie zu sehen. Sie konnte in der Dunkelheit sein Gesicht nicht erkennen; erst als er sich eine Zigarette anzündete, sah sie im Schein des Feuerzeugs, dass er lächelte. Er nahm einen Zug und stieß eine Rauchwolke aus. Sie schwiegen.

Eine alte Frau kam vorbei. Sie schob einen Kinderwagen,

der mindestens genauso alt war wie sie. Darin saß eine Gans. Franziska traute ihren Augen nicht: Es war tatsächlich eine lebende Gans, keineswegs ein Stofftier, wie sie zuerst gedacht hatte.

»Da sitzt eine Gans in einem Kinderwagen«, sagte sie.

»Ja«, sagte Ruben und warf einen kurzen Blick auf das Tier, »ich weiß. Seh ich öfter in der U-Bahn.«

»Wirklich? Sieht aus wie … Vielleicht wollte die Frau immer Kinder.«

»Hier laufen andauernd so Leute rum. Ist wie auf 'ner Teststrecke. Einer, der kommt immer gegen Mittag, trägt einen lila Kaschmirmantel, wie ein geschniegelter Geschäftsmann aus den Achtzigern. Schimanski. Der heißt wirklich so, wie der Kommissar, kannst du jeden fragen in Duisburg, die kennen den alle. Der läuft hier rum und pöbelt Leute an. Na ja, anpöbeln. Der stellt sich vor die hin und trägt so selbst gedichtete Pamphlete vor. Gegen die Politik, die Kultur, gegen die ganzen Verhältnisse.«

»Ein verrückter Gesellschaftskritiker.«

»Und gar nicht mal schlecht. Man erzählt sich, der sei früher Dozent an der Uni gewesen. Dann ist seine Frau gestorben, und er ist durchgedreht. Rhetorisch eins a, fünfhebige Jamben und so.«

»Ist Jamba nicht dieser Klingeltonanbieter?«

»Ja, früher. Aber ein mächtiger Lyrik-Konzern hat die Rechte an dem Namen für seine Betonungslinie gekauft.«

Sie lachte. Und wenn man schon lacht, dann kann man sich auch gleich wieder wohl dabei fühlen. Als würde man Luft unter die Flügel bekommen, bis die Sache sich selbst trägt.

Wieder trat eine Pause ein, aber diesmal nicht unangenehm. Franziska bemerkte, dass schon einige Insekten durch die Luft flogen, ein Marienkäfer krabbelte auf dem Brunnenrand. Er hatte einen gestauchten Flügel.

»Schlaft weiter«, sagte sie zu sich.

»Was?«

»Die Insekten. Das ist nämlich eine Falle. Es ist warm heute, sie glauben, sie können endlich rauskommen. Aber es wird noch mal kalt werden nächste Woche. Haben sie jedenfalls gesagt.«

Er nickte, als hätte er die gleichen Wetterberichte verfolgt wie sie.

»Apropos. Magst du das Meer?«

Sein Stirnrunzeln war von einem Lächeln begleitet, deswegen wertete sie es als ein Ja.

»Dann komm mal mit.«

Sie hoffte, dass er die Stelle nicht kannte. Es war ganz neu, vor kurzem erst eingeweiht, und wenn sie nicht in der WAZ darauf gestoßen wäre, hätte sie es gar nicht mitgekriegt. Sie gingen die Königstraße entlang, der Zugang war direkt gegenüber dem Theater. Da war ein Glaslift; sie stiegen ein und fuhren nach unten. Dann durch eine Tür, Ruben runzelte die Stirn, als verstünde er gar nichts mehr, dann standen sie in der Tiefgarage.

Sie war fast leer. Die Tonspur lief auch nachts: Meeresbrandung und Möwen. Die Betonwände waren auf ganzer Länge mit hochwertiger Fototapete verkleidet, das Panaromabild eines Nordseestrandes mit Dünen und Strandkörben, wohin man auch sah. Als stünde man auf einem Parkplatz und müsste nur noch den Holzsteg zum Strand hinunter gehen. Sogar das Licht stimmte.

»Warst du schon mal hier?«, fragte Franziska. Ruben

schüttelte ungläubig den Kopf. Er schien es nicht fassen zu können, dass sie unterhalb der Stadt waren, in einer Art Betonbunker, und trotzdem an der Nordsee standen.

»Das kenn ich. Egmont aan Zee. Ich war schon mal da. Schon oft.«

Niemand war hier unten. Das einzige, was nicht stimmte, war die Luft. Tagsüber musste es noch viel schlimmer sein. Der typische Tiefgaragen-Geruch, durch den man bei jedem Atemzug aus der Illusion herauskippte. Und das bedeutete: gar nicht erst hineingezogen wurde.

»Du bist auf einmal gegangen«, sagte sie, während sie nebeneinander am Strand entlang schlenderten.

»Ja«, sagte er, und allein in dieser Silbe klang die Bereitschaft an, es ihr zu erklären. Nicht aus Notwendigkeit oder weil man sich schuldig gemacht hatte, sondern einfach, weil es nichts gab, was dagegen sprach. »Ich war … ich kam mir plötzlich unglaubwürdig vor.«

»Wie, unglaubwürdig?«

»Na ja, wenn man in solchen Kategorien denkt wie … Männer und Frauen, dann haben wir gewissermaßen als, na ja: Mann und Frau da gesessen.« Er druckste herum, doch sie war ziemlich sicher, dass er es absichtlich tat, so als spielte er ihr eine Ungeschicklichkeit vor, obwohl eigentlich alles ganz einfach war. Sie lachte wieder.

»Ich weiß zwar nicht, wie du darauf kommst«, sagte sie, »aber da könntest du Recht haben.«

»Ja, also … am Nebentisch saßen zwei …«

»Ach, dieses Püppchen und der Modefotograf?«

»Ich musste nur dran denken. Man lernt sich kennen. Und wenn man jemand nett findet, versucht man eben, sich von seiner Schokoladenseite zu zeigen. Charmant zu sein. So, wie man eigentlich gar nicht ist. Oder zumindest nicht immer sein kann.«

»Manche müssen sich dafür mehr anstrengen, manche weniger.«

»Kann sein. Ich wollte nur sagen ... Also, ich hab mich dabei ertappt, wie ich diesen ganzen Zirkus anfange mitzumachen. Und das kann ich gerade nicht gut vertragen.«

»Weil du in der Midlifecrisis bist?«

»So ähnlich.«

Sie spürte, dass sie nicht an der richtigen Stelle angesetzt hatte, und versuchte es noch mal.

»Das heißt ja, dass du einen guten Eindruck machen wolltest. Weil du mich nett findest.«

»Das heißt es wohl. Aber allein das jetzt so zu sagen ...«

»Ich bekomme immer Angst, wenn ich jemanden nett finde. Davor, dass ich mich begeistere und so und nach der ersten Begeisterung feststelle, dass meine Vorstellung von ihm viel interessanter war als er selbst.«

»Wie man dann wieder aus der Nummer rauskommt.«

»Genau.«

»Da müsste ich jetzt normalerweise anfangen, unruhig auf meinem Stuhl rumzurutschen, oder?«

»Nur, wenn du auf einem sitzen würdest.«

»Apropos: Wo sind eigentlich die Strandstühle?«

»Also, wenn ich dich richtig verstehe, ist dir das alles schon ein bisschen zu romantisch gewesen.«

»Romantisch, ich weiß nicht. Ungefähr so romantisch wie die Tiefgarage hier. Ich hab einfach was dagegen, mich wie eine Spielfigur zu fühlen, die von irgendwelchen Kräften hin- und hergeschoben wird.«

»Und ich hab gedacht, ich hätte mich blöd verhalten.«

»Wie kommst du denn darauf?«
»Hab ich mich auch gefragt. Jetzt weiß ich's.«
»Da bin ich aber neugierig.«

26

Das kam davon, wenn man sich mit Leuten über das Theater unterhielt, die keinen blassen Schimmer davon hatten. Dieses ganze Herumgesitze war sinnlos, Konversation: Wie er das hasste. Ein ständiger Kampf um Redezeit und Bestätigung. Er hätte sich allein mit Dankwart treffen sollen, einen trinken gehen, wie damals. Aber in dieser Runde? Du erzählst eine Geschichte, alle nicken, im günstigsten Fall ergibt sich eine »Diskussion«. Und was kommt danach?

Raus das gute Stück jetzt und gepinkelt. Er spürte seinen Schwanz in der Hand überhaupt nicht. Die ganze Zeit hatte er pinkeln müssen, jetzt stand er hier und konnte nicht. Komm, mach jetzt. Oben wartet das Publikum. Verlässt dich der Mut? Klär das jetzt, und dann ab. Er sollte wirklich dringend nach Hause fahren, unbedingt. Sie würde ja wohl von ihrem Geschäftsessen nach Hause kommen, oder wo auch immer sie war. Geschäftsessen, zu Hause, nichts davon stimmte mehr. Sie hatte jemanden, das war der Punkt, und ein Zuhause gab es nicht, hatte es nie gegeben. Außerdem hatte Lothar nie eines gewollt. Es war Emilies Idee gewesen, ausgerechnet nach Mülheim an der Ruhr zu ziehen, in das Haus ihrer Eltern. In dieses riesige, protzige, spießige Stadthaus mit Anbau und Garten mitten im bürgerlichen Nirgendwo. Wo er dann schön das Kind hütete, während Emilie, die Großherrschaftliche, in der Welt herumfuhr und den Herren Vorstandsvorsitzenden ihre Repräsentationsbauten aufhübschte. Er hätte in Berlin sein können, in Hamburg, vielleicht im Ausland, stattdessen saßen sie in diesem Mülheim fest, einer Stadt mit drei Einwohnern und einer Ampel. Wo es zwar ein Theatertreffen gab, aber nur für Dramatiker, die Lothar nicht ausstehen konnte.

Als könnte man ein Kind nur in einem Haus mit Garten großziehen. Überhaupt war Franziska nur der Vorwand gewesen: ein Zuhause für das Kind, eine ruhige Umgebung, die mit diesem ganzen Zirkus unseres Lebens nichts zu tun hat. Firlefanz. Es ging vielmehr um ihre verdammte Loyalität, um den letzten Willen ihres Vaters. Es ging darum, dass sie es nicht hinbekommen hatte, sich gegenüber ihrer älteren Schwester, oder wie auch immer man Hannelore nennen wollte, durchzusetzen. Deswegen konnten sie das Haus nicht einfach verkaufen und weiter in Dachwohnungen oder seinetwegen auch in ihrem Postauto wohnen, irgendwo. Alles wäre anders gekommen, wenn sie nicht diesen unauflösbaren Vertrag geschlossen hätte, mit Blut besiegelt für alle Ewigkeit. Deswegen, nur deswegen war schließlich ihm die Aufgabe zugefallen, ständig neue Wasserleitungen oder die Schindeln zu ersetzen, die der Sturm vom Dach geholt hatte, und Schatz, die Veranda müsste auch mal neu betoniert werden. Vor drei Jahren hatte es einen Tornado gegeben, der die Pappel im Garten gefällt hatte. Wer durfte sich um den Abtransport kümmern? Emilie war in Melbourne. Emilie schafft es immer wieder, Wichtigeres zu tun zu haben, Emilie dirigiert, und Lothar macht. Lothar zieht auch das Kind groß, kein Problem, Lothar verzichtet gern auf das Angebot, mal wieder in Bremen zu arbeiten, und spielt stattdessen im »Fahnder« den

Zuhälter, um nicht das Gefühl haben zu müssen, der Gutsherrin auf der Tasche zu liegen. Lothar lässt sich gerne überall reinreden, von Emilie oder von Hannelore, kein Problem, Lothar ist mit drei älteren Schwestern groß geworden und weiß, wie man sich Frauen gegenüber benimmt, vor allem dann, wenn sie so erfolgreich sind wie seine. Lothar hat kein Problem damit, im Garten einen neuen Teich anzulegen, er hat ja kein eigenes Leben, beziehungsweise es war eben von den Kritikern zu Brei zerstampft worden.

Wenn es wenigstens wieder eine Großstadt gewesen wäre, wie damals Köln. Sie hatten in einer zwar schon ziemlich opulenten, aber immerhin noch kohlebeheizten Wohnung gewohnt, genau hier, auf der Aachener Straße. Jetzt könnten sie sich mit Freunden am Aachener Weiher zum Grillen treffen, in der Sonne liegen, das Leben genießen. Auch jetzt, wo Karina und Dankwart miteinander, man sagte wohl *durchgebrannt waren* dazu, auch jetzt gab es noch genug Freunde in Köln, ganz zu schweigen von seinen Stammkneipen. Es war keine große Sache, außer dass es genau das Leben gewesen wäre, das er sich vorgestellt hatte. Köln. Er konnte den Dialekt nicht leiden, diese rheinische Großkotzigkeit, aber gegen die Stadt war nichts zu sagen. Man gewöhnt sich an alles.

Es war gar keine Frage, ob er mit Emilie ein Kind haben wollte. Doch dass sich dann alles so hatte entwickeln müssen, gerade in dem Augenblick, als er einer der ganz großen Regisseure der Wendezeit hätte werden können, das war so nicht geplant gewesen. Emilie hatte sich nie in den Vordergrund gedrängt, wirklich, aber mein Gott, was ist das nur für eine Frau, die immer, wirklich *immer* ihren Willen bekommt, ohne darum bitten zu müssen oder danke zu sagen? Es war beängstigend. Wann hatte in Emilies Leben mal etwas nicht geklappt, außer vielleicht in Düsseldorf, als der Tapetenkleister nicht getrocknet war? Bei ihr ging alles mit einer ruhigen, gleichförmigen Selbstverständlichkeit vonstatten, als sei es schon immer Teil eines großen Plans gewesen. Wie du, Lothar. Und wenn du mal nicht hundertprozentig funktioniert hast, wie bei Franziskas Geburt, gab's Liebesentzug. Weil du ein Bier getrunken hast gegen die Aufregung, bevor sie in den Kreißsaal kam. Wie oft er sich das hatte anhören müssen. Immer Teil eines Plans, über den sie nicht, wie sonst über alles, offen gesprochen hatten, sondern der festgelegt war und seine Größe und Kraft erst über die Jahre entfaltete. Es fing ganz unscheinbar an, ganz unbedeutend, man schnallte erst gar nicht, was los war. Zum Beispiel ging es darum, ob Lothar einen Abend allein auf Franziska aufpassen würde, damit Emilie sich mit ein paar Leuten treffen konnte, die vielleicht Arbeit für sie hatten. So hatte sie das gesagt, obgleich sie mit Sicherheit nicht an eine Auftragsarbeit, sondern an einen Karrieresprung gedacht hatte. Und natürlich, Schatz, ich möchte dich darin unterstützen, das weißt du doch.

Du hast dir nicht das Geringste vorzuwerfen, Lothar, nicht das Geringste. Er hatte sich nie, von niemandem, etwas schenken lassen, hatte sich immer alles erkämpft, und nicht selten hatte er zurückgesteckt. Bei Emilie. Er hatte die kleine Franziska gefüttert, obwohl er wieder auf Stoffsuche war und einiges zu lesen hatte, das Kind gebadet, eingecremt, durch die Gegend geschoben, getröstet, gewickelt, bespaßt, um acht ins Bett gebracht. Nur war Franziska gar nicht müde gewesen. Franziska hatte andere Pläne für ihn gehabt. Also sang Papa ein Schlafliedchen und trug das Kind durch die

Wohnung. Das Kind wollte trotzdem nicht schlafen. Immer, wenn das Köpfchen auf seinem Unterarm schwerer wurde und dann ganz absackte, versuchte er, sie hinzulegen, aber sofort schlug sie die Augen wieder auf, als wollte sie sagen: Ich wollte dich doch nur verarschen, Papa, hast du das gar nicht gemerkt? Nach einer Stunde hatte er keine Lust mehr gehabt, sich verarschen zu lassen, und ließ Franziska herumkrabbeln, wo sie wollte. Sie war völlig übermüdet und schrie in einer Tour, Lothar versuchte zu lesen, aber der Lärm wurde erst erträglich, nachdem er eine halbe Flasche Wodka geleert hatte. Dann wiederum tat es ihm leid, Franziska da allein herumkrabbeln zu lassen, weil Kinder ja Nähe und Wärme brauchen und so weiter, also nahm er sie wieder hoch und trug sie durch die Wohnung. Sie schlief dann auch ein, aber nur auf dem Arm, bis das Spiel wieder von vorne losging. Dann gab Lothar einfach auf. Er beschloss, nichts mehr zu tun zu haben für heute, setzte sich mit Franziska auf den Boden und spielte mit ihr. Und wartete, bis Emilie nach Hause kam. Und wartete.

Sie kam gegen elf, und Franziska war noch immer wach. Dann spielten sich Emilie und er ein kleines Dramolett vor, *simulatio* und *dissimulatio* hieß das im 17. Jahrhundert, Vortäuschen und Verbergen. Jetzt konnte er das so sehen: Es war eine Komödie gewesen.

Emilie legte die Schlüssel auf den Deckel des Plattenspielers, wie sie es schon in ihrer ersten Wohnung getan hatte (denn Emilie blieb immer bei dem, womit sie einmal angefangen hatte): »Und, was macht die Kleine? Ist ja noch wach.«

»Ja. Sie sortiert deine Schuhe.« Tatsächlich hob Franziska abwechselnd zwei Schuhe in die Luft und ließ sie zu Boden fallen. Das Spiel machte ihr solchen Spaß, dass sie inzwischen wieder vor Vergnügen brabbelte.

»Und, wie war's?«, fragte Lothar.

Und Emilie, im gleichen unbekümmerten Tonfall: »Na ja, also erst mal komm ich da in die Firmenzentrale, und alles ist riesig und hell und total luxuriös, auf dem Boden Carrara-Marmor und …«

»Warte mal. Siehst du?«

Franziska hatte sich aufgerichtet und stand wackelig, mit rudernden Armen, vor der Stereoanlage. Stolz sah sie Lothar an, der ebenfalls strahlte und ihrer Leistung applaudierte.

»Das hat sie vorhin schon gemacht. Unsere Tochter wird bald laufen.«

»Toll. Das ist wahnsinnig toll.« Emilie setzte sich neben sie und nahm Franziska in den Arm. »Du übertriffst sämtliche Erwartungen«, sagte sie gutgelaunt.

»Also Carrara-Marmor.«

»Genau. Und jedenfalls … Also sie machen jetzt das Musical in Hamburg, und wenn ich will, dann …«

»Super, Töchterchen, aber pass auf, da ist Strom drauf.« Franziska hatte sich die Enden der Schnürsenkel in die Nase gesteckt, jetzt betrachtete sie konzentriert ihren Vater und klatschte dann jauchzend in die Hände, wobei sie überschwänglich den Kopf schüttelte.

»Ist die denn gar nicht müde?«, fragte Emilie.

»Och«, sagte Lothar.

»Jedenfalls kann ich das machen, wenn ich will.«

»*Das Phantom der Oper*, hm? Ein Musical.«

»Genau. Ja toll, Franzi!«

»Nenn sie bitte nicht Franzi«, sagte Lothar.

Und dann brachten sie es fertig, aus dieser harmlosen

Szene einen Streit zu machen – nicht über Musicals und konformistische Hirnlosigkeit, sondern darüber, wer Franziska wie nennen dürfe und wer, anders gesagt, überhaupt das Gewohnheitsrecht beanspruchen durfte, derlei Dinge zu entscheiden. Nachdem Lothar Franziska ins Bett gebracht hatte – vielleicht, zugegeben, um sich in dieser Frage entscheidende Vorteile zu sichern –, verlagerte sich die Frage nur unwesentlich auf die täglichen Wach- und Ruhezeiten des Kindes, auf Ernährungsgewohnheiten, auf die Frage, wer seine Tochter besser kenne. Es war ihm damals sehr klar gewesen, dass sie sich in Wirklichkeit über etwas anderes unterhalten hatten, und er war sicher, dass auch Emilie das klar gewesen war – aber sie schafften es erst viel später, das auf den Punkt zu bringen.

Als die Leute im Schanzenviertel gegen den Bau des Musicaltheaters auf die Straße gingen, wäre es höchste Zeit gewesen, Farbe zu bekennen. Doch natürlich sah Emilie keinen Grund, ihren Entschluss in Frage zu stellen. Sie unterhielten sich nicht darüber, dass Emilie ständig in Hamburg war, während er mit Franziska in Köln blieb. Er warf ihr nicht vor, dass sie ihn mit ihrem gemeinsamen Kind allein ließ, obgleich sie sich mit keinem Wort bei ihm bedankte. Er versuchte einfach, das Beste daraus zu machen, er hatte ja Dankwart und ein paar andere Leute, die ihm Franziska mal für ein paar Stunden abnahmen. Die hin und wieder jene Rolle spielten, die Hannelore ihm dann vollständig wegnahm.

Vielleicht gab es auch gar nichts, was er ihr vorwerfen konnte. Emilie war eine fleißige Frau, die niemals Arbeit liegen ließ, niemals einen Termin versäumte und niemals eine Erwartung enttäuschte. Sie machte, machte, machte und sah nicht mehr hin, was sie da überhaupt machte. Unversehens hatte sie sich denen angeschlossen, die das Sagen hatten, hatte sich gemein gemacht mit den großen Bestimmern. Es war sicher nie ihre Absicht gewesen, doch alles, was ihm wichtig war – weswegen er das Theater liebte und immer ein Mann des Theaters bleiben würde, musste er sich auch mit noch so winzigen Bühnen begnügen –, wurde damit ad absurdum geführt: Häuser räumen lassen, Menschen vertreiben, um dort ein überflüssiges Stück Unterhaltungsideologie zu installieren, etwas, das in Wahrheit ganz und gar unkulturell und verlogen und wertlos war. Sie hatte eine Chance gesehen, und es lag schon immer in ihrer Natur, ihre Chancen zu nutzen. Fortuna trug ihren Schopf vorne, man musste ihn packen, wenn sie sich einem näherte – hinterher war es zu spät. Das hat sie immer gekonnt. Bravo.

Er zog den Reißverschluss zu und drückte auf die Spülung. Wusch sich die Hände, vermied es, sein Gesicht im Spiegel anzusehen. Falten und Tränensäcke. Die steile Treppe vor ihm, eine rote Tür am oberen Ende. Seine Hände trocknend überlegte er, wie er den Aufstieg anpacken sollte. Es ging leichter als erwartet. Er lugte durch die Tür. Auf seinem Platz saß: Dankwart.

Gutes Timing, dachte er. Du magst ein Arschloch sein, vielleicht hast du dein Talent verraten, du alter Kokser, aber Timing hast du. Den Sinn für den richtigen Moment. Wenn die Spannung am größten ist, wenn alles sich in der Schwebe befindet und nur darauf wartet, wieder in die Umlaufbahn gebracht zu werden. Wirklich, Dankwart: Timing hast du.

LASSEN SIE DOCH DAS THEATER!

Nicht jede Blamage ist gleich ein Skandal – Lotmann verschanzt sich mit *Wer hat Angst vor Virginia Woolf?* im Thalia Theater. Von August Harmsdorf (sz)

Hamburg, 21.9.1990. – Der Regisseur Lothar Lotmann gehört definitiv nicht zu jener Gilde Künstler, die die semantischen Trüffel ihrer Werke so gut verstecken, dass nur die gewieftesten Kritiker sie aufspüren können. Lotmann hat schon immer verstanden werden wollen – notfalls mit Gewalt. Der gestrige tumultuöse Theaterabend im Thalia Theater lieferte eindrücklich den Beweis. Edward Albees Stück von 1962 wurde von Lotmann und seinem Übersetzer Frederick Martens in die Tuning-Werkstatt der 90er geschoben und derartig mit sprachlichen Spoilern und Breitreifen aufgemöbelt, dass jetzt auch Mantafahrer das Stück begreifen dürften. Wo Albees distinguierte Harvard-Diktion phantasievoll und elegant den Ball im Spiel hält, pfeift Lotmanns Bolzplatzjargon permanent Elfmeter und erschießt zur Sicherheit den Torwart. Das kann erfrischend sein. Muss es aber nicht.

Heckspoiler für die Sprache

Was die Sprache nicht kann, das lernen die Figuren nimmermehr. Lotmann, der es sich nicht nehmen ließ, die Hauptfigur selbst zu verkörpern – wohl, um den Zuschauer daran zu erinnern, dass er in all seinen Rollen eigentlich immer nur sich selbst inszeniert –, legt den George als hundsgemeinen Psychopathen an, der allerdings wie ein Entführter nur ausnahmsweise geheime

Botschaften an seinem Geiselnehmer Lotmann vorbei ins Publikum schleusen darf.

Die eigene Schauspielkunst so subtil zu unterwandern wäre nun eine beachtliche Leistung, wenn sie nicht das gesamte Stück torpedieren würde. Lubaczek und Pstrong spielen mehr mut- als machtlos solide Stichwortgeber, doch zumindest die Martha bleibt damit deutlich unter Albees Sollwert. Lotmanns Drauflosinszenierung erstickt jede seriöse Kunstregung der Schauspieler durch behauptete Raffinesse. Aus Albees penibel gearbeitetem Beziehungsgeflecht wird so ein Flickenteppich postmoderner Versatzstücke.

Die Inszenierung kippt dann vom Ärgerlichen ins schlechterdings Kriminelle, als Lotmann einigen Zuschauern von der Bühne herunter untersagt, die Aufführung zu verlassen.

»Wagen Sie es nicht, sich billig davonzumachen!«

Was folgt, ist Chaos und Anarchie. Während Lotmann den Zuschauern per Brutalanalogisierung erklärt, was diese gähnend schon längst verstanden haben – nämlich, dass dies hier ein »Ehebunker« sei, aus dem es für sie ebenso wenig wie für Martha und George ein Entrinnen gebe –, springt er ins Parkett und hindert sie beinahe handgreiflich an der »Flucht«. In einem gut zwanzigminütigen improvisierten Monolog überzieht Lotmann Publikum und Kritiker mit einer Suada verquerer Vorwürfe und Beleidigungen, die in einer schlussendlichen Kehrtwende gipfelt, indem er sie zur metafiktionalen Pointe der Aufführung deklariert und diese ungerührt fortsetzt.

Man kann das nun skandalös finden, und gut die Hälfte der Zuschauer war dazu auch bereit. Lotmann dürfte das freuen, denn es verringert die Schmach darüber, dass die andere Hälfte seine billige Schaumschlägerei als das erkannte, was sie ist: eine abgetakelt-obszöne Galashow über Selbstausbeutung und künstlerischen Burn-out.

Und so hat Lotmann trotz allem Tosen und Tönen eigentlich nichts anderes getan, als dem spektakelsüchtigen Theaterbetrieb diensteifrig sein neues Machwerk einzureichen, in dem mal wieder die Liebe zu Grabe getragen wird. Und en passant unter Beweis gestellt, dass beide, er selbst wie das Gegenwartstheater, nur noch um sich selbst kreisen. Durch seine Ausfälle gegenüber Kritik und Publikum ist er allerdings nicht nur für das Thalia Theater, sondern für jedes andere erste Haus der Republik untragbar geworden. Es wird Zeit, dass Lotmann sich ein neues Thema sucht – und am besten gleich einen neuen Beruf. Friede seiner Masche.

Thalia Theater Hamburg
Wer hat Angst vor Virginia Woolf?
Von Edward Albee
Regie: Lothar Lotmann, Bühne: Horst Sandhoven, Kostüme: Stella Montau, Licht: Ludwig Saldorf, Dramaturgie: Hanna Herrmanns.
Mit: Lothar Lotmann, Dankwart Pstrong, Karina Lubaczek.

27

Lass uns gehen«, sagte Emilie plötzlich.

Emilie hatte die Kellnerin beobachtet, wie sie hinter und vor der Theke herumlief und bediente, immer darauf bedacht, dabei gut auszusehen. Der Saum des T-Shirts drei Zentimeter über dem der Hose, die mit viel Phantasie noch auf Hüfte geschnitten war. Wahrscheinlich war sie Schauspielerin, oder, da sie hier in Düsseldorf waren, Kunststudentin. Sie schenkte keinem Gast länger als drei Sekunden Aufmerksamkeit, trotzdem – oder gerade deswegen – verrenkten sich die Kerle den Hals nach ihr.

Emilie begriff nicht, was diese Faszination ausmachte. Auch sie sah gern einen schönen Körper an. Aber weswegen dieses Starren und Geifern, nur weil jemand gut aussieht? Keiner der Kerle interessierte sich dafür, was die Frau wohl nach ihrer Schicht im Habana-Club machte, was sie konnte und wollte. Aber weshalb sollten sie auch?

»Was ich dich gefragt habe, vorhin«, begann sie. Philipp sah sie aufmerksam an, sein Gesicht hatte Farbe bekommen, er wirkte gelöst und entspannt.

Emilie spürte Feuchtigkeit in den Kniekehlen und am Hals, ich muss mich auf jeden Fall noch frischmachen, dachte sie, bevor. Sie erschrak. Es ist schließlich kein Muss. Sie dachte schon in Kategorien der Unvermeidlichkeit, als habe dieser Abend ein einziges, feststehendes Ziel. Und hatte er das nicht? Wie konnte sie jetzt so tun, als liefe nicht alles auf dieses gemeinsame Hotelzimmer hinaus?

»Ich versteh nicht, was meinst du?«, fragte Philipp. Er hatte genau verstanden, schon vorhin, und warum hatte sie überhaupt gefragt, wenn sie die Antwort schon kannte?

Das schien er sich auch zu fragen. Er lächelte jetzt milde, so als hätte er Nachsicht mit ihrer unpassenden Unterstellung. Lief es nicht wirklich auf eine platte Verallgemeinerung hinaus? *Männer legen keinen Wert auf Liebe, sie denken nur an Sex* – war es das, was sie hören wollte? Und was hätte sie damit angefangen? Wollte sie eine Rechtfertigung haben, die ihre Ehe auf eine simple Formel reduzierte?

Ihr Gespräch hatte sich irgendwo zwischen dem Tanzen und ihrer dummen Fragerei verhakt. Sie hatten gegessen, sie hatten einen Cocktail getrunken, sie hatten getanzt. Dass sie es jetzt so kompliziert machte, lag nur daran, dass sie anfingen, Programmpunkte zu wiederholen.

»Gute Idee«, sagte Philipp, »ich geh nur noch mal eben …«, und als er auf der Toilette war, ging sie in Gedanken durch, welche Lampen des Hotelzimmers sie anschalten würde, auf welcher Seite sie ins Bett steigen würde und welche Teile ihrer Garderobe sie dann noch anhaben wollte. Sie dachte an das sachliche Hotelzimmer, Premium-Hotel hin oder her: Die hellen Möbel – Doppelbett, Kleiderschrank und Kommode – bestanden aus furniertem Pressspan, das Zimmer roch wie ein Baumarkt. Sie mochte Hotelzimmer, wenn sich die Innenarchitekten einigermaßen Mühe gegeben hatten. Ihr fiel der kolonialzeitliche Bau des Hotel Royal in Bogotá ein, in dem sie während des iberoamerikanischen Theaterfestivals untergebracht waren. Dagegen, dachte sie, war ihr Zimmer hier eines von der Stange, lieblos mit Nutzmöbeln bestückt, ein kühler Raum ohne Atmosphäre.

Ein Rosenverkäufer kam herein. Im gleichen Moment fiel ihr auf, dass sie Philipps Lilie im Restaurant hatte liegen lassen. Er hatte nichts gesagt, doch sie war sicher, dass er es bemerkt hatte. Ein kalter Schauer durchlief sie, Scham: Den ganzen Abend schon war sie mit ihren Gedanken woanders.

Der Rosenverkäufer ging über die Tanzfläche, sich langsam hin und her wendend, um seine Ware nach allen Seiten gleichermaßen anzubieten. Die Frauen schienen sich nicht weiter für ihn zu interessieren; manche, wie sie selbst, mochten Mitleid mit dem armen Kerl haben, der sich die Nacht um die Ohren schlug und mit den paar Kröten vermutlich seine ganze Familie durchbringen musste, die er aus Sri Lanka oder von wo auch immer hierher geholt hatte. Allein deswegen hätte sie ihm eine Rose abgekauft. Wenn das ihr Part gewesen wäre.

Die Männer sahen entweder weg oder mit komplizenhaftem Grinsen zu ihrer Begleiterin, wie um sich zu versichern, dass man den halb erzwungenen Blumenkauf in gegenseitigem Einverständnis ablehnte. Einige wenige, meistens Ausländer, machten sich um die Stereotypenfalle, die der Blumenhändler auslegte, keine Gedanken und tappten beherzt hinein. Emilie war sicher, dass der Galan von vorhin, hätte er eine Rose gehabt, nicht gezögert hätte, sie ihr zu geben. Sie fand das irgendwas zwischen rührend und durchschaubar; fast regte sie sich mehr darüber auf, dass die Leute sich über den Rosenverkäufer lustig machten, anstatt ihm einfach eine Blume abzukaufen. Zerstreut fragte sie sich, wann das angefangen hatte, dass jede kleinste Geste plötzlich nur noch ihr Gegenteil bedeutet.

Philipp kam zurück. Er sah den Rosenverkäufer und blickte Emilie an, seine Augenbrauen hoben sich; sie wusste nicht, was er ihr damit sagen wollte. Der Mann kam auf sie zu, bisher bestanden seine Einnahmen aus nichts als Kopfschütteln. Sie hoffte, dass er an ihnen vorübergehen würde, obwohl das schwer möglich war, da sie an der Kopfseite saßen. Er würde vor ihnen stehen bleiben, einen unangenehmen Moment lang, während er erwartungsvoll Philipp ansehen würde. Die Szene, obgleich noch gar nicht geschehen, war ihr peinlich. Sie sah Philipp an, nur einen winzigen Moment; Buchstabe für Buchstabe konnte sie in seinem Gesicht die Gründe für sein Zögern lesen.

»Also noch mal zu deiner Frage«, sagte er schnell und setzte sich wieder, als seien sie bei einem wichtigen Gespräch unterbrochen worden. »Was meintest du damit, dass ...?« Jetzt war sie es, die lächelte, sie spürte, wie ihre Lippen sich öffneten. Lächelnd drehte sie sich zu dem Blumenmann, in vollem Einverständnis damit, dass er ihr Lächeln als Signal der Kaufbereitschaft interpretieren würde, kramte mit einer Hand das Portemonnaie aus ihrem Mantel und kaufte dem Mann eine langstielige Rose ab.

»Bitte«, sagte sie und reichte sie Philipp, der ein wenig verlegen lächelte, den dornigen Stiel jedoch geschickt so entgegen nahm, dass er sich nicht daran stach. »Damit hätte ich jetzt nicht ...«

Sie nahmen ein Taxi zum Hotel, das Philipp herangepfiffen hatte wie in einem amerikanischen Film. Allerdings lag der Taxistand fast vis-à-vis der Tür, und Philipps Pfiff war, wie sie bemerkte, ein reiner Lippenpfiff gewesen, keineswegs ein Finger- oder Zungenpfiff. Sie bemühte sich, das leichte Gefühl zu bewahren, dass sie sich beim Tanzen erarbeitet hatte. Ihre Absicht war, sich unbeschwert über den weiteren Verlauf des Abends zu freuen, zumal sie ja diejenige war, die ihn mitbestimmte. Sie tat, was sie tun wollte, und das war doch herrlich. Oder umgekehrt, sie wollte das, was jetzt vor ihr lag, ganz entschieden.

Die Taxifahrerin sah die Rose in Philipps Hand und sagte: »Ich nehm aber nur Bargeld.« Auf dem Armaturenbrett klebte ein Sticker: *Dieses Geschäft bringt zwar kein Geld, macht aber Spaß.*

»Also«, sagte Philipp, das Thema wieder aufgreifend, »ich erlebe das ja oft, dass sich Frauen bei mir in der Praxis darüber beschweren, dass ihre Männer sich nicht für sie interessieren, und ich sage dann immer ...«

»Am besten durch den Rheinufertunnel«, sagte Emilie und biss sich auf die Lippen. Sie saß in einem *Taxi.*

»Ich fahr hier schon ein paar Jährchen«, sagte die Fahrerin, eine kernige Frau mit unerschütterlichem Selbstbewusstsein, »aber wenn Sie 'ne Abkürzung kennen, nur zu, dann fahr ich da schon mal nicht lang.« Dazu ihr rauchiger Husten, und Emilie war froh, dass das Lachen im Wagen die Peinlichkeit ihrer vorlauten Einmischung verdrängte.

»Ich sage dann jedenfalls zu meinen Klienten, dass eine solche Sichtweise nicht weiterhilft, da sie nur zu Schuldzuweisungen führt, und Schuldzuweisungen sind Gift für jede Beziehung ...«

»Das kann ich Ihnen sagen«, sagte die Taxifahrerin.

»Ja«, bekräftigte Emilie, mehr auf die Taxifahrerin eingehend als auf Philipp, »es gehören immer zwei dazu.«

»Man muss das mehr als einen systemischen Prozess begreifen«, präzisierte Philipp, »in dem ein Verhalten ein Feedback erzeugt und wieder auf das Verhalten zurückwirkt. Es nützt also gar nichts, wenn man immer nur die alten Vorwürfe perpetuiert. Viel wichtiger ist ja die Frage: Welchen Vorteil bringt wem welches Verhalten? Was hat eine Frau davon, wenn sie ihrem Mann Vorwürfe machen kann, und was hat ein Mann davon, wenn er anderen Frauen hinterherguckt?«

»Ein Abenteuer«, sagte Emilie. Die Taxifahrerin lachte, Philipp, immerhin, lächelte. Sie hatte es gar nicht als Witz gemeint.

Vor dem Hotel angekommen, zahlte Philipp, stieg aus und hielt Emilie die Tür auf. Sie gingen gemeinsam durch die Lobby, und da bemerkte sie, dass sich im selben Maße, in dem sich ihr Puls beschleunigte, ihr Schritt verlangsamte. Jetzt würden sie zum Empfang gehen und sich die Magnetkarte geben lassen. Dann würden sie sich wortlos dem Aufzug nähern; sie würde mit der Karte in der Hand, die an dem schweren Metallanhänger klackern würde, auf den Knopf zur dritten Etage drücken. Beim Hochfahren würden sie vielleicht einige Bemerkungen über den amüsanten Verlauf des Abends austauschen, und während sie über den Flur zu ihrem Zimmer gingen, würde sich ihre belustigte Rekapitulation auf ein einzelnes Detail fokussieren, vielleicht ihren für Philipp unerwarteten Rosenkauf. Dann würde sie die Tür aufschließen, den Dimmer leicht drehen und die Tür leise hinter sich zuziehen. Sie würde die Magnetkarte rechts auf die Sperrholzanrichte legen und die Tür von innen verriegeln.

Als sie am Empfang standen, sagte Philipp zu ihrer Überraschung zum Concierge: »Zimmer …«, und sah dann fragend Emilie an.

»323«, sagte sie. Philipp bedankte sich, und während sie wortlos zum Aufzug gingen, klackerte die Plastikkarte an dem metallenen Anhänger. Der Aufzug war leer, Philipp ließ ihr den Vortritt. Als er auf die Drei drückte, sah sie, dass er hektische Flecken im Gesicht hatte. Er bemerkte, dass sie ihn ansah, und lächelte verlegen; schnell lächelte sie zurück. Der Aufzug setzte sich fast unmerklich in Bewegung. Innerhalb von Sekunden breitete sich die latente Aufregung in ihr aus wie Öl in einem Motor, denn das Gespräch, das sie erwartet hatte, setzte nicht ein. Sie wusste nichts zu sagen, stattdessen hörte sie seinen, wie es ihr vorkam, schweren Atem neben ihr. Der Fahrstuhl hatte eine Seitenabmessung von vielleicht anderthalb Metern und war sehr hell. Von allen vier Seiten war man mit sich selbst konfrontiert, also praktisch umstellt. Die Schalttafel mit den Etagenknöpfen hätte aus Messing sein sollen statt aus gebürstetem Edelstahl; eine der Plastiktasten war mit einem Feuerzeug angekokelt worden. Die Dritte. Ihr Herz stieß pochend an ihren Brustkorb, es war nicht unwahrscheinlich, dass ihr Gesicht ebenfalls gerötet war. Leise Musik rieselte aus den Lautsprechern. Philipp hatte die Hände vor der Körpermitte verschränkt und ließ die Daumen umeinander kreisen. Es war nicht die aufgeregte, unsichere Neugier von Teenagern, die ihre Hände feucht werden ließ. Es war etwas anderes. Die Tatsache, dass sie Philipp jetzt riechen konnte, zum ersten Mal heute Abend; er hatte Rasierwasser aufgelegt, zuviel davon; sie mochte den Geruch, aber innerhalb von Sekunden hatte sie das Gefühl, der Aufzug sei davon erfüllt.

Sie bemerkte, dass sie schwitzte. Ihre Beine zitterten. Plötzlich befürchtete sie, in den Knien einzuknicken. Ein lastender Druck breitete sich in ihrem Magen aus, und erstaunlich ruhig stellte sie fest, dass sie dabei war, in Panik zu geraten. Lass uns schnell oben sein, dachte sie, jetzt wusste sie, wie es weiterging: Sie würde zuerst ins Bad gehen, um sich zu beruhigen.

Auf der Anzeigetafel ging die Zwei in die Drei über, da hielt mit einem Ruck der Aufzug an. Vorhin, am Nachmittag, hatte sie diesen Ruck nicht bemerkt, auch beim Losfahren nicht. Sie sah Philipp an. Auf der Anzeigetafel leuchtete die

Drei, die Tür öffnete sich nicht. Jetzt musste sie zur Toilette. Nur eine kleine Verzögerung, die Tür wird jeden Moment aufgehen und den langen Flur freigeben. Sie zählte drei Sekunden, fünf Sekunden, nichts geschah. Sie drückte auf den Türöffner, dann auf alle Tasten gleichzeitig. Als eine halbe Minute verstrichen war, las sie in Philipps entgeistertem Gesicht die Bestätigung dafür, dass der Aufzug stecken geblieben war.

28

Theunissen sah Franziska hohläugig an. Er hatte einen riesigen Bauch, und hinter der Trennscheibe wirkte er wie ein Fisch, der zu lange im Kreis geschwommen war.

»Du bist ja viel zu früh«, sagte er; durch die Sprechanlage klang es blechern. Er drückte auf den Summer, und sie gingen durch den Bühneneingang ins Theater. Dann öffnete Theunissen von innen die Tür der Pforte und ließ sie eintreten.

»Die Kaltmamsell hat sich schon wieder beschwert wegen dem Licht«, sagte Theunissen. Er war in einem für Junggesellen schon verdächtig fortgeschrittenen Alter, und daran, dass er Junggeselle war, ließ sein ranziger Altmänner-Trainingsanzug keinen Zweifel. Er verzog keine Miene und sah auch nicht so aus, als würde er es in absehbarer Zeit tun.

»Ja, ich weiß.«

»Ich meine nur …«, sagte er. Theunissen war im Umgang mit Menschen noch ungeübter als Franziska. Was er ihr sagen wollte, war, dass es eine Beschwerde über Franziska gegeben hatte. Allerdings war die Beschwerde, wie sie wusste, unberechtigt, was wiederum Theunissen nicht wissen konnte. Normalerweise hätten sie jetzt noch eine Weile hier gestanden und auf diese unbeholfene Weise herumgedruckst.

»Was möchtest du mir sagen, Herr Theunissen.«

»Nee, nee, nichts«, sagte er. »Du weißt ja, ich verteidige dich immer ...«

»Das ist sehr nett von dir, aber du brauchst mich nicht zu verteidigen. Ich hab nichts falsch gemacht.«

»Ich weiß.«

»Ich mach das Licht im Flur immer als letztes aus.«

»Ich weiß.«

»Also, einen schönen Abend wünsch ich dir noch. Mach dir keine Gedanken, ich regel das schon. Grüß mir dein Meerschweinchen.«

»Hamster.« Er erhob sich ächzend von seinem Stuhl und warf Franziska die Schlüssel zu. »Sind noch Tänzer in der Garderobe«, sagte er, während er sich seinen Mantel anzog und nach seinem Einkaufsbeutel griff. Seine Hauspuschen behielt er an, als er sich verabschiedete, die Pforte verließ und wenige Augenblicke später an der Trennscheibe vorbei nach draußen ging.

»Das war Jacob«, sagte Franziska zu Ruben.

»Ist seine Frau tot?«

»Nee, ich glaub, der war nie verheiratet.«

Franziska zog die Jacke aus und setzte sich auf den Stuhl hinter der Trennscheibe. Einen Augenblick später kam ein junger Mann mit gehetztem Ausdruck, wünschte guten Abend und ging hinaus. Dann kam ein anderer Mann und wollte hinein; Franziska kannte ihn und betätigte den Summer.

Sie warf einen Blick auf den schwarzweißen Monitor, tatsächlich waren noch Menschen auf der Bühne. Ob sie tanzten, war nicht zu erkennen, das Bild war dunkel und verschwommen.

»Was proben die da?«, fragte Ruben.

»*Le sacre du printemps*. Sollen wir ein bisschen zusehen?«

Sie gingen durch das Sockelgeschoss zu einer Tür, durch die man in den Bühnenvorraum und durch eine weitere Tür zu den Treppen des Vorderhauses gelangte; eine letzte Tür, und man stand im Foyer. Es war absolut still. Die Garderobenständer, Reihen paralleler Messinggestelle, waren leer, nur an der Wand hing ein einzelner Kittel mit einem Namensschild darauf. Der dunkelrote Teppich schien jedes Geräusch aufzusaugen, selbst das leise Poltern, das aus dem Zuschauerraum drang.

Sie öffnete leise eine der Flügeltüren, das alte Holz knarrte. Die Sitzreihen waren mit langen weißen Stoffbahnen abgedeckt wie Möbel in einem lange unbewohnten Haus. Sie ging auf Zehenspitzen in den Zuschauerraum und schlug das Laken ein wenig zurück, so dass zwei Sitze frei wurden; es erinnerte Franziska an das Aufschlagen einer Bettdecke. Sie setzten sich nebeneinander; Franziska glaubte Rubens Arm auf der Lehne zu spüren, auf die auch sie sich gestützt hatte.

Auf der Bühne waren noch ein Pianist, der Choreograf und die Tänzer, ein Mann und eine Frau. Nur ein kleiner Fleck war ausgeleuchtet, der Rest der Bühne verschwand im Dunkel. Gerade hatte der Choreograph, ein untersetzter Mann mit einem ausgeleierten blauen Adidas-Pullover, den beiden etwas erklärt. Jetzt begann der Musiker von neuem zu spielen, das Paar tanzte. Die Musik war sehr schön, aber die Art, wie der Tänzer seine Partnerin umschlungen hielt, verursachte Franziska Unbehagen. Es war ein Tanz, der wohl erotisch sein sollte. Sie mochte diese Art von zur Schau gestellter Nähe nicht, sie mochte schon allein das Wort nicht: *erotisch*.

Sie fühlte sich, als würde sie unerlaubt Zeugin einer Intimität werden, die sie nichts anging, wie eine Voyeurin. Und das war nicht alles: Auch die Menschen waren ihr suspekt, die ihre Intimität so hemmungslos zur Schau stellten.

Sie sahen noch eine Weile den Tänzern zu, dann gingen sie in die Kantine, wo Franziska sich darauf gefasst machte, von der Wirtin zur Rede gestellt zu werden.

Es war eine triste Lokalität, dunkelbraune Tische mit Häkeldeckchen, auf dem Fenstersims Plastikblumen. Am Tresen saßen zwei Männer, ein Kahlkopf mit Cargohose und Headset um den Hals und ein Dicker mit Tränensäcken, die ihn aussehen ließen, als wäre sein Gesicht jahrelang als Punching-Ball benutzt worden. Ein halbes Glas Bier und ein Korn standen vor ihm. Er leerte das Schnapsglas mit einem Schluck, indem er ruckartig den Kopf in den Nacken warf; den verbleibenden Rest tröpfelte er in das Bierglas, wobei er mit dem Finger darauf tippte, wie um eine hoch konzentrierte Medizin zu dosieren. Dann trank er auch das Bierglas leer und sagte zur Wirtin, die gerade die letzten Gläser trocknete: »Machste mir noch'n Frikobrötchen fertig?«

»Ich hab schon seit zehn Minuten zu«, sagte die Wirtin, »muss euch das immer kurz vor knapp einfallen?«

»Schön mit Senf«, sagte der Dicke.

»Kommandier die Rita nich so rum«, sagte der Kahlkopf. Rita stellte ihr poliertes Glas ab und ging nach hinten.

»Letztens hatt' ich ein Stück Wurstpelle in der Friko«, sagte der Dicke zum Kahlkopf.

»Vielleicht 'n Kondom von der Rita ihr'n Stecher.«

Sie lachten, hoben die Gläser, die allerdings leer waren;

dann kam Rita mit dem Frikadellenbrötchen zurück. Die beiden verabschiedeten sich und wünschten einen schönen Feierabend; die Wirtin seufzte, wie um einem unsichtbaren Publikum mitzuteilen, dass sie sich den längst verdient hatte. Im Vorbeigehen musterte der Kahlköpfige Franziska von oben bis unten, wobei er sich obenrum besonders lange aufhielt. Angewidert wandte sie den Blick ab.

»Der Dicke war Klaus«, sagte Franziska leise zu Ruben. »Der ist hier der Chef bei den Bühnentechnikern. Alkoholiker, wie man sieht. In meiner ersten Nacht bin ich ohne Taschenlampe über die Bühne, alles war schon dunkel. Plötzlich stand er vor mir, voll wie eine Strandhaubitze. Hat nichts gesagt, nur in der Dunkelheit gestanden. Mir ist fast das Herz stehen geblieben.«

»Und dann?«

»Dann hat er gerülpst und gesagt, nächstes Mal soll ich 'ne Taschenlampe mitnehmen.«

Die Wirtin sah auf und sagte, als seien im Raum noch mehr Leute, die es angehen könnte: »Vorne sitzt keiner.«

Franziska fragte sich nicht, ob das als Hinweis oder als Vorwurf gemeint war. »Das ist richtig«, sagte sie.

»Und wenn jetzt jemand rein will?«

»Dann ist die Tür zu.«

Die Wirtin hielt einen Moment inne und schien nachzudenken, wie sie darauf reagieren sollte. Sie trug eine akkurate, grau melierte Kurzhaarfrisur; auf Franziska wirkte sie eher wie eine strenge Lehrerin denn wie eine Kantinenbetreiberin.

»Letztens stand ich wieder im Dunkeln«, sagte sie.

»Da hat wohl einer das Licht ausgemacht.«

»Immer muss ich den ganzen Weg nach vorne im Dunkeln

gehen, das hab ich schon tausendmal gesagt, ich hab dann Angst.«

»Das tut mir leid«, sagte Franziska, »ich schalte das Licht hier unten immer als letztes aus.«

»Dann vielleicht die anderen Studenten«, sagte die Frau.

»Ja, vielleicht«, sagte Franziska.

Sie gingen zurück zur Pforte, wo sie eine Taschenlampe aus dem Schrank nahm und sich in den Gürtel klemmte. Dann nahm sie eine Flasche Wasser, die neben dem Spind bereitstand, und verstaute sie in ihrem Rucksack. Sie spürte, wie Ruben sie bei all dem beobachtete.

»Fertig«, sagte sie.

»Wie lange wird das dauern?«

»Zwei Stunden. Eine, wenn ich mich beeile. Hast du noch was vor?«

Er schüttelte den Kopf und machte Anstalten, sich für vorhin zu entschuldigen. Sein Verschwinden.

Sie lächelte. »Und ich dachte schon, ich hätte dich gelangweilt. Mit dem Zeug von meinen Eltern und so.«

»Im Gegenteil.«

»Ich hab heute viel an sie gedacht.«

»Weil sie sich scheiden lassen.«

»Ja, wahrscheinlich. Obwohl das ja schon lange klar war. Eigentlich.«

»Bist du traurig?«

Das war eine gute Frage. Wenn es stimmte, dass sie schon lange damit gerechnet hatte, und wenn es außerdem stimmte, dass sie ihre Mutter nur zu gut verstehen konnte, dann gab es keinen Grund, traurig zu sein. Sie war erwachsen; ihre Eltern blieben ihre Eltern, ob sie sich trennten oder nicht.

»Ich glaube, ich bin eher wütend«, sagte sie. »Mir sind

heute so viele Situationen eingefallen, in denen ich mitbekommen habe, wie sie miteinander umgegangen sind.«

»Wie denn?«

»Falsch. Berechnend. Gehässig auch, irgendwie.«

Draußen, im Flur, waren Schritte zu hören, die Kantinenfrau ging. Auf einem Monitor war der Hof zu sehen; die Frau stieg in ihren Wagen, Scheinwerferkegel beleuchteten ein großes Eisentor, das lautlos aufglitt, als Franziska einen Schalter betätigte. Nachdem das Auto hinausgefahren war, drückte sie noch einmal, das Tor schloss sich wieder.

Jetzt waren sie fast allein im Haus, bis auf die Tänzer, die auch bald gehen würden. Etwas wie Abenteuerlust überkam sie. Ein leeres Theater, neben ihr ein Mann, der sie interessierte und der ihr zuhörte. Sie hatte sich lange nicht mehr so lebendig gefühlt.

»Glaubst du, dass deine Geburt für deine Eltern ein großes Opfer bedeutet hat?«, hörte sie Ruben fragen.

Sie stutzte. »Wie kommst du denn darauf?«

»Es klingt so, als hätten sie große Pläne gehabt. Und als ob sie nicht so richtig erreicht hätten, was sie sich vorgenommen hatten.«

»Mein Vater. Meine Mutter hat alles erreicht. Noch mehr sogar. Aber das hat ja nichts mit mir …«

»Nein, natürlich nicht.« Draußen gingen die beiden Tänzer an der Pforte vorbei, umgezogen, sich lebhaft unterhaltend. Die beiden grüßten freundlich und traten auf die Straße.

»Natürlich ist das nicht deine Schuld. Aber ein Opfer kann es trotzdem für sie gewesen sein, oder nicht?«

Vielleicht war ihr der Gedanke selbst schon einmal gekommen; trotzdem spürte sie jetzt Empörung. Sie konnte damit nicht das Geringste anfangen.

»Sie haben *mich* doch in die Welt gesetzt. Ich hab sie nicht darum gebeten.«

»Nein.« Ruben blieb gefasst, er schien sich sicher zu sein, worauf er hinauswollte.

»Ich meine, das muss man sich doch vorher überlegen, ob …« Sie sprach nicht weiter. Ihre Wut galt nicht ihm.

»Kannst du denn in die Zukunft sehen?«

Sie schüttelte den Kopf; zu heftig, als dass es nur eine Antwort auf seine Frage sein konnte.

»Du weißt nicht, was alles passiert ist«, sagte sie. Sie sah, wie er sich mit einem kleinen Ruck vom Aktenschrank abstieß, an dem er gelehnt hatte. Sie interpretierte das als Zeichen dafür, dass er bereit war loszugehen, und drückte die Klinke hinunter. »Vielleicht muss ich es dir einfach erzählen«, sagte sie.

29

Sie waren beide gute Schauspieler, Dankwart und Lothar, beide wussten das vom andern, und deswegen strengten sie sich jetzt umso mehr an. Wenn sie nicht so wütend gewesen wäre, hätte sie die Vorstellung genießen können: Dankwart, der sich bemühte, sein Mitleid und seine Verachtung zu verbergen, und Lothar, der sich die gleiche Mühe gab, nur aus durchschaubareren Gründen. Sie hatten sich nicht nur auseinandergelebt, sie waren Feinde geworden, und Karina war daran nicht unschuldig. Sie plagte sich deshalb nicht mit Gewissensbissen. Es war eben, wie es war. Dankwart hatte sie vergiftet, und jetzt, nachdem sie sich eine Weile entwöhnt hatte, kehrte sie wieder zu diesem Gift zurück, weil das Leben ohne Gift noch trostloser war als mit. Das hatte weniger mit Liebe tun als vielmehr damit, dass man bekam, was man verdiente.

Sie trank und rauchte schnell, mittlerweile war sie nicht mehr davon zu überzeugen, dass der Abend in dieser Konstellation noch zu retten war. Linda und Marlene fühlten sich sichtlich unwohl, seit Lothar den allerdings nur für ihn selbst bloßstellenden Versuch unternommen hatte, sich gegen Steffens Intellekt zu behaupten, und offensichtlich rechneten sie nicht damit, dass die Gespräche noch wesentlich vergnüglicher wurden – zumal ihnen kaum entgangen sein durfte, wie sehr Karina Lothar seinen Auftritt von eben übelnahm. Nicht seine Bosheit, nicht sein gekränkter Narzissmus, nicht einmal seine Ignoranz stießen sie ab, sondern schlicht die Plattheit, mit der er seine Rückständigkeit zu rechtfertigen versucht hatte. Sie schämte sich für das, was aus ihm geworden war, und jetzt, da ihr das bewusst wurde – nur wenige Meter von dem Ort entfernt, an dem sie einst gemeinsame Erfolge gefeiert hatten –, schämte sie sich auch dafür, dass es erst so weit hatte kommen müssen. Es war zu Ende, schon längst, Karina, warum war das so schwer zu begreifen? Warum hielt sie immer zu lange an dem fest, was sie in den Abgrund zog?

Lothar kam die Stufen hochgestiegen, hoch zu ihrem Tisch, an dem sie sich, wie er zweifellos erwartete, über ihn unterhielten.

»Ich hab gehört, du benimmst dich noch genauso scheiße wie damals«, begrüßte ihn Dankwart.

»Kann ich eigentlich nicht sagen. Ich seh bloß beschissener aus.«

»Was machst du so, Lothar? Man hört gar nichts mehr.«

»Oh, war erst heute wieder in so 'ner Talkshow«, sagte Lothar.

»Wird aber nicht gesendet«, mischte Karina sich ein. »Er ist mittendrin nach Hause gegangen.« Ihre Stimme bebte nicht mehr, sie hatte die Wut weiter unten geparkt; eine der wenigen Fertigkeiten einer Schauspielerin, die zu etwas gut war. Sie konnte sich zurücklehnen und ihn auflaufen lassen, Dankwart würde das schon besorgen, da war sie ganz sicher. Und es würde Lothar recht geschehen.

Dankwart erzählte von einem neuen Film, den er gerade drehte, eine französisch-deutsche Koproduktion, und mit jedem großen Namen, den er nannte, schien Lothar am Tisch kleiner zu werden. Er schüttete wie ein Blöder Bier in sich hinein, etwas anderes blieb ihm nicht übrig, vielleicht trank er sich auch Mut an. Wieder war er abgemeldet, wie zuvor bei Steffen, und sie fühlte einen kindlichen Stolz, als sie bemerkte, dass Linda und Marlene jetzt an Dankwarts Lippen hingen. Er sei an einem Tag heiser gewesen, erzählte Dankwart, das alte Problem, das müsse jetzt nachsynchronisiert werden.

»Das hatten wir auch schon mal«, begann die Serienschauspielerin, »da ...«

»Ha«, unterbrach Lothar und brachte das Kunststück fertig, schon bei dieser einen Silbe zu lallen. »Weißt du noch, wo dir das mal beim *Lear* passiert ist, da haben wir 'ne Hospitantin hingestellt, die hat dann den Text für dich gesprochen.«

»Weiß ich jetzt nicht«, sagte Dankwart lächelnd.

»Doooch, weißt du wohl. Wie die das eins a runtergerissen hat. Hat dir glatt die Schau gestohlen, was?«

»Und was machst du noch so außer Talkshows, Lothar?«

»'ne Menge Theater. Bisschen Fernsehen. Das übliche.«

»Immer noch die Off-Bühnen?«

»Mir gefällt die Arbeitsweise. Keine langen Entscheidungswege, keine Zugeständnisse …«

»Kein Geld …«

»Na ja, Geld. Wegen der Kohle hab ich das eh nie gemacht. Du etwa?«

»Um Gottes willen«, deklamierte Dankwart pathetisch. Alle am Tisch lachten. Dann fragte Dankwart höflich: »Und? Was wird's als nächstes?«

Lothar zögerte einen Moment. »Ich will den *Tasso* machen.« Er fixierte Dankwart genau, Karina konnte sehen, dass er jeden Muskelreflex registrierte.

»Ach, wieder eine von deinen Selbstumkreisungen?«, fragte Dankwart.

»Was heißt hier wieder?«

»Weißt du genau«, sagte Karina. »Kannst dich ja vielleicht noch erinnern.«

»Ich hätte nicht gedacht, dass ausgerechnet du jetzt davon anfängst«, sagte Lothar bissig.

»Und warum nicht?«

»Du hast echt Nerven, Karina, pass bloß auf, dass …«

»Nicht streiten, Kinder«, Dankwart breitete die Arme aus, er war wirklich guter Laune heute Abend. Zum Glück. Er riss es raus. Er riss sie alle aus der verkrampften Scheiße raus, in der sie steckten. Aber irgendwas in ihr wollte drinbleiben.

»Ich versteh nicht, dass du es nicht einsiehst. Hamburg war Scheiße, Lothar. Ganz große Scheiße, sieh das endlich ein.«

»Zumindest«, sagte Dankwart in milderem Ton, »hättest du den Harmsdorf nicht angreifen dürfen. Kritiker mögen es halt nicht, wenn sie öffentlich gedemütigt werden. Besonders, wenn man mit ihnen befreundet ist.«

»Ich hab ihn nicht gedemütigt. Ich hab nur die Wahrheit gesagt.«

»Jaja, genau«, höhnte Karina.

»Ihr müsst nämlich wissen«, sagte Lothar zu den beiden Statistinnen, »durch den Harmsdorf haben wir uns kennen gelernt, vor – was? – fast fünfundzwanzig Jahren. Da war der noch kein Kritikerpapst und hat mir von seiner Redaktion bei 'nem Käseblatt aus geholfen, eine Bude in Köln zu finden. Im Bahnhofsviertel, in 'nem Haus, wo die Nutten ein- und ausgingen. Und Dankwart hier war zu der Zeit so am Arsch, dass ich ihn 'ne Weile bei mir hab wohnen lassen. Ich sag doch nichts Falsches? Hat immer bei mir unterm Bett gelegen und seinen Text gelernt. Fragt mich nicht, Kinder. Da konntest du angeblich am besten lernen, was, Dankwart?«

»Worum geht es denn in Ihrem neuen Stück?«, fragte Linda Lothar interessiert. Die gute Seele. Lothar antwortete, indem er weiter Dankwart ansah: »Um Freundschaft. Und Verrat. Ums Theater.«

»Ah ja«, sagte Linda.

»Was denn? Geht's darum nicht immer?«

»Aber, Sie sagen ja selbst ...«

»Was sag ich selbst?«

»Hat man nicht auch – gerade am Theater! – die Pflicht, politische, wie soll ich sagen, Missstände zu thematisieren? Die Globalisierung ...«

»Thematisieren«, fiel Lothar ihr ins Wort, »wenn ich das schon höre. Damit man sich politischer fühlt, oder was soll das? Das hören ja immer nur die Leute, die's eh schon wissen. Ein paar Hirnwichser schütteln dann bedauernd die Köpfe, dann gehen sie Hummer essen. Neenee. Die Probleme, die wir auf die Bühne bringen, die sind vielleicht nicht die dringlichsten, aber es sind wenigstens unsere.«

Jetzt spricht er schon im Plural von sich, dachte Karina. Dankwart klatschte.

»Gut gesagt, Lothar«, und das klang nun wirklich so triefend, dass Dankwart es nur sarkastisch gemeint haben konnte. Aber Lothar merkte das gar nicht, sondern steigerte sich nur noch mehr rein.

»Wir sind alle satt und faul, wir sind alle schuldig, ohne Ausnahme, ob wir nun was thematisieren oder nicht, völlig egal. Wir haben uns eingerichtet wie die Parasiten, sitzen in unseren fetten Karren mit geklautem Öl, beklauen die ganze Welt, und hier führen wir dann scheinheilig Theaterstücke auf, um uns selbst anzuprangern, oder wie? Wir sind doch alle Arschlöcher, sind wir.«

»Na ja, Lothar, du willst doch jetzt nicht von dir auf andere schließen«, und Dankwart traf genau den lakonisch-scherzhaften Ton, der so gut bemäntelte, dass er es vollkommen ernst meinte.

»Da fällt mir ein, Dankwart«, sagte Lothar ungerührt, »weißt du noch, die Geschichte, wo ich für dich den Arsch hingehalten habe?«

»Den Kopf hingehalten, meinst du?«

»Ja, ja, hingehalten.«

Dass sie damals dieselben Personen gewesen sein sollen, dachte Karina, war kaum noch zu glauben. Sie hatten die Szene geprobt, in der Lulu bei Dr. Schön war. Der neue Intendant hatte sich einfallen lassen, ein paar Leute vom Kulturausschuss vorbeizuschicken, damit die sich einen lebendigen Eindruck davon verschaffen konnten, was mit ihren

Subventionen geschah. Sie kamen unangemeldet herein, während Dankwart, wie Lothar es nannte, gerade die richtige Spannung hatte. Lothar kannte die Leute bereits aus internen Sitzungen, und der neue Intendant Oskar Zalenka erwartete eigentlich von ihm, dass er sie seinen Schauspielern vorstellte.

»Muss das jetzt sein?«, fragte er schroff, als sie sich leise in die erste Reihe gesetzt hatten. Sie hatte es übertrieben gefunden, deshalb die gesamte Probe zu unterbrechen, aber Lothar war fest davon überzeugt gewesen, dass jeder die atmosphärischen Veränderungen im Raum spüren müsste und dass da plötzlich eine ganz neue Situation entstanden wäre, die sich nachteilig auf das Stück ausgewirkt hätte. Also hatte er mit gewichtiger Geste die Probe unterbrochen und dem Ausschuss seine Schauspieler vorgestellt, beziehungsweise: Dankwart. Dann hatte er sich zur Bühne umgedreht und pauschal gesagt:

»Und das hier sind Leute vom Amt. Wir können ja dann nachher noch …«

Zalenka, der in Bochum seine erste Intendanz angetreten hatte, grätschte dazwischen und fragte, ob man nicht, wie vereinbart, ein Stück der Probe verfolgen könne, das sei ja für die Herrschaften gewiss nicht uninteressant. Lothar sagte, dass das ganz unmöglich sei.

»Wir sind gerade mittendrin, wir haben doch da schon drüber gesprochen, wir sind gerade voll in der Konzentration.«

Aber sie seien auch ganz still, beharrte Zalenka mit seinem schwerfälligen Akzent, und ihm war anzumerken, dass er die Sache ungern Lothar entscheiden lassen wollte. Dankwart im Hintergrund lief in Dr. Schöns Haltung über die Bühne und sagte sich still seinen Text vor, probierte für sich verschiedene

Möglichkeiten; Lilly Ocko, die Lulu, erwiderte das stumme Spiel, so gut sie konnte. Es stimmte, Schauspieler von Dankwarts Klasse mussten die Konzentration halten; aber was Lothar dann abzog, war nichts als eine großspurige und durchschaubare Masche, um alle von seiner Respektlosigkeit zu überzeugen.

»Nee, also, Leute, ihr müsst euch das vorstellen wie bei einem Porno, ja? Wenn jetzt tausend Leute hier rumspringen und sich dran aufgeilen, dann ist die Erektion weg, ganz einfach. Also.«

»Also, das kann man aber jetzt nicht unbedingt miteinander vergleichen«, sagte Zalenka verlegen lachend, und die Damen und Herren vom Ausschuss lachten ebenfalls verlegen. Lothar lachte nicht. Und verlegen war er auch nicht.

»Das kann man ganz genau miteinander vergleichen. Aber ganz hundertprozentig.«

»Wir hoffen doch nur«, sagte einer der Herren mit Krawatte, noch immer darum bemüht, amüsiert zu wirken, »dass der künstlerische Gehalt ihrer Aufführung ein wenig größer ist als bei einer derartigen Veranstaltung.«

»Normal schon«, hatte Lothar in vollem Ernst gesagt, »aber Sie arbeiten ja gerade dran, dass die Latte nach unten geht.«

»Nur weißt du nie, wann es mal gut ist mit der Freundschaft«, sagte Dankwart. »Als der Hannes Lensch in Hamburg Millionen verschleudert hat, hättest du dich nicht auch noch hinter den stellen müssen. Das hat dir echt geschadet, Lothar.«

»Kann man wohl sagen.«

»Du bist selbst schuld. Lensch hat damals einfach Scheiße gebaut in Hamburg. Du hättest da nicht öffentlich so ein Loyalitätsding unter Geistesbrüdern draus machen sollen. Hast du irgendwas davon gehabt? Hat er danke gesagt? Bist du ihm irgendwas schuldig gewesen?«

»Er hat mich nach Bochum geholt.«

»Okay, er hat dir ’ne Chance gegeben. So läuft das in der Branche. Kein Grund, den Scheiß zu rechtfertigen, den er zehn Jahre später abzieht.«

»Das war kein Scheiß. Hannes macht großartiges Theater. Damals, und heute noch immer.«

»Komm, Lothar, Lensch ist einfach ein Egomane, der nicht mitgekriegt hat, dass inzwischen ein neues Jahrtausend angebrochen ist. Was der macht, ist kein bisschen realistisch.«

»Vielleicht will er gar nicht realistisch sein.«

»Nee, ich meine geldmäßig. Er sieht nicht ein, dass er die Kohle, die er braucht, auch irgendwie reinholen muss. Und das macht man nicht, indem man das Theater für fünf Monate zumacht und sagt, wir proben jetzt, alles andere hat zu warten. Als Intendant! Das geht nicht.«

»Du siehst ja, dass es geht. Und es ist die einzige Möglichkeit, großes Theater zu machen.«

Karina konnte sich noch lebhaft an die Schlagzeilen in der Boulevardpresse erinnern: Intendant verpulvert Millionen und macht Urlaub in der Karibik, so in der Art, und Lensch hatte dann tatsächlich gehen müssen. Lothar hatte gerade den Verriss seines Lebens für seine *Virginia Woolf* hinnehmen müssen und beschimpfte öffentlich Lenschs Kritiker, die auch seine eigenen waren. Harmsdorf, zum Beispiel. Die Theatergeschichte, dachte Karina, hatte sich Lothar einverleibt und ihn unverdaut ausgeschissen, ohne dass sich ihr Stoffwechsel durch ihn im Geringsten verändert hätte. Er hatte ja eine eigene Geschichte, schien sie zu sagen; sollte er doch darin seine Rolle spielen. Jetzt wollte sich Lothar mit dieser Geschichte ein letztes Mal der Bühne aufdrängen. Es war lächerlich, und es war typisch für ihn. Die Verachtung, die er Dankwart entgegenbrachte, war echt – Verachtung dafür, dass Dankwart etwas aus sich gemacht hatte, während er irgendwelchen pubertären Ideen hinterher jagte wie ein kleiner Hund den Autos.

Nur mit solchen Ideen war es zu erklären, dass Lothar ihre Meinungsverschiedenheiten jetzt einfach überging und Dankwart die Rolle geben wollte. Das Widerwärtigste daran war die prätentiöse Geste: auf persönliche Gefühle um der Kunst willen keine Rücksicht zu nehmen. Das war so was von verlogen, und wenn nicht verlogen, dann zumindest unerträglich vorgestrig in der Denke. Sie konnte nur hoffen, dass Dankwart fit genug war, das zu durchschauen. Fit genug war, Lothar zurückzuweisen. Lothar in der Luft zu zerreißen.

30

Das ist so unwahrscheinlich«, sagte Philipp kopfschüttelnd, während er zum wahrscheinlich hundertsten Mal auf die Ruftaste drückte. »Das ist mir noch nie passiert, und ich hab auch noch nie von jemand anderem gehört, dem so etwas passiert wäre.«

Emilie sagte nichts. Sie war gefasst. Sie wusste, dass es nur eine Frage von Minuten sein würde, bis die Störung behoben werden würde. Allerdings musste sie zur Toilette.

»Keine Sorge«, sagte Philipp, »die haben uns gleich wieder

hier draußen.« Er drückte noch einmal auf die Ruftaste, endlich meldete sich die Stimme eines Mannes.

»Wir sind stecken geblieben«, sagte Philipp.

»Ja, wir haben Sie hier auf dem Schirm.« Emilie musste an ein UFO im Landeanflug denken. Sie lachte leise, verkniff es sich dann aber, weil es auf die Blase drückte.

»Ach so«, sagte Philipp, »sitzen Sie denn hier im Haus?«

»Nein, das hier ist die Zentrale, wir schicken Ihnen gleich jemanden. Bitte machen Sie sich keine Sorgen, Ihnen kann nichts passieren. Der Aufzug verfügt über ein Belüftungssystem ...«

»Ja, ich weiß«, sagte Philipp.

»Außerdem gibt es eine Reihe von Sicherungsmechanismen, Sie können also ganz in Ruhe ...«

»Es ist nur so«, sagte Philipp und wusste offenbar nicht, wie er es ausdrücken sollte, »das kommt jetzt etwas unpassend. Wie lange ...«

»Wir tun, was wir können. Vielen Dank für Ihr Verständnis.«

»Hast es gehört«, sagte Philipp zu Emilie. »Schöne Bescherung.«

»Wird ganz schön warm hier drin, oder?«

Sie wollte damit gar nichts andeuten, sondern einfach nur etwas sagen. Philipp nahm das zum Anlass, ihr eingehend die Funktionsweise des Ventilationssystems darzulegen und ein Referat über die Sperrvorrichtung anzuschließen, die den Aufzug in seiner Führungsschiene blockierte, falls eines der Kabel reißen würde, was selbstredend völlig ausgeschlossen sei.

»Also kein Grund zur Sorge«, sagte er und legte die Stirn in Sorgenfalten. Sie standen vielleicht fünf Minuten schweigend da, unschlüssig, was sie tun sollten. Dann setzte Emilie sich hin und stützte den Kopf auf die Knie, um sich für einen Augenblick auf ihre Blase zu konzentrieren. Beziehungsweise, um deren Druck zu vergessen.

»Gehts dir nicht gut?«, fragte Philipp. Sie schüttelte den Kopf. »Doch. Alles in Ordnung.«

Er setzte sich neben sie. »Hast du einen sicheren Ort?«, fragte er lächelnd.

»Bitte was habe ich?«

»Einen sicheren Ort. Ist eine bewährte Methode gegen Panikattacken und dergleichen.«

»Ich bin nicht in Panik.«

»Ich weiß. Man muss auch nicht gleich in Panik sein. Also du schließt die Augen und versuchst, ganz gleichmäßig zu atmen. Ganz tief durch die Nase in den Bauch atmen, durch den Mund wieder aus. Und dabei versuchst du, an nichts zu denken. Achte nur auf deinen Atem.« Sie tat es, konzentrierte sich auf nichts als den Atem, hörte Philipps sanfte Stimme, so lange, bis ihre Gedanken sich tatsächlich ein wenig geklärt hatten.

»So. Und jetzt denkst du an eine Zeit in deinem Leben, in der es dir gut ging. Wo du dich versorgt und geborgen gefühlt hast und angstfrei gewesen bist, wo du dem Zustand des Glücklichseins am nächsten gekommen bist. Das kann als Kind gewesen sein, in der Wohnung deiner Eltern, oder als …«

Sie hörte kaum noch zu, denn sie wusste sofort, welche Zeit das war. Nicht ihre Kindheit, denn die war zwar behütet, aber nicht glücklich gewesen; zu offensichtlich hatte sie immer gespürt, dass etwas in ihrer Familie nicht stimmte, dass es etwas gab zwischen ihrer Schwester Hannelore und ihren

Eltern, etwas, das sie kaum jemals miteinander reden ließ. Nein, die glücklichste Zeit, an die sie sich erinnern konnte, war die gewesen, als sie Lothar kennen gelernt hatte, als die Welt plötzlich begonnen hatte, ihr eine Tür nach der anderen zu öffnen.

»Hast du?« Sie nickte mit geschlossenen Lidern. »Gut. Und jetzt versetzt du dich ganz intensiv in diese Zeit. Stell dir vor, wie du dich morgens beim Aufstehen gefühlt hast, was du zum Frühstück gegessen hast, wo du hingegangen bist, was du da getan hast, mit wem du mittags gesprochen hast und mit wem abends, stell dir Gerüche und Orte vor, an denen du gewesen bist.«

Auch das war leicht. Da war Lothar gewesen, all die anderen Menschen der wechselnden Theater, und der Ort, mein Gott, dachte sie, das ist überall gewesen; sie hatte sich auf der ganzen Welt zu Hause gefühlt.

»Gut. Und jetzt such dir einen einzigen Ort aus, der all diese positiven Gefühle in sich vereint. Stell ihn dir so konkret wie möglich vor, mit allem, was dazugehört. Versuche, den Ort jetzt nicht zu suchen, sondern nimm den, der sich dir anbietet.«

Ganz deutlich sah sie die Küche in ihrem Haus; nicht als Kind, sondern später, als sie schon mit ihrer eigenen Familie darin wohnte. Die aufregenden Jahre mit Lothar waren zu aufregenden Jahren mit Franziska und manchmal Lothar geworden, und es gab diesen einen Moment, in dem sie sich immer ganz bei sich fühlte; wenn sie morgens, kurz nach dem Aufstehen, nach unten in die beheizte Küche ging, Kaffeewasser aufsetzte und hinaus auf den verwilderten Garten blickte, der weiter hinten in den Uhlenhorst überging. Wenn die Sonne dort über den Wipfeln der Bäume aufging und sie

Kaffee trank und das Ticken der Küchenuhr hörte und die friedliche Stille des Hauses, und sie wusste, gleich würde ihr Kind aufwachen, gleich würde sich das Haus mit Leben füllen.

»Und jetzt«, sagte Philipp, »als Letztes, such dir irgendeine Stelle, vielleicht am Arm oder an der Hand, die du unauffällig berühren kannst. Das Handgelenk. Denke ganz fest an den Ort, den du gefunden hast, und drücke gleichzeitig auf die Stelle. Versuche, das Gefühl abzuspeichern, das du jetzt hast. Okay?«

Sie nickte, fügsam ihr Handgelenk umschließend. Es war natürlich Hokuspokus, aber es machte Spaß. Sie öffnete die Augen.

»Das musst du ein paar Mal täglich wiederholen, vielleicht drei oder vier Wochen lang. Das ist dann wie ein pawlowscher Reflex: Immer, wenn du dich angespannt oder bedrängt fühlst, schließt du einfach die Augen und drückst dein Handgelenk, und dann werden ganz automatisch die positiven Gefühle abgerufen.«

»So ist es gedacht.«

»Ja, so ist es gedacht. Funktioniert auch manchmal.«

»Bei dir auch?«

»Nein, ich mach das nicht. Glaubt ein Magier, dass er zaubern kann?«

»Jetzt weiß ich endlich, womit du dein Geld verdienst.« Sie sah ihn an. Tatsächlich hatte er es fertig gebracht, sie die Situation, in der sie festsaßen, vergessen zu lassen. »Hast du dich durch deine Arbeit eigentlich verändert?«

Philipp strich über seinen kurzgeschorenen Schädel. »Ich hab ein anderes Verhältnis zur Wahrheit bekommen, würde ich sagen. Mehr … therapeutisch.«

»Was soll das denn sein, eine therapeutische Wahrheit?«

»Eine Vorstellung, die für den Patienten hilfreich ist.«

»Zum Beispiel?«

»Zum Beispiel, wenn mich eine zweifache Mutter, deren Kinder ihr auf der Nase rumtanzen, fragt, ob ich eigene Kinder habe.«

»Und?«

»Dann habe ich grundsätzlich eins mehr als sie.«

»*Philipp*«, sagte sie und knuffte ihn in die Seite. »Du bist ja ein richtiges Schlitzohr. Hast du noch mehr solcher Tricks auf Lager?« Die Unterhaltung mit ihm beruhigte sie, lenkte sie vom Druck in ihrem Unterleib ab und davon, was ihr morgen bei ihrem Anwalt bevorstand. Ihr Telefon fiel ihr ein, das noch immer ausgeschaltet war. Ob er noch mal angerufen hatte? Sicher hatte er das, und nicht nur einmal. Er würde wieder Radau machen, die ganzen Argumente aufrollen, er würde sein gesamtes Repertoire aufbieten: Drohen, Erklären, Schimpfen, Bitten, Betteln. Sie wollte nicht daran denken. Unwillkürlich berührte sie ihr Handgelenk. Ob es jetzt schon wirkte?

»Welchen Ort hast du dir ausgesucht?«, fragte Philipp. Sie ließ ihr Handgelenk los, als hätte er sie bei etwas Anstößigem ertappt. Sie lachte verlegen.

»Darf man das sagen?«, fragte sie.

»Warum nicht? Es ist ja kein Aberglauben, wie bei Sternschnuppen. Das ist Wissenschaft.«

»Das Haus. Unser Haus in Mülheim.«

»Das Haus deiner Eltern.«

»Genau.«

»Ich wollte dich schon immer mal fragen: Wie kam das eigentlich, dass ihr ausgerechnet da hingezogen seid? Ich meine, ihr wolltet doch immer nach Berlin?«

»Lothar wollte da hin. Ich wollte immer ein Haus haben, irgendwo im Grünen. Das hat sich einfach angeboten.«

»Das ist aber nicht der einzige Grund, oder?«

»Nein«, sagte sie, »ist es nicht. Leider nicht.«

31

In Wirklichkeit schaltete sie das Licht aus, *bevor* sie einen Flur durchquerten, nicht danach. Erst jetzt fiel ihr das auf; und ihr fiel auch auf, dass deswegen die Beschwerde der Wirtin möglicherweise berechtigt gewesen war. Manchmal spielte ihre Erinnerung ihr einen Streich, es war dann fast, als gehörten ihre früheren Erlebnisse einer anderen Person, die vergessen hatte, sie mit Franziska zu synchronisieren.

Im Dunkeln zog sich der Raum zusammen; die Geräusche – knarrende Türen, gluckernde Rohre, das laute Ticken der Stechuhr alle sechs Minuten, das man noch oben unter dem Dach hören konnte – wirkten intensiver und ließen sie spüren, dass sie ein sinnliches Wesen war, das in Kontakt mit seiner Umwelt stand.

Anfangs war ihr das unheimlich gewesen. Unten im Keller, wo der Fundus war und viele ausgemusterte Schneiderpuppen herumstanden, hatte sie sich mehr als einmal erschreckt. Aber daraus war schnell ein angenehmer Kitzel geworden.

»Mein Vater war so ein Arschloch bei dieser Reise«, sagte Franziska.

»Nach Kolumbien«, griff Ruben ihren Faden auf. »Meinst du diese Reise?«

Sie nickte. »Er hat ganz genau gewusst, wie wichtig das

für meine Mutter war und wie sehr ich mich darüber gefreut hab. Trotzdem hat er uns die ganze Zeit über alles madig gemacht.«

»Wie sah das aus?«

»Ich weiß nicht. Er war halt eifersüchtig. Glaube ich.«

»Eifersüchtig worauf?«

»In seinen Augen war der ganze Urlaub so was wie ein Seitensprung meiner Mutter. Vor Publikum.«

»Hast du nicht gesagt, sie hätte den ganzen Tag gearbeitet?«

»Eben. Genau. Mein Vater hat sich immer gewünscht, er würde mal zu diesem Festival eingeladen werden. Als Regisseur.«

Bogotá war eine beeindruckende Kulisse. Eine fremde und zugleich seltsam europäische Riesenstadt, eingekesselt von sattgrünen Bergen. Es gab dicht gedrängte Marktstände, wo Papayas und Mangos und duftende Fleischspieße feilgeboten wurden, kolonialzeitliche Kirchen und Überbleibsel der Indiokulturen an jeder Ecke. Sie wusste, dass ihr Vater das genauso aufregend und interessant und faszinierend fand. Aber sie wusste auch, dass es für ihn eine Kulisse ohne Stück war, weil es hier nichts für ihn zu tun gab. Nichts von dem, was er als seine Berufung verstand.

»Er wusste überhaupt nichts mit sich anzufangen. Ich meine, *ich* war das Kind, ich war ja nicht für irgendein Programm verantwortlich, aber wenn ich meinen Vater nicht dazu gedrängt hätte, hätten wir weder das Goldmuseum noch die Arena noch irgendwas anderes besucht. Dann hätte er bloß im Bett gelegen oder in Bars herumgehangen.«

»Klingt nach Depression.«

»Das war keine Depression, das war der Alkohol. Ich war

ja vormittags im Theater, um meiner Mutter bei den Proben zuzusehen, und nachmittags kam er mich abholen. Da war er dann meistens schon besoffen.«

»Schlimm?«

»Nein, ich hab das eigentlich kaum gemerkt, aber den Geruch hab ich schon erkannt. Eigentlich ist er dann sogar ein bisschen witziger geworden. Aber das war auch keine frische Lustigkeit, da war immer Gift und Galle dabei. Er hat keine Gelegenheit zum Spott ausgelassen. Da spielten auf der Plaza Bolivar ein paar Indios, das war schöne Musik. Du musst dir vorstellen, das war wirklich malerisch. Auf dem Platz standen niedrige Bäume mit schneeweißen Blüten. Die waren gerade herausgekommen. Dazu ein ganz irres Licht, weil es sonnig, aber bewölkt war, ich weiß nicht, ob das an der Höhe lag – ganz eindrucksvolles Licht. Meine Mutter hatte mich darauf aufmerksam gemacht. Und die ganze Zeit hat man im Hinterkopf, man ist Tausende von Kilometern von zu Hause weg. Ich weiß nicht, ob du dir das vorstellen kannst.«

»So fühl ich mich andauernd.«

»Und alles, was ihm dazu einfällt, ist, das hätte er in Mülheim in der Fußgängerzone schon besser gesehen.«

Es war nicht richtig, dachte sie, ein kleines Mädchen mit dieser Art Weltüberdruss zu behelligen. Wenn man weltüberdrüssig war, schaffte man sich ganz einfach kein Kind an.

»War es da eigentlich nicht gefährlich?«

Franziska erzählte ihm von Fischrestaurants, in denen die Teller vom Wachschutz serviert wurden, und Polizeipatrouillen, die überall in der Stadt Maschinengewehre im Anschlag trugen.

»Ich hab das gar nicht als bedrohlich empfunden, das war

einfach so. Aber mein Vater hat mehr als einmal gesagt, dass er das ganze Klima in der Stadt furchtbar finde. Ohne ihn hätte ich die vielen Bettler, die wie Aussätzige aussahen, wahrscheinlich übersehen.

Einmal gingen wir durch den Parque Simón Bolivar zurück zum Hotel. Da waren viele Leute, die ein Picknick machten, der Park war gepflegt, alles wirkte ganz harmlos und idyllisch. Auf einmal machte mein Vater mich darauf aufmerksam, dass man keinen einzigen Kinderwagen sah, obwohl viele junge Mütter im Park waren. Sie alle trugen ihre Kinder auf dem Arm.«

»Weißt du, wieso?«, hatte ihr Vater sie gefragt. Und ihr auch gleich die Antwort gegeben: Weil sie Angst haben, dass sie gestohlen werden. Entführt.

»Ich kann mich noch genau erinnern, wie mein Vater das sagte. Er war immer kurzatmig wegen der dünnen Luft, und ich fand das irgendwie – Angst einflößend. Vielleicht nur, weil ich die Vorstellung so schrecklich fand. Ich fragte ihn, warum man Babys entführen sollte, die hätten doch niemandem was getan. Und mein Vater sagte, das sei deswegen, weil hier ein Krieg stattfinde, von dem man in unserem schicken Hotel natürlich nichts mitbekomme. Kleine Kinder könne man an kinderlose Eltern ins Ausland verkaufen, und von dem Geld konnte man wiederum eine Menge Waffen kaufen. So würde das laufen. Er sagte mir das ganz schonungslos. Von da an fragte ich mich immer, wenn ich eines der vielen Maschinengewehre sah, ob dafür ein Baby entführt und verkauft worden war.«

Sie waren oben im Aufenthaltsraum der Beleuchter angekommen. Wie immer lief der Fernseher, und die Luft roch nach jahrzehntealtem Zigarettenrauch, trotz der geöffneten

Fenster. An der Wand hingen Kalender mit barbusigen Frauen auf Motorhauben; auf dem Tisch standen zwei leere Bierflaschen.

Von hier aus nahmen sie den Weg durch das Treppenhaus des anderen Gebäudeflügels. Der Verwaltungstrakt lag hinter ihnen; gleich würden sie durch die Ballettsäle und dann über die dunkle Bühne kommen, um den Eisernen Vorhang zu schließen. Immer, wenn Franziska einen der alten Bakelitschalter drehte und das Licht ausging, erhaschte sie einen beinahe verstohlenen Blick von Ruben, der sie ansah. Vielleicht bildete sie es sich auch nur ein.

»Ich denke, dass dein Vater dir vermutlich einfach nichts vormachen wollte.«

»Bitte? Ich war zwölf. Warum sollte man so was seiner zwölfjährigen Tochter erzählen?«

»Ich bin sicher, du hast dich schon für ziemlich erwachsen gehalten.« Sie blieb stehen. Wieder sah er sie an; nicht verstohlen diesmal, sondern sehr offen. Damit konnte sie besser umgehen. Es war ein eindeutiger Blick: Sie diskutierten. Sie waren nicht einer Meinung. Sie setzten sich auseinander.

»Das mag sein, aber ich war eben erst zwölf. Ein Erwachsener sollte wissen, was man einer Halbwüchsigen zutrauen kann und was nicht.«

Ruben war offenbar überrascht von ihrer größer werdenden Empörung. »Man sollte seinen Eltern gegenüber nicht zu nachtragend sein. Irgendwann sind sie tot, und dann merkt man, wie relativ alles war.«

Sie dachte darüber nach. »Wenn das so leicht wäre«, sagte sie.

»Ich stell mir das alles andere als leicht vor. Deine Eltern haben sich bestimmt Mühe gegeben. Aber vielleicht waren sie auch zu sehr damit beschäftigt, ein Paar zu sein. Du hast ja gesagt, sie hatten mit sich selbst zu tun. Ich glaube, man sagt *déformation professionelle* dazu.«

»Kann sein. Das macht's aber nicht besser.«

»Nein. Wohl nicht.«

»Ich möchte jedenfalls nicht so werden.«

»Nur, man wird meistens nicht gefragt, was oder wie man werden will. Man kann sich höchstens etwas vornehmen und dann daran verzweifeln, dass alles anders kommt.«

»Das ist keine Entschuldigung«, wiederholte Franziska.

»Ich will auch nichts entschuldigen, ich kenn deine Eltern ja nicht. Es ist bloß eine riesige Aufgabe, alles richtig zu machen. So eine Beziehung, eine Ehe, was auch immer. Auf alle Kleinigkeiten zu achten. Wenn man an dem festhalten könnte, was man sich zusammen mit jemandem aufgebaut hat, über alle Schwierigkeiten und Hindernisse hinweg, wenn man diese kleine Insel, die man sich aufgeschüttet hat, gegen die ganze Sinnlosigkeit und das ganze Chaos verteidigen könnte, dann wäre das ...«

»Was?«

»Dann wäre das schon was«, sagte er.

»Trotzdem hat mein Vater ...«, begann Franziska.

»Das allein ist es nämlich, worauf es ankommt«, sagte Ruben. »Bei einem Kunstwerk.«

»Bei was für einem Kunstwerk?« Sie runzelte die Stirn.

»Wenn man es schafft, eine Beziehung gegen die Zeit und gegen die Ansprüche seiner eigenen Biographie und gegen die tausend kleinen Fallen des Alltags zu verteidigen, wenn man es also schafft, eine gemeinsame Geschichte daraus zu machen, die nicht mehr zerlegt werden kann, und wenn man mit dieser Geschichte alle Fehler, die man darin gemacht hat, besänftigen und legitimieren kann, dann wäre das so was wie ein sehr bedeutendes Kunstwerk. Und ein sehr seltenes.«

»Hast du das irgendwo gelesen?«

»Nein. Du?«

Sie lächelte. »Kann schon sein. Jedenfalls klingt es, als würde es irgendwo stehen.«

»Die einzige Möglichkeit, sich von allem frei und keine Fehler mehr zu machen, ist die, nicht mehr an der Welt teilzunehmen. «

»Ist das eine Anspielung?«

»Ja, ist es. Man kann sich zurückziehen, so wie du. Ein Alternativleben im Internet führen, mit Spielfiguren, die du nicht kennst und die dir nichts bedeuten. Aber wo man nichts einsetzt, kann man auch nichts gewinnen.«

Sie standen in einem dunklen Treppenhaus; nur die Notbeleuchtung warf einen schwachen Schimmer auf Ruben. Er hatte die Hände in die Hosentaschen geschoben. Alles, was er im Augenblick tat und wollte, dachte sie, war, hier mit ihr in einem Treppenhaus zu stehen und zu reden.

»Das tue ich doch gar nicht«, sagte sie; aber natürlich wusste sie, dass er Recht hatte.

»Natürlich tust du das. Du willst keine Fehler machen. Schon gar nicht solche wie deine Eltern. Aber Fehler zu machen, ist unvermeidlich. Und es ist leicht, Anderen Fehler vorzuhalten, die sie gemacht haben, weil sie sich aufeinander eingelassen haben. Wenn man sich selbst auf nichts einlässt.«

Sie stieg weiter die Stufen hinunter, unentschlossen, ob sie wütend sein sollte oder etwas anderes. Niemand, kein anderer Mensch, konnte beurteilen, ob sie sich auf etwas einließ oder nicht. Sie musste diese Vorwürfe nicht ernst nehmen. Niemand kannte sie.

Die Welt war draußen; hier drinnen war es, als befänden sie sich in einer Parallelwelt, an einem Ort, an dem man von einem Moment auf den anderen zu einer neuen Meinung über sich gelangen konnte.

»Danke«, sagte sie. Doch als sie sich umdrehte, hatte sie plötzlich das Gefühl, als wäre sie allein.

III

Katastrophe:
DAS LETZTE STÜCK

32

Sie tropfen.« Tatsächlich, sein Fuß stand in einer Lache, von der Tischkante tropfte das Bier. Linda, eben von der Toilette zurückkommend, sah ihn an, und Lothar stellte fest, dass sie sich verdoppelt hatte. Er blinzelte, und als hätte das ihr gegolten, sah sie schnell Karina an.

Dankwart redete. Er war braun gebrannt und aufgedunsen; das viele Koks, dachte Lothar, zumindest aber die Sauferei. Dazu ein nagelneues Hemd mit Manschettenknöpfen, man konnte noch die Faltkanten sehen; wahrscheinlich trug er es nur ein einziges Mal und warf es dann weg.

Früher, als sie noch Freunde gewesen waren, trug er eine Woche lang dasselbe Hemd, hängte es raus zum Lüften und trug es noch eine weitere Woche lang. Lothar hatte damals in dieser schimmeligen Bude gewohnt, die Harmsdorf ihm besorgt hatte. Was war der Harmsdorf damals für ein Hansdampf gewesen, Anfang der Achtziger. Einer, der überall dabei sein musste, der immer meinte, ohne ihn ginge es nicht: ein bisschen Kulturressort, Theaterkritik, Kontaktvermittlung und das, was heute Talentscouting hieß. Im Grunde ein Wichtigtuer, wenn auch ein wichtiger. Er hatte Lothar in Düsseldorf spielen sehen, sie hatten sich angefreundet, nun hatte Harmsdorf sich in den Kopf gesetzt, ihn mit den »Hauptleuten«, wie er es nannte, zusammenzubringen.

Den einen Tag klingelte also Harmsdorf bei ihm an. Lothar hatte noch geschlafen, er ging selten vor drei oder vier Uhr ins Bett, auch weil in dem Haus vorher keine Ruhe war. Die alten Dielen im Treppenhaus knarrten ohne Unterlass, ständig kamen und gingen Leute, ab und zu gab es mal Geschrei, wahrscheinlich wegen der Bezahlung. Lothar wunderte sich, dass nie Stöhnen zu hören war, bei all dem Geficke unter ihm. Im ganzen Haus stank es nach Katzenpisse und Heizöl, als wäre irgendwo ein Tank leck gewesen, und Lothar war fest davon überzeugt gewesen, dass der ganze Bau irgendwann Feuer fangen und einfach explodieren würde.

Harmsdorf hatte Ärger in der Redaktion und deswegen keine Zeit. Überhaupt sah er übernächtigt aus, dünn und bleich, wie jemand, der in der Nacht die Masturbation für sich entdeckt hatte. Eigentlich hatte Lothar nicht verstanden, was er überhaupt bei ihm gewollt hatte. Harmsdorf besaß das Talent, seine kopflosen Spontanbesuche immer aussehen zu lassen wie seit Wochen feststehende Audienzen in lebenswichtigen Angelegenheiten.

Jetzt hatte er einen Typen im Schlepptau, den Lothar nicht einmal in einer Bude wie seiner haben wollte: groß und untersetzt, langhaarig, nach Alkohol und Schweiß stinkend.

»Ich hab hier 'nen Freund mitgebracht«, sagte Harmsdorf noch an der Tür, stürzte ins Zimmer und zündete sich eine Zigarette an. Er war nervös, ging zum Fenster, zog die Vorhänge beiseite wie einer, der damit rechnet, unten Mannschaftswagen und Polizisten mit Megaphonen zu sehen.

»Das ist der Dankwart. Dankwart, das ist Lothar.« Die beiden Männer nickten sich zu, und es war ihnen anzusehen, dass sie lieber wieder ins Bett wollten.

»Folgendes, ich wollte eigentlich zum Frühstück bleiben«, überschlug sich Harmsdorf, »aber ich hab Ärger, die Bullen haben gestern die Büros durchsucht, und die sagen, ich hätte irgendwas damit zu tun, das ist ein Riesenschlamassel.«

Lothar wurde nicht schlau aus Harmsdorfs Gefasel. Was er verstand, war, dass er den Babysitter für Dankwart spielen sollte. Weil Harmsdorf stets behauptete, er könne etwas für ihn tun, verzichtete er auf Widerspruch und machte sich auf die Suche nach Kaffeefiltern.

Später, nachdem sich die beiden eine Stunde nahezu völlig wortlos bei Cowboykaffee gegenübergesessen hatten, wobei Dankwart keinerlei Impuls gezeigt hatte, etwas anderes zu tun, als zu rauchen und vor sich hin zu stinken, kam Harmsdorf zurück und fragte, ob sie schon am Planen seien. Dankwart sei gerade groß am Kommen, ob Lothar von dem *Peer Gynt* gehört habe? Ja, richtig, das sei Dankwart, und Harmsdorf sei überzeugt, dass das der richtige Mann für deine erste große Inszenierung wird, Lothar.

Dankwart Pstrong war ein Schauspieler, wie er noch nie einen gesehen hatte. In einer Kölner *Wildente* kurze Zeit nach ihrer ersten Begegnung sah er ihn als Hjalmar Ekdal und war schockiert, wie dieser schwere, unbeholfene Mann auf der Bühne herumstand wie ein Baum ohne Äste und, wenn er überhaupt etwas sagte, so leise sprach, dass man es kaum verstand. Irgendwann ging er dann von hier nach dort, schlappte einen Schluck Wasser aus einem Glas und nuschelte einen Satz, von dem man dunkel ahnte, dass er der Schlüsselsatz des ganzen Stücks war. Nach der Pause war man so genervt von diesem Typen, dass man gehen wollte, tat es aber aus unerfindlichen Gründen nicht und stellte gegen Ende des Stücks fest, dass dieser im Grunde dilettantische Pfuscher das Zentrum der gesamten Aufführung war: Lothar hatte es den ganzen Abend über nicht fertig gebracht, ihn länger als ein paar Augenblicke nicht anzusehen.

Er hatte sich diese eigentümliche Zerfaserung in Dankwarts Spiel zunutze gemacht. Dankwart war ein offensichtlich kaputter Typ aus offensichtlich kaputten Verhältnissen, und als solcher verstand er, sich in Szene zu setzen. Egal, was er spielte, ob ein Stück von Oscar Wilde oder Franz Xaver Kroetz, immer war er Dankwart Pstrong, der sich in irgendeinen Typ verwandelte und dabei diese typische Pstrong-Aura mitbrachte. Das wollten die Leute sehen, und nicht nur das Theaterpublikum. Die Klaviatur von Dankwarts Verkommenheits-Metaphysik enthielt so eingängige Töne, dass auch das Fernsehpublikum sie hören wollte. Nur spielte Dankwart da schon nicht mehr auf einem verstimmten Western-Klavier, sondern einem Yamaha-Synthie.

Nach ein paar Hauptrollen im Fernsehen war aus dem schwammigen Verlierertypen ein markiger Zyniker geworden, einer, der wusste, dass er nicht sich selbst, sondern bloß den Kontext ändern musste, um erfolgreich zu sein. Er machte gar nicht mal viel anders, dachte Lothar, außer dass er regelmäßig duschte, bei Prada und Max Mara kaufte und aus seiner ganzen verqueren Körpersprache eine Marke gemacht hatte, die er an die richtige Kundschaft zu bringen verstand. Sein authentisches Weltschmerz-Tremolo veredelte jeden Fernsehfilm und jede Serienfolge. Als die Privatsender Anfang der Neunziger anfingen, ihren Müll selber zu produzieren, kam einer wie Dankwart wie gerufen: frustriert vom Theater, völlig wahllos und gleichgültig gegen seine Stoffe, im Grunde gar kein Schauspieler, aber mit einem einzigartigen Talent, aus der Wandlung vom Theatermenschen zum versoffenen Fernsehbullen Kapital zu schlagen.

Du hast ihn groß gemacht, Lothar; und am Ende ist er größer geworden als du. Wen interessierte noch, dass ihr Freunde gewesen seid? Dass du Dankwart in deiner Bude hast schlafen lassen? Dass du ihn wieder und wieder besetzt hast, auch als die Kritiker routinemäßig schrieben, man solle diesen selbstverliebten Freak zum Logopäden schicken und danach gleich in Rente?

Es war voll geworden. Die zahllosen Stimmen vereinten sich zu einem unbestimmten Gemurmel, das Lothar besänftigte und beruhigte. Er fühlte sich angenehm volltrunken, der Tag lag hinter einem Gazevorhang, der verspielt im Sommerwind wehte. Vorne ging die Tür auf, eine Frau in einem roten Mantel kam rein, in Begleitung von Justin Timberlane, oder wie der hieß, ein junger Typ mit weißer Schlägermütze. Wie die heute aussehen alle. Als die Frau bemerkte, dass man sie anstarrte, sah sie woanders hin, und Lothar, peinlich berührt, tat schnell so, als habe er zum Barkeeper gesehen.

Das ist dir noch nie passiert. Bisher hatte er sich nicht für seine Blicke geschämt. Bisher hatte er selbstsicher gegrinst, wenn sein Starren endlich bemerkt worden war. Alles hatte sich verändert. Endgültig.

Dankwart ist dir damals in den Rücken gefallen, doch zum Glück bist du drüber weg, Lothar. Zum Glück hast du erkannt, was damals schief gelaufen ist: die Geschichte mit Dankwart und Karina. Durch dich hatten sie sich überhaupt kennen gelernt. Er hätte nicht gedacht, dass so etwas passieren könnte, er hatte gedacht, die Frau sei tabu. Hinterher, nach der *Virginia Woolf*, die sein persönliches Waterloo geworden war, beschuldigte er sie, sein Stück verraten zu haben. Aber du weißt, Lothar, dass das nicht stimmt. Es war nicht das Stück gewesen. Sie hatten sich ineinander verliebt: Das war es gewesen, was du nicht ertragen konntest. Das Stück war misslungen, heute weißt du das selbst. Es war nicht so schlecht, wie Harmsdorf geschrieben hatte, doch er hatte zu sehr auf ein, zwei Punkte hin inszeniert. Er war nicht offen genug gewesen. Eine misslungene Inszenierung, was machte das schon? Er hätte das innerhalb einer Woche vergessen – wenn Karina nicht mit Dankwart nach Berlin abgehauen wäre.

Da hast du was begriffen, Lothar. Er schüttelte den Kopf, als hätte jemand mit ihm geredet, ein neues Glas Bier tauchte auf dem Tisch vor ihm auf. Du bist eifersüchtig gewesen damals, Lothar, und du bist es noch heute. Und das ist ein Gefühl, das geht nicht. Damals warst du noch nicht so weit, das zu erkennen, hast dich hinter deinen Stücken verschanzt und behauptet, das Gefühl, das gibt es gar nicht. Es ist nur eine Fälschung, etwas, das die verkorkste Gesellschaft dir eingepflanzt hat. Aber schon die Kleinkinder wollen ihr Spielzeug im Sandkasten nicht teilen, wollen ihre Mama für sich allein haben. Da hast du begriffen, dass du nicht gegen die Gesellschaft kämpfst, sondern gegen die Natur, Lothar. Und deswegen hast du auch endlich begriffen, dass du den beiden verzeihen musst, wenn du es ernst meinst. Vergeben, dachte er, das ist das Wort. Wer vergibt, dem wird vergeben.

Mitten in das Gespräch der anderen sagte er: »Dankwart, ich muss jetzt mal was mit dir besprechen. Du spielst ja wieder Theater, hab ich gehört.«

Dankwart wandte sich zu ihm. »Klar. Zwischendurch. Immer mal wieder.«

»Ich will die Familie wieder zusammenbringen«, sagte Lothar leise und eindringlich, als sei das eine geheime Erkennungsformel.

»Was denn für 'ne Familie?«

»Ich will den *Tasso* inszenieren«, präzisierte Lothar.

»Schön. Toll.«

»Hast du Interesse?«

Dankwart war verwundert, oder vielleicht spielte er den Verwunderten auch nur. Das war schwer zu sagen, denn alles, was er tat, sah aus, als spielte er es und als sei dieses Spiel zur Rhetorik seines Körpers geworden.

»Das fragst du ausgerechnet mich? Wie kommt's?«

»Na ja. Ich hatte an den Antonio für dich gedacht.«

»Soso.«

Karina führte die Unterhaltung mit den beiden Frauen allein weiter, doch Lothar bemerkte, dass sie ihrem Gespräch folgte. Sie will etwas erleben. Dass wir uns versöhnen. Sie brennt darauf, dass du ihr vergibst.

»An den *Tasso* haben sich bis jetzt erst eine Handvoll Leute rangetraut. Und immer ist er sterbenslangweilig geworden. Das ist das Stück jetzt für mich, da ist alles drin, die Situation des Künstlers in der Gesellschaft …«

»Lothar …«

»Und dann: die Unmöglichkeit von Vertrauen und Freundschaft, nich? *Wer nicht die Welt in seinen Freunden sieht / Verdient nicht, dass die Welt von ihm erfahre.*«

»Lothar …«

»Oder der Künstler als Nacherzähler seines eigenen Handelns, was da auch für Bezüge zum Intendanzsystem drin stecken …«, und wenn du ehrlich bist, Lothar, nicht nur zum Intendanzsystem, denn das, worum es dir eigentlich geht, ist, dass Goethe seine Erfahrungen am Weimarer Hof in dem Stück gespiegelt hat und dass du, genau wie Goethe, nun deine eigenen Erfahrungen darin spiegeln willst. Aber das kannst du ihm natürlich nicht sagen, nach all dem, was passiert ist.

Dankwart sah ihn einen Moment ausdruckslos an, dann sagte er: »Aber das ist doch keine Rolle für mich.«

»Wieso soll das keine Rolle für dich sein?«

»Dieses klassizistische Deutschkurs-Geseiere. Außerdem haben sie schon ’69 alles dazu gesagt, was zu sagen ist.«

»Warst du dabei, oder was?«

»Ich war der Tasso.«

»Nee, also jetzt …«

Dankwart lachte und hätte ihm jovial den Arm um die Schulter gelegt, wenn sie nebeneinander gesessen hätten. »Okay, erwischt. Aber ich hab’s gesehen. Schaubühne, Westberlin. Ehrlich.«

»Menschenskind, Dankwart, das war ’69, da warst du – was, zehn? Du wirst doch jetzt nicht behaupten, dass man da nicht noch ganz andere Sachen rausholen kann.«

»Was willst du denn zum Beispiel rausholen?«

»Sag ich ja gerade …«

»Wie willst du das denn überhaupt inszenieren?«

Als ob du etwas vom Inszenieren verstehst.

»Also, was weiß ich. Kasperletheater. Ich hab ein paar Ideen.«

»Ah so.«

»Darum geht es doch jetzt gar nicht. Ich sag dir gerade, ich muss das Stück machen, das ist jetzt der richtige Zeitpunkt, und die Rolle könnte nicht besser sein, die ist überhaupt noch nicht besetzt von …«

»Davor hab ich keine Angst.«

»Ich mein ja nur, wenn’s das wäre, der Antonio ist eine total ambivalente Figur …«

»Wie ich, oder was?«

»Nein, ich meine …«

Lothar hatte sich so in Rage geredet, dass er nicht bemerkte, wie Dankwart sich inzwischen völlig unverhohlen über ihn lustig machte. »Klar bin ich ’ne ambivalente Figur, Loddi.« Er sah an Lothar vorbei zu Karina, die ihre Unterhaltung unterbrochen hatte. Komplizenhafter Blick, guck mal, was für ein geistiger Absteiger aus dem Lotmann geworden ist.

Lothar schwieg. Er spürte den Alkohol in seinem Magen brodeln, der Kneipenlärm drückte auf seinen Schädel. Dieser hochmütige Ignorant. Er spürte, wie sein Gesicht heiß wurde. Hast du das nötig? Musst du ihm die Stichworte für seine Selbstverherrlichung liefern? Wer bist du denn? *Der Mensch erkennt sich nur im Menschen.* Lothar, komm zur Vernunft.

»Ich hab so viel zu tun gerade, ich wüsste nicht, wo ich die Zeit hernehmen sollte.«

Die Kellnerin wollte mit einem Tablett voller Gläser vorbei, er musste mit dem Stuhl näher an die Wand rücken, um sie durchzulassen. Lass gut sein, Lothar. Hier ist nichts zu gewinnen. Lass lieber sein, sonst wirst du dich bis auf die Knochen blamieren.

»Was hast du denn großartig zu tun? Sagst du eben eine von deinen Telenovelas ab.«

Dankwart knipste ein Lächeln an, auf seiner gebräunten, ledrigen Haut entstanden Verwerfungen und komplizierte Muster. »Oh, hör ich da jetzt den gekränkten Narziss raus? Du musst das sportlich nehmen, Loddi, du hast mir ’ne Rolle angeboten, ich hab keine Zeit, so ist das Geschäft.«

»Es ist kein Sport, und es ist auch kein Geschäft, Dr. Findler, sondern ganz was anderes. Ganz was anderes.«

Dr. Findler war ein karrieregeiler Schönheitschirurg, den Dankwart in dieser dämlichen Serie gespielt hatte, und das verfehlte seine Wirkung nicht. Dankwart wich das Saftsackgrinsen aus dem Gesicht, dafür wurde er sauer, gut so.

Endlich. Höchste Zeit. Du kannst es auch auf die harte Tour haben.

Dankwarts Blick verengte sich, Karina hörte noch immer gespannt zu; jetzt versuchte sie gar nicht mehr so zu tun, als interessierten sie die anderen am Tisch. »Also, was willst du jetzt? Ich sag dir, das Stück interessiert mich nicht. Ey, Pablo!«

Dankwart hatte jemanden erkannt; jetzt sprang er auf, der Stuhl rutschte quietschend zurück. Lothar fühlte sich, als stünde er mit heruntergelassener Hose da. Aber viel schlimmer war, dass er die Scham darüber nicht spürte. Sie war da, er wusste es, irgendwo unter diesem See aus Alkohol, den er in sich hineingeschüttet hatte und der ihn sogar vergessen ließ, dass er schon wieder pinkeln musste. Das Pinkeln und die Scham, das waren dauerhafte Begleiter geworden. Du hast dich einfach zu sehr an sie gewöhnt. Du spürst nichts. Gar nichts.

Doch als er sah, wie Karina für den Bruchteil einer Sekunde ihre Mundwinkel zu einem hämischen Grinsen hochzog und sofort wieder fallen ließ, da erschrak er über die Schadenfreude, ja den Hass, der darin zum Ausdruck kam.

»Was ist jetzt? Was guckst du so?«

Sie hielt ihn fixiert, mit ausdruckslosem Gesicht. Das hat sie von ihm, dachte Lothar.

»Wir gehen wieder nach Berlin, Lothar. Wir lassen die ganze Scheiße hinter uns und ziehen wieder zusammen.«

»Sagte sie triumphierend.«

»Nicht triumphierend. Ich sag's dir einfach nur.«

In seinem Kopf wirbelte alles durcheinander. Du weißt nicht mehr, was du denkst, also lass das mit dem Reden besser sein. Geh zum Klo. Geh pinkeln, Lothar.

Er schloss die Augen und spürte, wie sein Gehirn das Gleichgewicht verlor. Es war angenehm. Karina, mit gespreizten Beinen auf dem Gynäkologenstuhl, während ein aufgepumpter Anabolikajunkie zwischen ihren Beinen pumpt, auf und ab, auf und ab, und du stehst dabei, ganz schwindelig vor Geilheit ...

»Du willst also wieder das Hausäffchen für Mr. Glamrock spielen.«

Sofort war ihr Gesicht nicht mehr ausdruckslos, das zumindest hast du noch im Griff, Lothar.

»Du redest den ganzen Abend nur Blech.«

»Nee, jetzt mal im Ernst. Du meinst doch nicht, dass du in Berlin noch was findest, also ich will ja nichts sagen, aber guck dich doch mal an.«

Wieder das Quietschen eines Stuhls, diesmal aus der Ecke, wo Linda saß, die Tanztröte. Sie war bleich im Gesicht, hielt den Blick gesenkt, Lothar spürte etwas, irgendein Gefühl; dann war es wieder weg.

»Ich muss jetzt gehen ...«, begann sie, an Karina gewandt.

»Nee, bleib doch noch, jetzt wird's richtig gemütlich«, hörte Lothar sich sagen.

»Herr Lotmann«, sie konzentrierte sich richtig, das herauszubringen, »ich will mir das nicht länger anhören, ich halte das nicht aus.«

»Hast du Migräne, oder was?«

Sie hatte Tränen in den Augen. Eigentlich troffen die Tränen schon von ihrer Wange. Echte Tränen, dachte Lothar. Sie sagte leise: »Ich ruf dich an, Karina, ja?« Dann ging sie, ohne noch jemanden anzusehen, mit schleppendem Gang zur Tür. Sieht aus wie ein geprügelter Hund.

»Sie hat sich die Wirbelsäule gebrochen, nur so zur Information, du Arschloch.« Karina sah ihn an, völlig von Hass erfüllt. Hass auf dich, Lothar. »Wie – jetzt gerade?« Er kicherte.

Da ließ sich polternd Dankwart zurück auf den Stuhl fallen, ein Südländer setzte sich ungefragt daneben mit den Worten:

»Aber kannst du nicht vergleichen, *Bouillabaisse* und echte *Rouille* ...«

Lothar musterte ihn und hoffte, dass es möglichst feindselig aussah.

»Das hier ist Pablo, ein Kollege aus Spanien«, sagte Dankwart.

Pablo grinste freundlich und sah ansonsten ziemlich dämlich aus. Arme und Hals behaart wie ein Affe, Brustmuskeln unterm Poloshirt von Tommy Hilfiger, Lederjacke. Geht wahrscheinlich auch pumpen.

»Aus Spanien also«, sagte Lothar. »Sag mal, deine Jacke, ist das Froschfotzenleder? Pedro?«

»Ich heiße Pablo, Kumpel.«

»Und ich heiß nicht Kumpel, Pedro.«

»Va fan culo.«

»Ist das nicht Italienisch?«

»Kann ich auch Deutsch sagen, Kumpel«, und dazu bewegte Pablo die Finger seiner erhobenen Hand, als solle sich Lothar den, den er verdient hatte, selbst aussuchen.

»Pass auf, Lothar«, Dankwart bemühte sich noch immer, den überlegenen Löwendompteur zu geben, aber mir machst du nichts vor, »wenn du anfängst, meine Freunde zu belästigen, dann wird das 'ne kurze Wiedersehensfeier.«

»Grade war er noch dein Kollege.«

»Ich weiß gar nicht, was mit dir los ist, ich geb dir 'ne Absage, und du benimmst dich wie ein Dreijähriger.«

»War nur Spaß«, sagte Lothar und winkte der Kellnerin, die aber, wie er ein paar Augenblicke später erkennen musste, bereits von einer männlichen Servicekraft abgelöst worden war. »Nur ein Spaß. Wir sind doch Kollegen.«

33

Ein Aufzug ist so ziemlich der intimste Handlungsraum, den man einer Figur geben kann, dachte Emilie. Man hat nichts, das man auskleiden oder betonen kann, der Raum ist kaum zu gliedern, und somit hat man keine Möglichkeit, von außen die Handlungen zu strukturieren. Die Figuren sind sich selbst ausgesetzt; nicht einmal Publikum kann davon ablenken. Sogar die Holzwände bei *Frühlings Erwachen* waren beweglich und einsehbar gewesen. Hier aber konnte niemand hinein oder heraus. Sie waren wie aus der Zeit gefallen. Was immer sie tun würden, könnte diese vier Wände nicht verlassen, wenn sie es nicht wollten.

Das Lied kannte sie, Alicia Keys: »*And a real man just can't deny a woman's worth.*« Den Rest verstand sie nicht, oder sie hörte nicht mehr zu, das war ja ohnehin Unsinn. Richtige Männer, richtige Frauen.

Der Zeitplan geriet durcheinander. Sie fühlte, dass sich alles verschob, dass nichts so lief wie geplant; und sie fühlte auch, dass es Philipp nervös machte. Oder machte es sie selbst nervös? Sie kam sich vor, als müsste sie etwas erledigen, als sei sie wegen eines Auftrags hier. Wie unsinnig; sie war nicht zum Arbeiten hier, sondern weil sie es gewollt hatte. *Für sich selbst*. Man kann nicht sich selbst erledigen, das geht nicht.

Wo bleibst du dabei?, hatte Philipp vorhin gefragt. Nun, sie war ja hier, allein mit Philipp, sie tat etwas vollkommen Egoistisches. Das war gut für sie, vielleicht; aber doch wohl nicht, wenn man die Zeit im Aufzug vergeuden musste.

»Das war alles ein bisschen anders gedacht, oder?«

Philipp schlug die Augen nieder.

»Och«, sagte er, als mache es ihm nichts aus; dass das ein kläglicher Versuch war, bemerkte er selbst. Er versuchte es neu: »Man muss es so nehmen, wie es kommt.«

»Kannst du das?«

Er schien nicht recht zu verstehen, was sie meinte. »Ich denke schon.«

»Ich nicht«, sagte sie, ohne zu überlegen. »Ich finde es schrecklich. Ich kann nicht schlafen, wenn etwas nicht richtig läuft. Und ich lege Wert auf meinen Schlaf.«

»Veränderung passiert meistens ungeplant«, sagte Philipp.

»Ich rede ja gar nicht von Veränderung.«

»Aber ich.«

Nein, nein, nein, dachte sie; das ist jetzt nicht an der Reihe. Sie wollte keine gewichtigen Andeutungen auf ihre Lebensentwürfe hören, das war nicht der Ort für Philipps Veränderungs-Vokabular. Sie hätten jetzt miteinander im Bett liegen müssen. Mit einem Mal spürte sie eine Welle, etwas von ganz weit unten oder ganz tief drinnen, was vermutlich beides falsch war, jedenfalls etwas, das mächtig war und überwältigen konnte: etwas wie Verzweiflung. Sie erkannte es, obgleich sie es nie empfand; wahrscheinlich erkannte sie es deswegen. Verzweiflung war, wenn der Zug, in dem die Eltern heimkamen, kurz vor dem Bahnhof abbog und sich in die falsche Richtung wieder entfernte. Man stand am Gleis und konnte nichts tun, nur schreien und schreien und hilflos winken. Wie eine Faust spürte sie es in ihrer Kehle. Es war da, und es stieg in ihr empor.

»Was ist?«, fragte Philipp, aber sie würde nicht anfangen zu weinen, sie würde das jetzt sofort beenden; denn wenn man diesem Gefühl einmal Platz gab, dann war es da, und dann konnte man sich vergessen. Sie atmete gleichmäßig, schloss die Augen; das war die einzige Möglichkeit, sich nicht gleich heulend auf den Fußboden zu werfen wie eine rasende Furie.

»Panik?«, fragte Philipp, und sie nickte, und dann schüttelte sie den Kopf, heftig; den ganzen Abend schon erfand sie Geschichten.

»Alles ein bisschen viel«, sagte sie, und ihre Stimme zitterte, und ihre Augen füllten sich bereits, sie konnte jeden Tropfen fühlen. Wehe, wenn die Dämme brechen, dachte sie.

Wenn sie sprach – wenn sie sich entschieden hatte, wovon sie sprechen wollte –, verschwand das Zittern in ihrer Kehle. Wenn man wusste, in welche Richtung man seine Energie kanalisieren muss, dann konnte sie sich nicht verflüchtigen.

»Wir sind in das Haus gezogen, weil ich es wollte«, sagte sie mit schon festerer Stimme. Sachlich. Jetzt kämpfte sie schon nicht mehr gegen das Chaos durcheinander geratener Zeitpläne; jetzt berichtete sie von einer wirklichen Geschichte. »Ich hatte das Gefühl, es meinen Eltern schuldig zu sein. Die haben so lange in dem Haus gelebt. Haben viel mitgemacht.«

Ihre Eltern waren Anfang der fünfziger Jahre in das Haus gezogen. Ihr Vater, ein gelernter Journalist, hatte während des Krieges in Libyen seinen linken Unterschenkel verloren. 1948 war er an einen Posten als eine Art Privatsekretär und Dolmetscher bei einem hochrangigen britischen Militärangehörigen gekommen. Jenkins, so sein Name, war ein Bewunderer deutscher Kultur, insbesondere der Musik. Als Jenkins Anfang der 50er Jahre nach einem Schlaganfall starb, sollte sein Haus der Stadt Mülheim zugesprochen werden.

»Mein Vater wollte das Haus haben. Er wollte es unbedingt kaufen.«

»Woher habt ihr das Geld gehabt?«

Emilies Mutter hatte bereits während des Krieges in einer Näherei gearbeitet, die zunächst Soldatenuniformen und später für Warenhäuser kleine Kollektionen herstellte. Nach und nach hatte sie durch Fleiß und Beharrlichkeit diese Näherei in ihren Besitz gebracht und beschäftigte vier, zeitweise sogar sechs Mitarbeiterinnen in einer alten Scheune. Auch Hannelore musste nach der Schule und den Hausaufgaben dort aushelfen.

»Vieles an dem Haus musste erneuert werden«, sagte Emilie. Die Heizanlage war völlig veraltet, die Fenster porös, die Treppen morsch. Emilies Vater, der eine Versehrtenrente bezog, machte sich in dieser Zeit daran, die größten Schäden in Ordnung zu bringen. Die Not in dieser Zeit war noch spürbar, immer wieder gab es Engpässe beim Baumaterial und sogar bei Nahrungsmitteln. Für ihre Eltern bestand das Leben in dieser Zeit von früh bis spät aus Arbeit, und Hannelore beschrieb ihr später diese Zeit als sehr entbehrungsreich und unglücklich. Besonders ihre Mutter erlebte Emilie als eine Art Vorarbeiterin, die sogar den Vater trotz seiner Behinderung rücksichtslos antrieb. Sie war zanksüchtig und sehr streng, zu ihrer Familie nicht weniger als zu ihren Untergebenen. Ihr Vater redete so gut wie nie mit ihr. Er führte ihre Anweisungen aus, arbeitete wie ein Pferd und war ein guter Vater für Hanne, aber aus der Ehe war er schon lange in die innere Emigration geflüchtet.

Von Hannelore wusste sie, dass ihre Eltern sich nach dem Krieg scheiden lassen wollten.

»Ungewöhnlich, in der Zeit«, sagte Philipp.

»Dass Männer wortlos waren?«

»Dass sich Eltern, die gemeinsam mit ihrem Kind den Krieg überlebt haben, scheiden lassen wollen.«

»Sie haben's auch nicht getan.«

Irgendwie hatten sie sich miteinander arrangiert. Es herrschte ungeheure Not, Hannelore wurde auf die Felder geschickt, um Kartoffeln und Steckrüben zu suchen, man hatte überhaupt keine Zeit, um unglücklich zu sein. Es war viel mehr wert, jemanden zu haben, als allein zu sein. Man sagte nicht: Ich will jetzt etwas Neues in meinem Leben ausprobieren; man war froh, wenn man nicht allein im Bett liegen und frieren musste ohne Daunendecke und Ofen. Man war froh, überhaupt ein Bett zu haben.

»Die Routine«, sagte Philipp.

»Nein, es war was anderes«, sagte Emilie und merkte sofort, dass sie zuviel gesagt hatte. Es war doch überzeugend, warum konnte er sich damit nicht zufrieden geben: Damals ließ man sich eben nicht scheiden.

»Was denn?«

Das Zittern war jetzt fast weg, nur ihre Hände wurden wieder feucht vor Aufregung. Es war viel mehr gewesen als nur Routine.

34

Sie waren auf der Bühne angekommen. Ruben war irgendwo hinter ihr, außerhalb des schmalen Lichtkegels, den ihre Taschenlampe warf. Alles, was sie sah, war ein Kulissenteil, das eine Bücherwand andeuten sollte, und ein paar Sitzmöbel, die vorhin, vom Zuschauerraum aus, von der Tiefe der Bühne verschluckt worden waren.

Sie rüttelte an den Brandschutztüren links und rechts vom Eisernen Vorhang, um sich zu vergewissern, dass sie fest verschlossen waren. Dann kontrollierte sie auch die Türen zum großen Malersaal, die etwa fünf Meter hoch waren und sich kaum bewegen ließen, wenn die Bühnenarbeiter sie, was oft vorkam, offen gelassen hatten.

Sie kehrte zurück auf die dunkle Bühne und setzte sich in einen Lehnsessel. Sie malte sich aus, dass der Vorhang sich plötzlich hob und den Blick freigab auf dicht gefüllte Ränge und dass sie nichts anderes vorbereitet hatte, als hier zu sitzen, mitten auf der fast leeren Bühne. Das Publikum würde warten. Sie fragte sich, wie es weitergehen würde, da sah sie, wie Ruben sich auf das Sofa ihr gegenüber setzte.

»Schön ruhig hier.«

»Was du da gerade gesagt hast«, begann sie.

»Erzähl mir ein bisschen von diesem Festival. Es ist schön, hier zu sitzen. Hab lange nicht mehr solche Stille gehört.« Er klang jetzt ganz anders als noch vorhin, als sie im Graefen gesessen hatten und sie sich bei jedem Wort gefragt hatte, ob er nicht längst weghörte. Er war jetzt interessiert, und die Tatsache, dass er über ihren Versuch hinwegging, sich zu rechtfertigen, zeigte ihr, dass er sie verstanden hatte. Nein, nicht sie. Aber etwas von ihr.

»Stille kann man nicht hören.«

»Richtig. Man kann vom Nichts nur in Seinsbegriffen reden. Mich interessiert dieses Festival aber mehr.«

»Okay. Dieses Festival findet alle zwei Jahre in Kolumbien statt, es ist so ziemlich das Größte, was du dir vorstellen kannst. Sechzig, siebzig Nationen nehmen daran teil.«

Sie war vom ersten Moment an von der Stadt begeistert gewesen, und sie begriff, dass es nur ihrer Mutter zu verdanken war, dass sie hier sein durfte. Es war so vollkommen anders als alles, was sie bis dahin gesehen hatte. Selbst die vielen deutschen Autos auf den Straßen, BMW und Opel, kamen ihr plötzlich exotisch vor.

»Es gibt dort keine Jahreszeiten«, sagte sie. »Oder nur alle auf einmal. Du gehst aus dem Haus bei dreißig Grad, dann kommt eine Wolke, und es ist Winter.«

Sie waren vom Flughafen aus mit einem Taxi die Séptima hinunter gefahren Richtung Süden, eine achtspurige Straße, die in Bussen, Autos, Gehupe und Abgasen längst erstickt und unsichtbar geworden war. Das Gefühl, in einem Film mitzuspielen, hatte sie nach dieser Fahrt in die Stadt nicht mehr verlassen.

Ein paar Autos vor ihnen hatte plötzlich ein weißer Lieferwagen mitten auf der Straße gehalten. Vier oder fünf Maskierte, alle bewaffnet, waren herausgesprungen. Sie stürmten auf ein Geschäft am Straßenrand zu, dann geriet der Taxifahrer mit dem verschlossenen Indiogesicht in Panik und brach nach links aus, ohne auf den Verkehr zu achten. Er sagte irgendwas auf Spanisch, Franziskas Mutter stellte ihm eine ruhige Frage, danach war es still. Niemand sagte mehr etwas, bis sich der Schock nach ihrer Ankunft im Hotel Royal irgendwann verflüchtigt hatte.

»Mein schönstes Ferienerlebnis«, sagte sie und trank einen Schluck aus ihrer Wasserflasche. Ruben lachte.

Die Lobby des Hotels war ganz im Stil alter europäischer Grandhotels gehalten, wie ihre Mutter ihr erklärt hatte; selbst die Pagen trugen die charakteristischen Uniformen, die sie aus dem Comic *Spirou und Fantasio* kannte. Sie konnte kaum glauben, dass es das wirklich gab, in der Realität.

So ähnlich sah es auch in dem halb verfallenen Theater aus, in dem die *Antigone* aufgeführt werden sollte, zu der ihre Mutter das Bühnenbild entwarf. Wenn sie daran dachte, was ihre Mutter da auf die Beine gestellt hatte zwischen all diesen fremden Leuten aus aller Welt …

»Die hatten da nichts, überhaupt nichts. Die hatten nur ein paar Schauspieler und sagten zu meiner Mutter: Jetzt macht mal euer Stück.« Dieses Talent, aus nichts etwas zu erschaffen und niemals in Panik zu geraten, immer selbstsicher zu bleiben und den Überblick zu behalten, das war etwas, das sie an ihrer Mutter immer bewundert hatte.

Es gab in dem Theater buchstäblich nur Müll. Keine Scheinwerfer, kein Material für Bauten, nicht einmal eine Bühne, und Geld gab es natürlich erst recht nicht. Im Fundus sah es aus wie im Keller ihres Hauses in Mülheim. Mit dem kleinen Unterschied, dass in Bogotá nichts archiviert worden war und die meisten der jahrzehntealten Requisiten nicht mehr zu gebrauchen waren: Sie zerfielen zu Staub, sobald man sie berührte. Das einzig Verwendbare waren Bahnen von mottenzerfressenem rotem Samt, dem alten Vorhang. Ihre Mutter hängte ihn so hin, wie er war. Dazu ließ sie zwei Lastwagenladungen Sand von einem Bauunternehmen herbeischaffen. Da kein Geld für Kostüme da war, ließ ihre Mutter die Schauspieler mit Lehm einreiben, der ihnen am Anfang eine glänzende, distanzierte Aura verlieh. Im Lauf der Aufführung trocknete er und bröckelte ab; am Ende des Stücks standen alle nackt da. Ihre Mutter hatte ihr erklärt, dass das ziemlich genau dem entsprach, was in emotionaler Hinsicht mit den Figuren geschah.

Bei der Vorstellung wurde die fehlende Beleuchtung – dazu fehlten ebenfalls die Mittel – durch hunderte Kerzen ersetzt, die die Schauspieler der Reihe nach anzündeten, als das Publikum schon Platz genommen hatte; das allein dauerte den ganzen Prolog über, und es war faszinierend anzusehen, wie die Szenerie mit jeder weiteren Kerze feierlicher wurde.

»Ich hab zwischendurch immer zu meinem Vater gesehen, und ich hab gemerkt, dass es ihm auch gefallen hat. Er saß mit verschränkten Armen da, aber ich habe gespürt, dass er das Bühnenbild bewunderte. In dem Moment war ich ganz stolz auf meine Mutter.«

»Er hat sich also die Vorstellung angesehen?«

»Ja, so viel Anstand hat er gehabt.« Sie dachte an den Streit, den es am Vorabend gegeben hatte, seine furchtbare Gemeinheit. »Er hat gar keine andere Wahl gehabt«, fügte sie hinzu.

»Warum?«

»Weil ...« Sie dachte an die Szene im Hotel. Wie ihr Vater sie am Arm hochgerissen hatte, weil sie mit diesem Jungen, Marvin, geredet hatte. Sein cholerischer Blick.

»Das Tollste an der Aufführung war aber der Tod der Antigone«, sagte sie stattdessen. »Sie sollte ja lebendig eingemauert werden, weil sie ... Na ja, ist ein bisschen kompliziert. Egal. Jedenfalls sollte sie eingemauert werden, und eigentlich erhängt sie sich am Ende, weil sie zum Eingemauertwerden ... nicht so viel Lust hat.«

»Verständlich.«

Der Regisseur ihrer Mutter hatte die Idee, die Antigone auf zauberhafte Weise verschwinden zu lassen, damit sie so dem Tod entginge. Es sollte eine perfekte Illusion sein. Allerdings hatte Schilling keine Ahnung, wie sie die hinbekommen sollten – bis ihre Mutter die Lösung fand. Es war unglaublich: Die große, mutige, aufrechte Antigone, die als einzige unter all den inzwischen Nackten ein schwarzes Brautkleid trug, stand mitten im Licht der fast heruntergebrannten Kerzen, im Zentrum der improvisierten Sandbühne, und im nächsten Moment – war sie weg.

»Ich hab mir das hinterher noch ein paar Mal angeguckt. Wenn ich nicht gewusst hätte, wie's funktioniert, ich hätte es ehrlich für Zauberei gehalten.« Sie hatte es auch ihrem Vater erzählen wollen, hatte dieses Geheimnis, das die Proben ihr enthüllt hatten, mit ihm teilen wollen. Doch ihr Vater verbot ihr, darüber zu reden. Er sagte, gute Theatertricks dürfe man nicht verraten. Er sagte, es sei nicht seine Inszenierung.

»Und wie hat es funktioniert?«

»Sag ich dir nicht.« Sie lächelte, und als sie Ruben mit der Taschenlampe anleuchtete, bemerkte sie, dass er das auch erwartet hatte.

»Und warum hat dein Vater keine andere Wahl gehabt?«

Sie stutzte. Schnell fing sie sich wieder. »Das sag ich dir auch nicht.« Sie hoffte, es klang noch immer wie ein Spaß.

»Warum?« Irgendetwas in seiner Stimme klang plötzlich angriffslustig, vielleicht auch einfach übermütig. »Versuchst du, etwas zu verdrängen?«

Irgendwo krachte eine Holzdiele oder ein Heizungsrohr. Vor ein paar Minuten hatte sie noch den absurden Gedanken gehabt, sie würden sich in der Dunkelheit küssen, einfach so, übergangslos, während das Publikum auf den Rängen sie nicht sehen konnte. Aber wie stellte man so etwas an? Man brach nicht einfach mitten im Satz ab und änderte die Funktionsweise seines Mundes. Besonders nicht, wenn sich die Atmosphäre, oder wie immer man dieses *Dazwischen* nennen wollte, geändert hatte wie jetzt. Sie hatte drum herum geredet, und sie war überzeugt, dass Ruben es bemerkt hatte.

Sie schwieg. Aus Rubens Richtung drang kein Geräusch zu ihr hinüber.

»Tut mir leid«, hörte sie ihn schließlich sagen.

»Schon vergessen.«

»Was Schlimmes ist passiert, oder?« Täuschte sie sich, oder klang seine Stimme jetzt anders?

»Ja«, sagte sie leise.

»Ist jemand gestorben?«

»Nicht direkt.« Im Lichtschein sah sie, dass er in ihre Richtung sah. Dass er ihren Blick suchte. Sie war sich ganz sicher.

»Und indirekt?«

Sie hatte es noch nie erzählt, nicht einmal, wenn sie sich, so wie jetzt, ganz sicher fühlte. Es war kein Trauma, jedenfalls nicht, soweit sie das beurteilen konnte. Sie konnte sich klar und deutlich erinnern, und diese Erinnerung tat nicht weh. Sie verdrängte nichts; es war ihr nur peinlich. Nicht für sie selbst, sie hatte sich ja nichts vorzuwerfen. Für ihren Vater.

Ein Schauer lief über ihren Rücken. Sie fühlte sich zeitlos. Das Publikum auf den Rängen wartete. Wenn sie es jetzt nicht erzählte, würde es nie jemand erfahren.

35

Der eigentliche Grund war, dass etwas mit Hannelore passiert ist.«

Warum drückte sie das so vage aus, wo sie doch genau wusste, was mit ihr passiert war, und Philipp spätestens jetzt ebenfalls? Es war nicht einfach »passiert«, solche Dinge »passierten« nicht einfach. Einen kurzen Moment lauschte sie ihrem Atmen. Sie sah Philipp an, und Philipp hatte verstanden. Erleichterung breitete sich in ihr aus. Er wusste genau, was zu tun ist, fragte nicht nach, dachte, was zu denken war. Er war ein Profi.

Als es passiert war, musste sich die Familie um Hannelore kümmern, und ihre Eltern entschieden, sie nicht allein zu lassen. Es kam für sie nicht in Frage, die Familie der Belastung einer Scheidung auszusetzen, also blieben sie dort wohnen, gemeinsam, all die Jahre lang.

»Bis meine Mutter starb. Mein Vater hatte da schon schwere Diabetes, und natürlich stellte sich die Frage, wer ihn pflegen würde.«

»So wie ich das sehe, ist die Entscheidung schon gefallen«, sagte Hannelore. Ihr Ton hatte etwas Vorwurfsvolles gehabt, wie immer eigentlich. Sie war eine ungemütliche Person; jeder fürchtete ihre spitzen Bemerkungen, und es war ganz und gar kein Wunder, dass es zwischen Lothar und ihr immer Streit gab, wenn sie es nicht schafften, einander aus dem Weg zu gehen.

»Du kannst das doch gar nicht bei deinem Beruf«, und auch das hatte sie nicht gesagt, um es Emilie leichter zu machen, sondern im Gegenteil: Sie erwartete das offene Bekenntnis, dass Emilie ihr Beruf wichtiger war als ihre Familie.

»Dabei war das offensichtlich damals. Hanne hatte die viel engere Bindung zu unseren Eltern gehabt, erst recht zu unserem Vater. Sie war weder verheiratet noch hatte sie, wie wir, ein Kind, und ihre Arbeit war direkt in der Mülheimer Innenstadt. Sie hat mir immer ein schlechtes Gewissen eingeredet, auch bei Franziska. Weil das in der Zeit, aus der sie stammt, nicht vorgesehen war, dass eine Frau ihre Karriere ernst nimmt. Es war so unsinnig, mir einen Vorwurf daraus zu machen. Außerdem war es ihre eigene Entscheidung. Mein Vater hat ja unbedingt diesen Anbau, der bei der Explosion …«

»Explosion?«, fragte Philipp.

Es war eine absurde Geschichte. Trotz seiner Lage mitten im Ruhrgebiet war das Haus während beider Kriege nahezu unversehrt geblieben. Als aber 1954, ein Jahr vor Emilies Geburt, im Uhlenhorst gebaut wurde, wozu große Waldstücke gerodet und der Boden ausgehoben werden mussten, detonierte eine Zwanzig-Zentner-Bombe der Royal Air Force, riss den Baggerfahrer sowie zwei weitere Bauarbeiter in den Tod und beschädigte alle Häuser in einem Radius von zwei Kilometern. Die Häuser Am Großen Berg wurden besonders schlimm getroffen. Viele der ohnehin lockeren Schindeln fielen herunter, der Dachstuhl brach an mehreren Stellen. Die Ostseite des Anbaus stürzte komplett ein, und ein abgebrochener Ast durchschlug die Front des Wintergartens. Wie durch ein Wunder wurden die tragenden Mauern des Hauses nicht beschädigt, doch sämtliche Fenster der Ost- und Südseite gingen zu Bruch.

»Mein Vater wollte jedenfalls diesen Anbau wieder errichten. Zweigeschossig.«

Es gab dazu keinen Grund, das Haus bot auch so mehr als

genug Platz, selbst wenn Hanne und Emilie gleichzeitig zu Besuch kämen. Wer weiß, hatte ihr Vater gesagt. Wenn Hanne oder du jemanden kennen lernt, wenn ihr Kinder habt … Man kann nie wissen. Er hatte es nicht für sich getan, sondern, da war Emilie mit den Jahren immer sicherer geworden, ausschließlich für sie, die jüngere Tochter. Denn dass Hanne, die inzwischen Mitte dreißig war, sich jetzt noch binden und sogar Kinder bekommen würde, hatte wohl auch ihr Vater bei allem Optimismus nicht mehr ernsthaft geglaubt.

Doch es war ihm nicht auszureden gewesen, und so war es, als Emilie mit Lothar ihre Karriere begann, beinahe eine logische Folge, dass ihr Vater beim Versuch, die Leiter, auf der er stand, zu verrücken, ohne herunterzusteigen, zwei Meter nach unten stürzte und sich sein gesundes Bein brach.

Emilie hatte sich zu diesem Zeitpunkt sehr ernsthaft überlegt, ob sie ihre Arbeit mit Lothar in Italien unterbrechen sollte, um ihren Vater zu pflegen, doch Hanne war ihr zuvorgekommen. Sie hatte von einem Tag auf den anderen ihre gut bezahlte Stellung bei einer Versandfirma für medizinische Geräte aufgegeben und war zurück in das Haus nach Mülheim gezogen.

Ihr Vater hatte zunächst abgewehrt mit der Begründung, dass es ja schließlich nur ein Beinbruch sei, ob es nicht auch ein einfacher Urlaub getan hätte. Doch Hanne hatte argumentiert, dass er, obwohl er es nicht gern hörte, nicht jünger werde und das Haus für ihn allein außerdem viel zu groß sei. Also suchte und fand sie eine neue Stelle, die sie bequem mit dem Fahrrad erreichen konnte. Sie pflegte ihren Vater auch, nachdem er sich die rechte Hand verstaucht hatte und an schwerer Diabetes erkrankt war; an die Fertigstellung des Hauses war von da an nicht mehr zu denken gewesen.

»Das hast du dann gemacht«, sagte Philipp.

»Ja, später.« Hanne pflegte ihren Vater über zehn Jahre. Sie hat das immer als die besten Jahre ihres Lebens bezeichnet, und Emilie hatte sich immer eingeredet, nicht zu wissen, wie sie das eigentlich meinte. Sie wollte es nicht wissen.

»Wieder ein Vorwurf?«, fragte Philipp.

Nein, eigentlich hatte sie es nicht vorwurfsvoll gesagt, sondern wie eine gleichmütige Feststellung darüber, dass die Jahre sonst auch nicht viel wert gewesen wären.

»War sie vom Leben enttäuscht?«

Emilie wusste es nicht. Sie und Hanne waren sich nie sehr nah gewesen. Oft hatte sie gemerkt, dass ihre Eltern das aus irgendeinem Grund verhinderten. Besonders ihre Mutter. Von ihr hatte Hanne die Strenge gegen sich und andere gehabt. Sie hatte immer gekämpft. Und nach dem Tod ihres Vaters kämpfte sie darum, das Haus loszuwerden.

»Ich wollte immer ein Haus. Und es war das ideale Umfeld für Franziska. Und, wie sich herausstellte: Dadurch, dass Hannelore in der Nähe war, hatten wir immer jemanden, die sich um Franziska kümmern konnte.«

»Und wie sah das aus?«

Ja, wie sah das aus? So, dass Emilie sich schon nach drei Jahren gefragt hatte, wer eigentlich Franziskas Mutter war.

»Aber wer die Mutter ist, dürfte doch klar sein, oder? Selbst wenn die Mutter viel arbeitet.«

Die Wahrheit war, dass sie so gut wie nie zu Hause war, wirklich so gut wie nie. Seit ein paar Jahren, seit Franziska erwachsen war, hatten sie ein gutes Verhältnis, hatten sie überhaupt eines. Die Wahrheit war, dass sie eine miserable Mutter gewesen war, genau wie Lothar ein miserabler Vater. Er behauptete, er sei wenigstens am Anfang für Franziska da gewesen, aber das war eine Lüge; er war damit beschäftigt gewesen, »sein eigenes Geld zu verdienen«, damit Emilie ihm nicht vorwerfen konnte, dass er alles versoff. Er hatte genauso versagt, wie sie versagt hatte. Die einzige, die nicht versagt hatte, war Hannelore gewesen.

»Oder ist dir das nicht klar?«, fragte Philipp. Sie zuckte zusammen. Sie dachte: Jetzt sitze ich hier mit einem Psychiater im Aufzug fest und kann nicht weg. Sie tastete nach ihrem Handgelenk, bevor sie merkte, was sie da tat.

»Ist das jetzt eine deiner Sitzungen?«, fragte sie ihn kühl. Er blieb ganz ruhig, bewegte sich nicht, machte nicht die kleinste Verlegenheitsgeste.

»Du hast angefangen zu erzählen, Emilie«, sagte er. »Ich höre dir bloß zu.«

36

Das Gehen tat ihm gut. Den Kopf wieder klar kriegen. Das war keine Glanzstunde gewesen in der Bar, Lothar. Deine Sicherungen sind nicht mehr in Ordnung. Du hast es falsch angepackt, du hast sie nicht verführt. Man kann einen Dankwart nicht für eine Rolle gewinnen, indem man ihn fertig macht, Lothar, das ist eine ganz einfache Faustregel. Wieso kannst du nicht – wieso schaffst du es nicht, für einen Moment, nur für einen Moment, deine Impulse zu beherrschen? Man verliert sich nicht gleich, Lothar, wenn man seine Impulse unterdrückt. Du hättest dir einen Plan machen sollen, einen Verführungsplan, warum hast du das nicht gemacht, Lothar? Jetzt ist es zu spät.

Er stellte fest, dass er die letzte Frage laut gestellt hatte. Er sah sich um; niemand war in Hörweite. Ein Taxi fuhr vorbei. Zum Bahnhof, sagte er laut, ohne eingestiegen zu sein; das Taxi verschwand an der nächsten Ecke. Er hatte keine Ahnung, wo er war.

Du hast es versaut. Alles hast du versaut. Weil du alles aus dem Bauch … weil du nicht nachdenkst, Lothar. Weil du immer das machst, was dir in dem Moment einfällt, und das kann schon mal Mist sein, Lothar. Das Stück kannst du jetzt vergessen.

Mit Grausen dachte er an den Zug, mit dem er vor Stunden nach Köln gefahren war. Die Scham, die er dort in der Toilette, dann später in der Show und schließlich unter Karinas Dusche empfunden hatte, kehrte nun als das Rauschen und Tosen des Blutes in seinem Kopf zurück.

In Bogotá war er damals durch die dunklen Straßen geirrt wie jetzt, auf der Suche nach Franziska. Auch da hast du einen Riesenfehler gemacht, Lothar, wie kommt es eigentlich, dass du in deinem Leben so viel Scheiße gebaut hast? Die letzte Frage hatte er wieder laut gestellt, öffentlich, wie vielleicht alles Wichtige, was er sich je gefragt hatte. Ein junges Pärchen ging an ihm vorüber, vielleicht auf dem Weg zu einer Party, sie lachten beide, wahrscheinlich über ihn; der junge Mann warf sogar noch einen amüsierten Blick zurück. Lothar drohte ihm Prügel an, stellte aber fest, dass er es diesmal, als erstes Zugeständnis an seine Scham, nur im Stillen getan hatte.

Die kurze Erleichterung darüber wurde von einer Bö gepackt und fortgeblasen, als Lothar um die nächste Ecke bog. Er war, von der Plaza Bolivar kommend, in Richtung des Hotels Royal gegangen, nachdem er zum ersten Mal in seinem Leben bei einer Prostituierten gewesen war.

Er hätte im Hotel bleiben sollen, Emilie würde bis zum späten Abend mit den Unbilden der morgigen Vorstellung zu tun haben: dem Materialmangel, den Kommunikationsproblemen, dem leichten Fieber, das sie bekommen hatte. Franziska hatte sich das alles bis zum Nachmittag angesehen, dann hatte Lothar sie abgeholt. Er hatte keine Lust gehabt, Proben waren stinklangweilig, wenn man sie nicht leitete. Franziska hatte geplappert wie ein Wasserfall, konnte sich nicht mehr einkriegen über irgendeinen Trick, den Emilie sich ausgedacht hatte, und auf dem Weg ins Hotel, helle Cafés und gut gelaunte Touristen, war er immer verdrossener geworden.

»Ich geh noch mal weg«, hatte er gesagt, Franziska mit ihrem Take-That-T-Shirt auf dem Bett, fernsehend, hatte ihn nur angesehen und nicht gefragt, wohin er gehe, hier in dieser völlig fremden Stadt, in der er noch weniger Menschen kannte als sie, ein zwölfjähriges Mädchen.

Er war weit an den Rand der Altstadt gelaufen, dort, wo man nicht nach roten Lampen suchen musste, sondern von jungen Frauen mit Zahnproblemen dorthin geleitet wurde. Er war aufgeregt gewesen wie lange nicht mehr, im Begriff, eine Grenze zu überschreiten, eine der wenigen, die noch übrig waren: ein verbotenes Terrain, das zu betreten er bisher vermieden oder, wie er nun gedacht hatte, sich für später aufgehoben hatte. Die Sonne stand tief, es war noch warm, er trug nur ein Polohemd über einem Bauch, der sich in der letzten Zeit zu wölben begann. Die Kolonialhäuser, an denen seine Eskorte ihn vorbeiführte, wurden niedriger und verfallener, die Cafés und die Polizisten wurden seltener und verschwanden ganz, und plötzlich stand er in einem schlecht verputzten, blass türkisfarbenen Zimmer mit einem Bettgestell aus Stahlrohr, darauf eine Matratze mit weißem Laken und zwei ungleich dunklen Flecken darauf. Auf dem ebenfalls weißen Schreibtisch an der anderen Wand stand ein Karton mit Papiertaschentüchern, sonst nichts. Von irgendwoher kam gedämpfte Musik, er wusste nicht was, er hörte sich fragen: Cuánto?

Anita war jung, vielleicht zwanzig, vielleicht auch noch jünger, er dachte nicht darüber nach. Sie hatte flache Brüste, darüber trug sie eine rosafarbene Bluse und Hotpants aus Jeansstoff, der an den abgeschnittenen Rändern ausgefranst war. Sie knöpfte die Bluse auf. Ihr Gesicht war nicht hübsch und nicht hässlich, ihre Indio-Herkunft war deutlich an den hohen Wangenknochen zu sehen und der etwas zu breiten Nase. Aus Gründen, die er nicht benennen konnte, atmete er durch den Mund.

Er begann, seine Hose aufzuknöpfen, und schloss die Augen. Anita sagte etwas, das er nicht verstand, ihr Tonfall klang freundlich, fast unbekümmert und heiter. Sie nahm ein Taschentuch und wischte ihn damit sauber, oder was sie für sauber hielt. Die Zimmertür ließ sich nicht abschließen.

Sie legte sich aufs Bett und öffnete die Beine leicht. Ihre Scham war nicht dreieckig, sondern bis weit auf die Schenkel hinaus bewachsen. Ein Arm lag eng am Körper, den anderen hatte sie hinter dem Kopf verschränkt, auch die Achselhöhle war mit dunklem Wildwuchs bedeckt. Er hatte eine Erektion, schon den ganzen Weg hierher hatte sein Glied starr und unförmig in seiner Hose gelegen wie ein Dolch, den er dort versteckt hielt; sein Herz hämmerte in der Brust. Anita zog mit einem knappen Griff zwischen ihre Beine ihre Schamlippen auseinander, wie eine Fabrikarbeiterin an einem Montageband, die prüft, ob sich die Geldkassette einwandfrei öffnen und schließen lässt. Sie lächelte; ihre Brüste waren nun, da sie lag, in ihren Oberkörper zurückgesunken, wie seine Hoden, als die kühle Luft des Raums an sie gedrungen war. Draußen vor dem Vorhang ging jemand vorbei, durch den Spalt konnte er für den Bruchteil einer Sekunde ein Gesicht sehen. Er kniete sich zwischen Anitas Beine; sie hatte zu keinem Zeitpunkt nach einem Kondom verlangt. Ihre Schamlippen waren unter der schwarzen Behaarung nicht auszumachen, also führte er seinen Penis mit der Hand an sie heran und verstärkte den Druck. Aus der Nähe sah sie noch jünger aus. Die Schamhaare versperrten den Zugang in ihre trockenverklebte Scheide. Er wurde sich schlagartig bewusst darüber, dass dieser ihm vollkommen fremde Mensch nicht bereit war zu einer geschlechtlichen Vereinigung mit ihm. Er dachte sehr klar, dass das, was er hier zu tun im Begriff war, einer Vergewaltigung gleichkam, mit dem einzigen Unterschied, dass die Vergewaltigte einwilligte, wenn auch nur, weil sie keine andere Wahl hatte. Er dachte das und spürte, wie sein Glied härter wurde und sein Kopf leerer, dann stieß er gewaltsam zu, ein Brennen riss an seiner Vorhaut, dann begann er, in ihr zu arbeiten. Es dauerte keine Minute.

Anschließend stürzte er in eine Bar und trank in schneller Folge vier oder fünf Gläser Whisky. Als sein Kopf wieder leichter geworden war, machte er sich auf den Weg zurück ins Hotel.

Jetzt, wo die Sonne untergegangen war, hatte sich die Luft empfindlich abgekühlt, Bogotá lag auf einem großen Bergplateau; er fror in seinem kurzärmligen Hemd. Die Dunkelheit war hereingebrochen, ihm wurde bewusst, wie sehr er nicht hierhin gehörte, wie wenig er sich auskannte. Er beeilte sich jetzt, er hatte Franziska viel zu lange allein gelassen. Ein paar abgerissene Kinder spielten auf einem kleinen Platz Fußball, das Licht versickerte langsam zwischen den Berghängen im Osten, an den Hauswänden verkündete ihm hässliches Geschmiere unverständliche Botschaften. Sein schrumpfendes Glied hatte einen Spermafaden hinter sich hergezogen, als er sich von dem Mädchen gelöst hatte, einen einzigen Luftzug lang hatte er den Mund geschlossen und war sofort erfüllt gewesen vom Geruch dieses falschen kläglichen Raums: Feuchter Mörtel, nichts weiter, es roch wie frisch renoviert.

Das Hotelzimmer war leer, der Fernseher lief noch. Er sah im Badezimmer nach und draußen auf dem Flur, doch Franziska war nicht da. Schlagartig war Lothar in der Welt zurück, war er selbst, war bei Sinnen. Das glasklare Technicolorbild von zwei bewaffneten und maskierten Männern stand ihm vor Augen, die in dieses Zimmer eingedrungen waren und die strampelnde Franziska mitgenommen hatten. Er hatte viel gehört von Entführungen ausländischer Touristen, die FARC oder auch die Paramilitärs, die Stadt war praktisch im Ausnahmezustand. Er fragte sich keine Sekunde, wie die Entführer es geschafft hatten, an den Sicherheitskräften im und vor dem Hotel vorbeizukommen. Stattdessen zog sein Bewusstsein sich zu einem einzigen Vorwurf zusammen, der wie ein Presslufthammer die Frage in ihm feststampfte: Was bist du für ein Vater?

Und er war hinabgestürzt in die Lobby und hatte den Versuch aufgegeben, dem Portier in der Lobby seine kleine Tochter zu beschreiben, denn der hatte gerade erst seinen Dienst angetreten, bitte, mein Herr, *a la orden*; der Polizist vor dem Eingang verstand ihn nicht, um ihn herum sah Lothar nur verschlossene dunkle Latinogesichter, niemand, den er fragen konnte. So hatte er sich noch nie in seinem Leben gefühlt. Er war unversehens in eine unirdische, fremde Hölle gestürzt: Ein gellender Chor von Alarmsirenen schrillte ohne Unterlass in seinen Ohren. Während er atemlos durch die Candelaria hetzte, sinnlos nach links und rechts sehend, wurde ihm plötzlich bewusst, dass die Liebe zu Franziska unbemerkt zum Zentrum seines Daseins geworden war. Nun, ohne Ankündigung, war es aus ihm herausgerissen worden, es war, als fehlte ein Stück seines Skeletts. An seine Stelle war Panik getreten, nichts als Panik, von denselben Ausmaßen wie die Liebe vorher. Inzwischen hatte die Altstadt sich vollständig von Touristen geleert, Trauben lauernder junger Männer drückten sich in den Ecken herum, vom gelblichen Licht der Straßenlaternen nur schwach erhellt. Lothar stolperte über eine Verwerfung im Pflaster; unter einem flachen vergitterten Fenster lag ein regloser Mann, betrunken oder tot; östlich der Stadt, dräuend im letzten Tageslicht, zogen Wolken über den Monserrate. Es war nicht mehr kühl, sondern klirrend kalt. Ein kleiner knorriger Linienbus zuckelte vorüber, eins von tausend Hyundai-Taxis, die ihn überall hinbringen konnten, nur nicht zu Franziska. Die Türen und Fensterläden der flachen Häuser waren fest verschlossen. Er stand vor dem verriegelten Café, in dem er ihr am Nachmittag Chocolate Santafereno mit einem Stück Käse bestellt hatte, sie wollte nichts anderes; ging die Carrera Séptima entlang zum Museo de Oro, wo sie sich die goldenen Urabá-Masken angesehen hatten. Es hatte längst geschlossen.

Er war vielleicht eine Stunde durch die Kälte geirrt, immer verzweifelter auf der Suche nach der vertrauten Gestalt Franziskas unter den wenigen abendlichen Passanten. Er fühlte sich den Tränen nahe; auch jetzt, da er im schneidenden Wind die Komödienstraße auf den Dom zuging, erinnerte er sich deutlich an seine Hoffnungslosigkeit, als sei das alles gerade eben passiert. Er war dumm und hilflos gewesen, hatte seine Tochter allein gelassen und stand nun da ohne einen Plan, wie Erwachsene ihn haben sollten. Was bist du nur für ein Vater?

Auch Emilie hatte er verloren, auch sie zu finden hatte er keinen Plan. Was bist du nur für ein Mann, Lothar? Er empfand den Impuls, sich von einem Kleinbus überfahren zu lassen, der eben die Kreuzung zur Trankgasse hin überquerte. Aber so billig kann man sich nicht davonmachen, Lothar. So nicht.

Er hatte Franziska schließlich wieder gefunden. Sie war im Hotel gewesen, die ganze Zeit, er hätte sie dort suchen, hätte zuerst durchatmen und nachdenken sollen. Allein seine Panik hatte ihn überreagieren lassen. Es war alles nicht so schlimm gewesen, wie du gedacht hattest, Lothar, längst nicht so schlimm.

Schlimm war es erst durch dich geworden.

37

An dem Tag hatte mein Vater, wie eigentlich immer, schon morgens angefangen zu trinken.« Und sie war sich sicher, dass er den ganzen Tag über weiter getrunken hatte, obwohl sie nicht dabei gewesen war. Was tat er an den Vormittagen? Er hatte mit Sicherheit lange geschlafen, im Hotel wahrscheinlich ein kurzes Frühstück genommen, und dann? Sie wusste es nicht. Sie wollte es nicht wissen.

Auch ihre Mutter schien sich nicht dafür zu interessieren. Wenn Franziska sie morgens zu den Proben begleitete, zu Fuß oder, wenn sie spät dran waren, im Bus, dann erwähnte sie ihn mit keinem Wort. Überhaupt sprachen sie kaum miteinander. Es war, als sei Franziska mit zwei verschiedenen Parteien nach Bogotá gekommen, unter denen sie ihre Zeit aufteilte. Zwischen beiden gab es nur sehr wenige Berührungspunkte, bis auf die Tatsache, dass sie im selben Bett schliefen.

Sie liebte es, ihrer Mutter beim Arbeiten zuzusehen. Sie war immer ganz ruhig, auch wenn die anderen in Hektik gerieten. Es war nur noch ein Tag bis zur Vorstellung, und sie arbeiteten verbissen an dem Bühnentrick, der die Antigone verschwinden lassen sollte. Sie probierten es immer wieder, doch es klappte nicht. Franziskas Mutter ging immer wieder nach hinten und holte ein neues Teil, feilte hier und sägte dort.

»Sie war einfach völlig unerschütterlich in ihrer Zuversicht, dass es bis zum nächsten Tag klappen würde.«

Am Nachmittag hatte ihr Vater sie dann abgeholt. Sie gingen etwas essen und danach ins Goldmuseum, wo es Hunderte von goldenen und mit Smaragden besetzten Masken, Helme, Amulette, Waffen und Figuren zu bestaunen gab, ganz zu schweigen von dem Goldschmuck. Noch mehr hatte sie allerdings die Geschichte der Indianer interessiert, die man auf Schautafeln verfolgen konnte. Es gab zum Beispiel den Brauch, die Toten in hohlen Baumstämmen zu beerdigen und dem Grab kostbaren Goldschmuck beizulegen. Ihr Vater schlenderte teilnahmslos durch die halbdunklen Gänge, drängte sie aber andererseits auch nicht zur Eile. Obwohl sie sich gewünscht hätte, dass sie sich die Exponate gemeinsam ansähen, nahm sie ihm seine Abwesenheit nicht übel, bemerkte sie kaum, so gebannt war sie von der Pracht um sie herum. Ihr reichte ein gelegentliches Nicken und Brummen, wenn sie ihren Vater anstieß, um ihn auf ein besonders faszinierendes Stück aufmerksam zu machen.

»Später, als wir zurück im Hotel waren, ging er dann noch mal irgendwohin, ich wusste nicht, wo. Es wurde schon dunkel. Ich fand das ziemlich blöd, ich hätte gern noch etwas mit ihm unternommen, mir war langweilig, denn im Fernsehen lief ja nur das spanische Zeug. Und meine Mutter würde erst spät wiederkommen, es war der Tag vor der Premiere. Also hab ich was gemacht, was sich dann später als keine so gute Idee herausgestellt hat.«

»Und zwar?«

»Ich hab das Zimmer verlassen.«

»Und dann hast du dich verlaufen, und es gab Riesenärger.«

»Ja. Nein.« Es gab tatsächlich Riesenärger, obwohl sie das Hotel nicht verlassen hatte; dazu hatte sie zu viel Angst. Sie war hinunter in den Frühstücksraum gegangen, in dem ein Cola-Automat stand, das war alles. Dass sie dabei Marvin getroffen hatte, war Zufall gewesen. Marvin war ein Junge, den sie aus dem Theater kannte, zwei oder drei Jahre älter als sie. Sein Vater nahm als Vertreter der Niederlande am Festival teil. Er erinnerte sie an Mark Owen von Take That. Sie unterhielten sich in gebrochenem Schulenglisch über den neuen Gameboy mit Farbanzeige, mit dem Marvin spielte, später bestellten sie auf Rechnung ihrer Eltern alkoholfreie Cocktails an der Bar. Marvin hatte damit angefangen; sie hätte das nicht gewagt. Es machte Eindruck auf sie, was Marvin sich traute, wie selbstständig er sich in dem riesigen Gebäude bewegte. Er zeigte ihr den Keller und die Waschküche, wo kleine Frauen mit schmalen Schultern Laken in gewaltige Waschmaschinen stopften. Marvin sagte etwas auf Spanisch zu ihnen, und die ernsten Gesichter der Frauen hellten sich für eine Sekunde auf.

Später, die Sonne war fast untergegangen, lagen sie im Park der Hotelanlage im Gras und schauten in den diesigen Himmel; trotz der dünnen Luft sah man kaum einen Stern, dafür aber eigenartige Verfärbungen, die sie noch nie gesehen hatte. This is a polarlight, sagte Marvin, und obwohl sie später herausfand, dass das nicht stimmte, imponierte ihr in diesem Moment das unbekannte Wort, in dem so viel Wissen schimmerte.

Sie war noch zu jung, um das Bedürfnis nach einem Kuss zu haben; andererseits glaubte sie schon, es vielleicht haben zu sollen. Sie lag neben Marvin und sah ihn von Zeit zu Zeit an. Sie hätte nicht sagen können, was sie fühlte, außer einer stummen Aufregung, die sich verstärkte, als Marvin näher an sie heranrückte. Sie wusste nicht, dass sie verliebt war. Erst heute war ihr im Rückblick deutlich, dass damals zum ersten Mal in ihrem Leben diese ganz speziellen Botenstoffe und Glückshormone ihren Körper durchflutet hatten.

Wieviel Zeit vergangen sein musste, fiel ihr erst wieder ein, als ihr Vater sie am Arm hochriss. Es war bereits dunkel. Er hatte Ringe unter den Augen, er roch nach Schnaps, und sie verstand nicht, warum er so aufgeregt war, verstand es lange nicht, obwohl er nicht aufhörte, davon zu reden. Er zerrte sie hoch ins Hotelzimmer. »Ich hab dich überall gesucht«, schrie er, und sie konnte sich nicht erinnern, wann sie vorher je solche Angst vor ihm gehabt hatte. Wieso war er so wütend?

»Er hat sich einfach Sorgen gemacht, meinst du nicht?«

Ruben hatte natürlich Recht; ihr Vater hatte sich Sorgen gemacht. Doch da war noch etwas ganz anderes, das mit seiner Suche nach ihr nichts zu tun hatte.

»Er hatte was dagegen, dass ich mit einem Jungen zusammen war. Die Wendla war genau in deinem Alter, hat er gesagt. Mir war gar nicht klar, wen er meinte, er redete so viel Zeug durcheinander. Später erst kam ich drauf. Er verglich mich mit einer Figur aus einem seiner Stücke.«

Er wurde immer wütender, und weil sie nicht verstand, worüber, ließ sie ihn einfach auflaufen. Sie saß bockig auf einem Stuhl in ihrer Suite und weigerte sich anzunehmen, sie habe irgendetwas falsch gemacht.

»Ich habe dir tausendmal gesagt, du sollst dich vorsehen. Du bist viel zu jung für einen Freund.«

»Wieso bin ich zu *jung* dafür?«

»Eines Tages wirst du mir dafür dankbar sein.«

Da hatte sie vor Wut geweint. Aus ihrer Sicht war es reine Willkür. Dabei war es nicht einmal Marvins Nase gewesen, die ihrem Vater nicht gefallen hatte, irgendetwas, das es für sie nachvollziehbar gemacht hätte. Er hatte ihr einfach kategorisch verboten, sich mit Jungs abzugeben.

»Aber er war doch nur nett zu mir«, sagte sie. »So süße Jungs gibt's bei uns gar nicht.«

Sie hatte sich bloß erklären und ihn besänftigen wollen; was sie erreichte, war das Gegenteil.

»Du wirst dich wundern, wie süß die sind.«

»Wie-*so*?«

»Der wollte dir doch nur an die Wäsche. So ist das. Comprende, muchacha?«

»Ich hab nicht richtig verstanden, was er meinte«, sagte Franziska, oder zumindest nicht, dachte sie, was so schlimm daran sein sollte. Das Thema Sex kannte sie aus der *Bravo*, aber sie hätte nicht sagen können, dass es sie sonderlich interessierte. Deswegen hatte sie leichthin gesagt: »Und wenn schon.«

»Und da hat der gemütliche Teil der Unterhaltung aufgehört«, sagte sie in die Dunkelheit. Sie hörte, wie Ruben leise lachte und sofort wieder verstummte.

»Okay«, sagte ihr Vater immer wieder, »okay«, er stammelte halb, »wenn du mich verarschen willst, werd ich dir das jetzt mal zeigen«, und schon waren sie im Schlafzimmer, am Kleiderschrank, er warf sie auf das Bett. »Bleib da sitzen«, sagte er und kramte etwas aus dem Schrank. »Wieso, willst du wissen, ja? Kann ich dir sagen, wieso«, sagte er und schleuderte ihr ein Heft hin. »Siehst du?«, sagte, nein, schrie er fast, mit zittriger Stimme. »Das da wollen die von dir. Findest du das schön? Findest du den jetzt immer noch süß?«

Da waren Männer, die es mit einer einzigen Frau taten, sie standen im Kreis um sie herum, und sie musste vor ihnen hocken, und die Männer hielten ihre Dinger vor sie hin. Franziska wollte aufstehen, doch er hielt ihre Schulter und drückte sie wieder aufs Bett. Sie versuchte, sich aus seinem Griff zu winden, aber er hielt sie so fest, dass sie Blutergüsse davon bekam. »Sieh dir das genau an«, sagte er, und jedes Mal, wenn sie den Kopf wegdrehte, drehte er ihn mit Gewalt wieder in Richtung des Heftes, »siehst du, was die süßen Jungs von dir wollen? Das ist es, was die von dir wollen, nichts anderes, das wollen die von dir!«

Dass einen Moment später ihre Mutter gekommen war, hatte sie als eine Erlösung empfunden, die sie ihr nie vergessen hatte.

38

Die Luft wurde stickig, aber Emilie wusste, dass sie sich das nur einbildete.

»Ich kam von den Proben ins Hotel und sah, wie Lothar und Franziska sich stritten.«

»Worüber denn?«

»Ich ... Franziska hat geweint. Sie war ganz durcheinander. Lothar war wütend und sagte, sie solle sich von solchen Typen fern halten. Halb sagte er das auch zu mir, wahrscheinlich, um mir mitzuteilen, dass Franziska sich mit einem Jungen getroffen hatte. Was ich nicht begriff, da ich ja dachte, sie wären den ganzen Abend zusammen gewesen. Ich wusste auch nicht, wo eigentlich das Problem lag. Es war sehr durcheinander alles. Ich erfuhr erst später, dass Franziska allein im Hotel gewesen war.«

»Wo war Lothar denn?«

»Er war ... er sagte, in einer Bar.«

»Und was war so schlimm daran, dass Franziska ...?«

»Lothar hat sie gesucht. Sich ziemliche Sorgen gemacht, natürlich. Als er später, nach dem Streit, in den ich hineingeplatzt bin, weg war und Franziska sich etwas beruhigt hatte, erzählte sie mir, dass er ihr Bilder aus einem Pornoheft gezeigt hätte. Dass sie sich von Jungs fern halten solle. Und dann hat er ihr wohl auch gesagt, dass sie mal ihre Tante Hanne fragen solle, was sie von solchen Jungs halte. Oder mich. «

39

Er hatte ihr doch nur zeigen wollen, wovor sie sich in Acht nehmen sollte. Er wollte doch nur … Sein Magen zog sich zusammen; er hätte sich selbst auskotzen wollen. Du wolltest doch nur. Vergiss es, Lothar. Du hast an diesem Abend alles zerstört. Alles, Lothar. Wenn die Welt nur aus guten Absichten bestehen würde, dann, vielleicht, ließe sich noch eine Entschuldigung für dich finden. Aber die Welt besteht nicht aus Absichten, Lothar. Sie besteht aus dem, was man tut.

40

Und meine Mutter stellte sich vor mich und sagte zu meinem Vater: Du rührst sie nie wieder an. Und er stand dabei und guckte so komisch. So belämmert. Ja, das ist das richtige Wort. Als hätte er erst jetzt verstanden, was passiert war. Und wie sehr er die Wut meiner Mutter verdient hatte.«

Ihr Vater setzte zu einem Schritt an, blinzelte, und sie fand, er war überhaupt nicht mehr ansprechbar. Doch ihre Mutter wich nicht von ihrer Seite, sie schien fest entschlossen, Lothar etwas anzutun, wenn er sich ihr auch nur einen Schritt weiter nähern würde. Und da begriff Franziska, was all die Jahre zwischen diesen beiden erwachsenen Menschen los gewesen war.

Ihr Vater ging, nein: torkelte an ihnen vorbei, seine Alkoholfahne hinter sich herziehend, durch den Flur und nach draußen; sie und ihre Mutter blieben allein. Franziska weinte.

Sie weinte und wollte eigentlich gar nicht wissen, was ihr Vater gemeint hatte. Sie konnte nicht anders, als trotzdem zu fragen.

41

Wie? So, wie man einer Zwölfjährigen eben von einer Vergewaltigung erzählt.«

»Wie macht man das denn?«, fragte Philipp leise. Emilie hörte, wie seine Lippen ein klickendes Geräusch machten; die trockene Luft. Sie bemerkte, dass sie Durst hatte. Sie sah die Sprechanlage an, doch die Sprechanlage war mit Sprechen jetzt nicht an der Reihe.

»Ich weiß nicht«, sagte sie. »Es war schlimm. Franziska hat gefragt. Man kann einem Kind nichts verheimlichen.«

»Nein. Das kann man nicht.«

42

Und sie hat mich getröstet und zu mir gesagt, dass das alles lange her sei und nicht den geringsten Unterschied mache, lauter so Zeug, aber ich habe herumgeschrien, dass alle Erwachsenen mir nur irgendwelchen Mist erzählen, Andeutungen und lauter Sachen, aus denen ich nicht schlau werde, und wenn sie mir was erzählen wolle, dann solle sie es richtig erzählen.« Und dann hatte ihre Mutter nachgedacht und gesagt, dass sie und Hanne keine Schwestern seien.

»Deine ... die Hanne ist schwanger geworden, damals, als ... Da wohnte eine Zeitlang ein Mann bei unseren Eltern. Ein Arbeiter, der uns geholfen hat, das Dach zu reparieren. Mit dem Mann stimmte was nicht.«

»Ich habe meine Mutter gefragt, was das schon wieder heißen solle.«

»Ein ehemaliger Kriegsgefangener«, hatte sie geantwortet. Er war acht Jahre lang in Russland gewesen. »Hanne hatte Angst vor ihm, traute sich kaum mehr zu den gemeinsamen Mahlzeiten, bei denen der Mann mit am Tisch saß.« Er hatte sie angestarrt.

»Eines Nachts kam er in ihr Zimmer. Er hat Hanne nicht danach gefragt, ob sie schwanger werden will.«

»Also hat er sie vergewaltigt?«, hatte Franziska ihre Mutter gefragt.

»Ja. Richtig. Er hat sie vergewaltigt.«

43

Philipps Stimme war jetzt tonlos. »Also sind deine Eltern zusammengeblieben ... wegen dem Kind?«

»Ja«, sagte Emilie, und sie fühlte sich ganz frei. Als stünden nicht vier enge verspiegelte Wände um sie herum, sondern eine weite Landschaft, die ihr den Blick öffnet für alles um sie herum.

»Sie sind wegen mir zusammengeblieben.«

DIE ZERBROCHENE ROSE

(*Tempo*; Jugendbeilage des Kölner Stadt-Anzeigers)

Köln, 3.3.2005. – Ab heute Abend um 20.00 Uhr hebt sich im Freien Werkstatt Theater der Vorhang für das Stück *Emilia Galotti*. Die Truppe um Lothar Lotmann wird Lessings Stück aus der Zeit der Aufklärung in einer flotten, zeitgemäßen Inszenierung präsentieren. Wir haben uns das Stück für euch schon mal angesehen.

Für diejenigen, die im Deutschunterricht geschlafen haben, hier noch mal ein kurzer Schnelldurchlauf. Die junge Emilia steht kurz vor der Hochzeit mit dem Grafen Appiani. Es gibt aber einen Prinzen namens Hettore Gonzaga, der sie heimlich verehrt. Dessen skrupelloser Diener Marinelli bringt ihn auf die Idee, Emilia zu entführen und ihren Bräutigam aus dem Weg zu räumen. So geschieht es.

Aber Emilias Mutter durchschaut das Komplott und kämpft um ihre Tochter. Gleichzeitig dichtet die ehemalige Geliebte des Prinzen ihm und Emilia ein Verhältnis an. Eine viel diskutierte Frage ist: Verliebt sich Emilia in ihren Entführer oder nicht? Einiges spricht dafür. Am Ende überredet sie jedenfalls ihren Vater, sie zu erdolchen, damit sie ihre Jungfräulichkeit – und damit die Familienehre – nicht an den ruchlosen Prinzen verliert.

Zu Zeiten Lessings wurde dieses tragische Stück als Anklage gegen den Adel verstanden. In der neuen Inszenierung von Lothar Lotmann wird allerdings besonders die Beziehung zwischen Vater und Tochter betont.

Emilia, die in anderen Inszenierungen oft seelenlos bleibt, weil ihre Tugendstrenge heutzutage ziemlich altmodisch wirkt, zeichnet Lotmann sehr zeitgemäß als lebendiges junges Mädchen mit widersprüchlichen Impulsen. Ihre Angst, sich in den Prinzen zu verlieben und so Schande über die Familie zu bringen, wird nicht bloß als dramatische Behauptung vorgeschoben, sondern als realer Konflikt ernst genommen. Dadurch verteilen sich Lotmanns Sympathien sehr eindeutig: Für ihn ist gerade nicht der adlige Prinz, sondern Emilias Vater Odoardo der Tyrann des Stücks. Bei ihm ist die Aufklärung nicht angekommen. Er verhält sich seiner eigenen Tochter gegenüber nicht anders als Lessings Adel gegenüber den Bürgern – und zerstört damit ihr Leben.

Weitere Aufführungen von *Emilia Galotti* sind am 18. und am 25. März vorgesehen.

44

Auf der Bühne war es wieder dunkel. Franziska hatte die Taschenlampe ausgeschaltet, auch Rubens Feuerzeug leuchtete nicht mehr. Er war noch da, tief im Raum verborgen, sie ahnte es mehr, als dass sie seine Anwesenheit spürte. Es war schön. Sie hätte noch ewig so sitzen können.

»Du hättest mir das nicht erzählen müssen«, hörte sie ihn leise sagen.

»Ich wollte aber.«

Sie fragte sich, wie spät es sein mochte; dann verlor die Frage wieder ihre Bedeutung. Sie wollte etwas sagen, irgendetwas reden, doch der Raum zwischen ihnen schien ihr zu groß; als ob sich die Wörter auf dem Weg zu ihm zerstreuen könnten.

»Sitzt du immer noch auf dieser Couch?«, fragte sie.

»Ich bin nicht weggegangen.«

»Kann ich mich zu dir setzen?«

Ohne seine Antwort abzuwarten, stand sie auf und ging ein paar Schritte Richtung Sofa. Hier war es durch die Notbeleuchtung über dem Zugang zur Untermaschinerie etwas heller; sie konnte Rubens dunkle Gestalt auf dem Sofa erahnen.

Eine Weile saßen sie schweigend. Dann sagte Franziska: »Wir müssen uns jetzt nicht die ganze Zeit anschweigen, nur weil ich dir das erzählt habe.«

»Nein, ich weiß. Ich hab nur überlegt, wie ich den Übergang hinbekomme.«

»Fang einfach an.«

»Ich denke gerade an eine Frau in einem Café, der ich mal begegnet bin und die nett aussah. Draußen regnete es, wir lasen beide in einem Buch. Oben drüber stand mit Leuchtbuchstaben: *Bitte sentimental werden.*«

»Was ist passiert?

»Nichts. Nach einer Weile klappte sie ihr Buch zu, packte ihre Sachen zusammen, stand auf und ging. Ich wusste, ich würde sie nicht wieder sehen. Jetzt weiß ich, ich hätte sie ansprechen sollen.«

Es war fast still auf der Bühne, aber wenn man genau hinhörte, passierte auf der Tonspur ungeheuer viel. Das Rauschen der Heizungsrohre, das leise Knarren des Holzes, wenn sie auf der Couch ihr Gewicht verlagerte, das Klacken der Stechuhr, das man überall im Haus hörte, egal wo man war. Dazu ihr eigener Atem, das Schaben des Stoffs ihrer Hose, wenn sie mit dem übergeschlagenen Bein wippte.

»Ich frag mal nicht, was du mir damit jetzt sagen willst«, sagte sie.

»Nichts. Und wenn ich dir etwas damit sagen wollte, würde ich es nicht sagen.«

»Ich könnte raten.«

»Nur zu.«

»Du hast sie nicht angesprochen, weil du Angst hattest.«

»Kann sein. Angst wovor?«

»Davor, dass alles anders wird, wenn man sich entschließt, einen Schritt zu machen ... in die Wirklichkeit. Wenn es nicht nur eine Vorstellung bleibt. Eine ideale Vorstellung.«

»Ich hab dich ziemlich erwischt vorhin auf der Treppe, oder?«

»Ja, hast du.«

Sie sah Ruben nicht an. Wenn sie ihn jetzt ansähe, dachte sie, würden auch sie an der Schwelle zu einer Verwirklichung stehen. Sie saßen dicht nebeneinander, berührten sich aber nicht; Franziska hatte keine Ahnung, wie sie jetzt etwas daran ändern konnte. Ein Blick würde nur bedeutungsvoll sein, sie wussten ja beide, worüber sie hier redeten. Sie waren beide gleich. Und indem sie sich nun gegenseitig ihre Angst eingestanden, wurde sie gebannt, und damit bestand keine Notwendigkeit mehr für jene Feigheit, die Ruben ihr vorhin vorgeworfen hatte. Sie würden sich ansehen, und es würde ein tiefer Blick sein, der alles noch zu Sagende ungesagt lassen würde, und dann wäre der Moment gekommen, an dem sie Abschied nehmen müssten: Abschied von ihrer lieb gewordenen Angst.

Sie sagte nichts. Und das musste sie auch nicht. Sie hörte Ruben fragen, was ihr selbst durch den Kopf ging: »Gibt jetzt nicht so viele Möglichkeiten, oder?«

Franziska fielen genau zwei ein: weiterreden oder nicht weiterreden. Sie sagte nichts.

»Wir flirten auf sehr hohem Niveau.«

»Flirten«, sagte sie. »Gefährliches Wort. Wenn wir zu wissen meinen, was der andere sagen will, und das dann für Seelenverwandtschaft halten – ist das nicht Projektion?«

»Aber eine nützliche, meinst du nicht?«

»Stimmt wohl.« Ruben, dachte sie. Wenn es so jemanden tatsächlich geben sollte ... Wenn man über alles reden könnte, keine Angst haben müsste davor, den falschen Schritt zu tun, wenn es kein Taktieren gäbe und keine Lügen und keine falsche Sentimentalität.

»Und wie geht es jetzt weiter?«, fragte sie leise.

»Die Frage klingt so, als gäbe es dafür einen Plan. Aber es gibt keinen. Alles ist offen. Es gibt keine Grenzen, nur absolute Freiheit.«

Sie dachte einen Moment nach, suchte seinen Blick, fand ihn nicht.

»Ich weiß nicht, ob ich mutig genug dazu bin«, sagte sie.

»Ich auch nicht. Aber wenn es wirklich keine Grenzen gibt, denke ich, können wir eigentlich sein, was wir wollen.«

45

Lothar taumelte in den Hauptbahnhof hinein, wieder auf der Suche nach einer Toilette. Die Halle war übervölkert von Menschen, Hunderten, vielleicht Tausenden von Menschen. Er machte auf dem Absatz kehrt, ging hinaus auf den Vorplatz, stolperte zu einem Blumenkübel und pisste hinein. Jemand packte ihn an der Schulter, Lothar wirbelte herum und pinkelte einem Beamten fast auf die Schuhe.

»Dafür gibt's Toiletten«, sagte der, der ihn angefasst hatte, oder war es der andere von den beiden? »Da drinnen.«

»Haste mal reingeguckt?«, sagte Lothar und bemühte sich, ruhig zu bleiben. »Die ham da ein Lazarett eingerichtet, ist jetzt Krieg, oder was?«

Der linke Beamte lächelte. »Kann schon sein. Trotzdem.«

»Schon gut«, sagte Lothar und bemühte sich, ebenfalls zu lächeln. »Was wird'n da gekämpft?«

»Also«, sagte der rechte Beamte. »Nächstes Mal nicht in der Öffentlichkeit.«

Er ging wieder hinein. Der Bahnhof sah aus wie ein riesiges Auffanglager. Auf der Anzeigetafel für die Züge waren einige Zeilen dunkel. Überall scharten sich Menschentrauben um das Bahnhofspersonal. Reisende hatten sich auf den Boden gesetzt oder gelegt, manche benutzten ihr Gepäck als Kopfkissen. In der Luft hing ein schweißig-abgestandener Geruch nach Menschen, der Lärm war ohrenbetäubend. Dabei war es eigentlich kein Lärm, sondern nur die Summe aus tausend getuschelten Unterhaltungen.

Lothar hielt einen Passanten an der Schulter fest. Er trug einen Anzug und eine Designer-Brille, und ohne Genugtuung stellte er fest, dass er dem Mann offenbar Angst einjagte.

»Was'n hier los?«, fragte er und machte einen Ausfallschritt nach links, weil er das Gleichgewicht nicht halten konnte. Alles drehte sich. Er hatte keine Ahnung, wie er das richtige Gleis, geschweige denn den richtigen Zug finden sollte. Er wollte nach Hause.

»Die Züge fahren nicht«, sagte der Mann kurz angebunden und wollte weitergehen.

»Seh ich auch«, Lothar hielt ihn fest. »Aber wieso?«

»Hat sich einer vor'n Zug geschmissen. Jetzt laufen sie überall rum und sammeln ihn wieder ein.«

»Und wie lange noch?«

Der Mann zuckte die Achseln, was, wie Lothar glaubte, nur als Vorwand diente, seine Hand loszuwerden. Der Mann ging weiter. Lothar, der mehr wissen wollte, fragte noch zwei weitere Reisende und erfuhr, dass der Zwischenfall bereits am Abend passiert war. Der Zugverkehr war für eine Stunde unterbrochen und dann wieder freigegeben worden. Seitdem war der Zugfahrplan so durcheinander, dass viele Fernreisende ihre Anschlussverbindungen nicht bekommen hatten und nun in Köln festsaßen. Zudem habe vor einer Stunde die Staatsanwaltschaft die Gleise erneut gesperrt, zu einer »Nachuntersuchung«, wie es hieß.

»Die haben im Leichenschauhaus festgestellt, dass der Kopf fehlt oder was«, spekulierte der ebenfalls Betrunkene, den Lothar um Auskunft gefragt hatte. Der hatte dann, in frappierendem Kontrast zur Wortkargheit des Anzugträgers, noch manches andere erzählt, zum Beispiel, dass der Körper richtiggehend »pulverisiert« und über den Bahndamm geweht worden sei. Aber vielleicht hatte Lothar sich das auch nur eingebildet, denn er sah nicht nur doppelt, sondern verstand, wie zum Ausgleich, akustisch nur noch die Hälfte.

»Und wann fährt jetzt wieder was?«, fragte Lothar, aber der Betrunkene wies nur auf die zahllosen Reisenden, die die Antwort ebenso wenig wussten wie er selbst.

Zwanzig Minuten später – vielleicht war auch eine Stunde vergangen – irrte Lothar noch immer durch die Reihen der Kriegsversehrten. Er war unfähig, eine Entscheidung zu treffen, ob er hier auf den Zug warten oder etwas anderes unternehmen sollte; unterdessen hatte sich die Entscheidung von selbst getroffen. Nichts bewegte sich auf den Gleisen, dafür sah Lothar mit wachsender Faszination den ohnmächtig Wartenden zu. Ein weicher Dunst hing in der Bahnhofshalle, viele der Fressbuden hatten noch geöffnet. Er hatte noch nie ein Feldlazarett mit Würstchenbuden gesehen. Genau genommen, korrigierte er sich, hast du auch noch nie ein Feldlazarett ohne Würstchenbuden gesehen. Es herrschte ein perverser Betrieb wie auf dem Rummel, nur dass die Menschen nicht zum Vergnügen hier waren, sondern zum Warten.

Die Leute hatten kleine Grüppchen gebildet, in denen sie sich gemeinsam über die Lage berieten oder auch nur den Kopf schüttelten. Lothar trieb an ihnen vorüber und durch sie hindurch, und allmählich hörte er dadurch auf, sich wie ein Wartender zu fühlen. Er hielt es fast für Zauberei, wie man sich derart zivilisiert mit seinem Schicksal abfinden konnte.

Ein paar Penner waren angelockt worden und hatten sich unter die teilnahmslos verharrenden Reisenden gemischt, als wären sie erfreut darüber, ihre Lebensform zu einem Massentrend erhoben zu sehen. Sie redeten lebhaft wie unter ihresgleichen, als seien sie die einzig zuverlässigen Autoritäten in allen Belangen des gemeinschaftlichen Wartens, einfach, weil sie es schon praktiziert hatten, lange bevor es Mode geworden war. Lothar sah sie wie Ordnungspersonal umherstehen, den sachverständigen Blick zufrieden über den reibungsfreien Wartebetrieb schweifen lassend. Niemand war hier wichtiger als sie. Hier, wo allen etwas fehlte, hatten plötzlich die Bettler als einzige etwas im Überfluss: Zeit.

Dann traute er seinen Augen nicht: Weiter hinten, bei den Zugängen zur U-Bahn, wackelte der Selbstmörder durchs Bild, es musste der Selbstmörder sein. Er war ganz zerfetzt und blutig, die Glieder hingen, wie an Fäden aufgehängt, frei schwebend neben dem Rumpf herum, als würden sie von einer Angel dorthin gehalten; den Kopf trug er unterm Arm. Lothar fragte sich sofort, wie man so etwas hinbekam. Er schüttelte den Kopf, kniff die Augen zweimal zusammen: Jetzt sah er alles wieder ganz normal doppelt, der Selbstmörder war weg.

Die Schwerverwundeten der Kultur, plötzlich musste er wieder an Dankwart denken: Die Redewendung konnte nichts dafür, dass Dankwart sich in allem, was er sagte, unglaubwürdig machen musste. Hier sind die Schwerverwundeten, fürwahr: die Übriggebliebenen, die An- und Ausgeschissenen, die lebenden Toten. Das Sicherheitspersonal versuchte vergeblich, seine Präsenz dagegenzuhalten. Eine blecherne Durchsage kam, doch alle blieben nach kurzem Horchen, wo sie waren. Lothar hatte nichts verstanden, außer: Wir bitten um Vergebung. Hatten Sie das wirklich gesagt: Wir bitten um Vergebung?

Die Hoffnung auf Entspannung der Lage war nicht mehr als eine kurze Erschütterung im Nervenkostüm gewesen. Alle warteten weiter, und sie wollten es nicht anders: *Der Mensch ist nicht geboren, frey zu seyn*. Sie warteten weiter, Lothar begriff es erst richtig, als er es sich wieder und wieder vorsagte: Es geht immer weiter, nichts geschieht oder immer dasselbe, man kommt nirgends an, doch jeder irrlichtert um das noch unbekannte Zentrum seiner Biographie. Und alle miteinander sind sie beschädigt und frustriert, dachte Lothar. Er lachte laut, mehrmals, niemand kümmerte sich um ihn, alle wappneten sich innerlich für oder gegen eine lange schlaflose Nacht.

In diesem Augenblick wusste Lothar, wie er Goethes Stück

inszenieren musste. Wie man es einzig heute noch inszenieren konnte. Es war ein Stück über Wartende. Niemand hatte das bisher so gesehen, niemand. Es war ein Stück über Goethe selbst, den alten, gleichsam zum Gott aufgestiegenen Goethe, der mit seinem Torquato Tasso in den Olymp hineinrief: und jetzt? Und die weiten, leeren Hallen antworteten mit nichts als seinem Echo. Es war ein Stück über den Künstler, der auf leerem Baugrund in der Mitte der Gesellschaft lebte, unerreichbar und nichts erreichend, der nicht Wahrheit, nicht Freundschaft und nicht Liebe erlangte, obgleich sie ihn umgaben. Es war, mehr als alles andere, ein Stück über einen, der darauf wartete, sich im anderen Menschen endlich zu erkennen, und doch nur sein ganzes Leben mit leerem Blick auf sich selbst starrte.

Wartende, dachte Lothar, das sind Menschen in ihrer Reinform, wie auf Eis gelegt. Sie spielen keine Rolle, sie haben keine soziale Adresse im Moment des Wartens, ob Künstler oder Dompteur, ob Kassiererin oder Devisenfälscher. Sie sind nackt und wehrlos, haben keine Verwendung für sich, setzen mit ihrem Leben aus – bis sie wieder in ihre Rolle zurück dürfen. Sie sind auf Pause geschaltet; und weil sie still halten, kann man sie desto genauer studieren. Der Wartende will nichts, als endlich nicht mehr warten.

46

Es war tröstlich, nicht alleine zu sein. Sie hatte nie darüber gesprochen. Ging es ihr jetzt besser? Zumindest bereute sie nicht, es Philipp erzählt zu haben. Er hatte vermutlich schon viele solcher Geschichten gehört. Das beruhigte sie. Genauso hatte sie die Stimme auf der anderen Seite der Sprechanlage beruhigt, die ihr versichert hatte, Hilfe sei unterwegs. Auch wenn die Hilfe jetzt doch nicht kam, weil sie vielleicht etwas Besseres zu tun hatte, war sie sicher, dass die Angelegenheit in fachkundigen Händen ruhte, und damit war es nicht mehr ihre Sorge. Es war seltsam: Sie fühlte sich geborgen. Philipp saß dicht neben ihr und hielt sie im Arm, sein Rasierwasser aromatisierte die stickige Luft, ihr Atem ging schneller – doch jetzt schrieb sie das nicht mehr einem steigenden CO^2-Gehalt zu, sondern etwas anderem. Es hatte mit ihr zu tun. Mit ihr und Philipp.

Sie küsste ihn. Er war so überrascht, dass er leicht zusammenzuckte; dann erwiderte er den Kuss. Sein Atem roch nach Wein, seine Lippen waren weich, und seine Zunge musste sie suchen. Sie öffnete die Augen einen Spalt und sah, dass seine geschlossen waren. Er schloss sie enger in die Arme, was nicht ganz leicht war, denn sie saßen noch immer nebeneinander an der Kabinenwand und mussten sich um neunzig Grad in der Hüfte drehen, sie spürte die Dehnung im ganzen Rücken. Ihre Hand strich über Philipps Hinterkopf, und schon fühlte sie seine Hände auf ihrem Rücken.

47

Seine Hand glitt nach vorne und berührte ihre Brust. Ein Schwindel packte ihn, als er sich klarmachte, dass dies gerade wirklich passierte. Ihre Brüste waren weich, er hatte hundertmal davon geträumt. Sie strich über seine Haare, er konnte weder eine Ermunterung noch ein Missfallen daraus schließen, also machte er weiter. Er berührte die andere Brust. Dann ließ er die Hand wieder auf ihren Rücken wandern, um eine Sekunde später wieder zurückzukehren, diesmal unter ihrem Pullover. Ihre Haut war warm und feucht, schnell hatte er den Verschluss gefunden. Er bekam ihn sofort auf. Der Weg war jetzt frei, noch einmal nahm er ihre Brust in die Hand, diesmal strich er mit dem Finger über die Brustwarze. Ihre Hand lag auf seiner.

48

Er sah alles in Einzelbildern, durch Schlieren miteinander verbunden: das Taxi, die Lichter, die an ihm vorüberglitten, die anderen Autos, die Häuser der Stadt. Er zählte nicht, wie viel er dem Taxifahrer gab, wusste nicht, was er ihm sagte, und begriff erst, als er aus der Capri Lounge wieder herausgetorkelt war, dass er drinnen kein bekanntes Gesicht mehr gefunden hatte. Es war kalt. Trotzdem schwitzte er und war froh, nur die dünne Jacke angezogen zu haben, die klirrende Luft fühlte sich angenehm hart an um ihn herum, fast so, als sei sie eine Form, die ihn daran hinderte, wie Matsch zu zerfließen. Eine Eiserne Jungfrau.

Als er zum hundertsten Mal an diesem Tag ins Taxi stieg, konnte er diese Fahrt schon nicht mehr von der kurz zuvor unterscheiden: Wo fährst du überhaupt hin, Lothar?

49

Es war still um sie herum. Der riesige, beinahe unsichtbare Bühnenraum barg Kulissenteile, Bauholz, Requisiten und Möbel, doch das alles war für sie nur schemenhaft zu erkennen. Sie waren hier drinnen, im Bauch dieses verwinkelten Baus, von niemandem entdeckt. Ruben atmete ruhig und gleichmäßig neben ihr. Er sagte nichts und machte nicht den Eindruck, als habe er es vor. Sie erinnerte sich daran, was Ruben vorhin zu ihr gesagt hatte. Ja, sie war noch nie länger als ein paar Wochen mit jemandem zusammen gewesen. Und es war auch richtig, dass sie in zwischenmenschliche Kontakte keine übermäßigen Erwartungen setzte, dass sie sogar, wenn man es genau nahm, nur im Internet regelmäßig welche hatte – in Chats, bei Facebook, in Second Life. Sie hatte ihre sozialen Beziehungen digitalisiert. Vielleicht gab es dafür eine Erklärung, vielleicht auch nicht. Ihr hatte bislang nichts gefehlt – das war der einzige Grund, der ihr einfiel. Jemanden zu »haben«, wie das ja auch hieß, war ihr schnell zu einer Belastung geworden.

Sie fragte sich, wie es mit Ruben sein würde. Denn dass sie gemeinsam hier saßen, musste ja etwas bedeuten. Zum Beispiel, dass Franziska nicht länger allein sein wollte. Dass sie sich nach etwas sehnte. Allerdings war Ruben ein vollkommen Fremder. Was sie wusste, war, dass sie aus irgendeinem Grund Vertrauen zu ihm hatte. Sie konnte sich nicht vorstellen, dass mit jemandem wie ihm jene Probleme auftauchen könnten, die sie so oft bei ihren Eltern beobachtet hatte: Diese versteckten Andeutungen, kodierten Vorwürfe, heimlichen Erwartungen. Sie hatte ein ganz klares Bild davon, dass sie es mit jemandem wie Ruben so viel besser machen könnte. Dass mit jemandem, der so offen und ehrlich und gänzlich unegoistisch war wie er, auch eine analoge Beziehung möglich wäre.

Aber wie konnte sie wissen, dass er das wirklich war? Das war doch ganz eindeutig nichts, das sie schon von ihm wissen konnte, sondern eine … heimliche Erwartung.

»Was denkst du?« Seine Stimme war warm und weich.

»Ich denke«, begann sie, und sie wollte es ihm auch wirklich sagen; doch dann zögerte sie. Sie hätte Ruben gern angefasst, seine Nähe gespürt hier auf dieser großen weiten Bühne. Sie streckte die Hand aus. Möglicherweise – sie wusste es selbst nicht genau – tat sie das in der Absicht, seine zu ergreifen. Was sie stattdessen zu fassen bekam, war der Hals der Wasserflasche, die sie vorhin zwischen sie gestellt hatte.

50

Sie stieß ihn nicht weg; die Berührung war nur etwas zu intensiv. Es geht zu schnell, dachte sie. Sofort kippte sie aus ihrer Selbstvergessenheit heraus, gewahrte das Mechanische seiner Bewegungen; erst die eine Brust, dann kurz nach hinten, um das Absichtsvolle daran zu verschleiern, dann die andere Brust. Sie hatte ihm das Hemd aus der Hose gezogen und berührte seinen Bauch, ganz vorsichtig, nur mit den Fingerspitzen; als sein Atem schneller wurde, zog sie die Hand wieder zurück.

51

Wo fahrnse einklich hin?«, sagte er, und als der Taxifahrer antwortete, begriff er, dass er ihm Karinas Adresse genannt hatte. Wie die Leuchtreklamen und Straßenlaternen draußen blitzten Fragen in seinem Wahrnehmungsfeld auf. Er wollte nach Hause, da ist nicht dein Zuhause, Lothar, aber diese eine Sache, nur diese eine Sache noch, die musste geklärt werden, diese eine kleine Zukunft noch, die du vielleicht hast als Theatermann, die wieder eine große werden kann, wenn du nur überzeugend genug bist, wenn du es schaffst, einen klugen klaren Kopf zu behalten und ihnen deinen Plan zu erklären, denn du hast immer einen Masterplan, das ist das Großartige an dir, und du scheust nicht vor unkonventionellen Methoden zurück. Die Leute haben immer erst die Stirn gerunzelt, aber hinterher, Jahre später, mussten sie zugeben, dass alles einen Sinn gehabt hat, dass Lothar einer mit Weitblick war. Alles passte zusammen, alles hat hierher geführt. Du fährst zu den beiden und sackst sie für deinen Plan ein, dann fährst du nach Hause, und Emmy. Emmy muss mitmachen. Die ganze Familie, dachte er: die ganze Familie. Kein Wort mehr von Scheidung, wenn Emmy hört, was du auf die Beine stellen willst, wenn sie hört, dass du alles auflösen kannst in der einen Idee, die alles erklärt, die alles weitere überflüssig macht: ein Schlüsselstück. Ein Mensch ist so viel, dachte er, und dann: wie viel ist ein Mensch.

52

Als nächstes«, hörte sie Rubens körperlose Stimme irgendwo in der Dunkelheit sagen, »käme jetzt an die Reihe, dass wir uns hier in der Dunkelheit berühren. Wir würden uns küssen. Dabei würden wir langsam das Gefühl unserer individuellen Trennung und unserer Umgebung verlieren; die Zeit und der Raum würden sich zusammenziehen und zu einem intensiven Gesamterlebnis verschmelzen, das sich in unserer Erinnerung tief verankern würde. Wir würden mit sanfter Gewalt die äußere Grenze des anderen, seine Kleidung, überwinden und erst in größtmöglicher Nähe endgültig scheitern; weiter als bis zur Hautoberfläche geht es nicht. Wir müssten draußen bleiben. Eine Weile würden wir uns damit zufrieden geben, dann würde die Frustration überhand nehmen, und früher oder später würde es zu einer Vereinigung kommen. Wir würden Augenblicke greifbaren Glücks erleben und an der Unmöglichkeit, es dauerhaft zu machen, beinahe verzweifeln. Wir würden uns in die Abstraktion einer ›Beziehung‹ flüchten, um uns für diese Verzweiflung zu entschädigen. Wir müssten über lange Strecken ohne das Gefühl auskommen, das uns jetzt verbindet. Wir würden unser Leben leben, jeder für sich und Seite an Seite. Es würde Probleme geben und Momente von beinahe symbiotischer Nähe; wir würden Dinge voneinander und über uns selbst erfahren, von denen wir jetzt noch nichts wissen können. Wir würden uns verändern. Übrigens weiß ich, dass du meine Hand gemeint hast.«

Es entstand eine Pause; sie wünschte sich nichts sehnlicher, als dass er sie berühren oder wenigstens dazu ermutigen würde. Und tatsächlich:

»Worauf wartest du?«

53

Er spürte ihren Widerstand, ließ die Brust los, berührte stattdessen ihre Schultern, ihren Hals. Der Blutstau ließ etwas nach, er schöpfte Atem; sofort wollten seine Hände zurückkehren. Emilie, dachte er. Er wollte sein Gesicht zwischen diese Brüste legen, ihren Geruch atmen, in die Aura ihrer Wärme eintauchen. Daran saugen. Langsam, ermahnte er sich.

54

Ihr Pullover wurde ihr über den Kopf gezogen. Sie ließ es geschehen und nutzte die Gelegenheit, sich aus ihrer verrenkten Position an der Kabinenwand zu befreien. Sie kniete sich hin, den Pullover über dem Kopf, die Arme erhoben. Der Ausschnitt hing unter ihrem Kinn fest, Philipp musste etwas stärker ziehen, gleich darauf rutschte er bis zu ihrer Stirn, dann stellte sie fest, dass sich ihre Kette in der Lammwolle verhakt hatte. Blind, mit noch immer in den Ärmeln steckenden Armen, versuchte sie, sich zu befreien; Philipp hatte nichts von ihrer Kette bemerkt und zog weiter an dem Pullover.

»Nicht«, sagte sie, »warte …« Sie bekam die Hände frei, nestelte den Verschlusshaken der Kette aus dem Pullover und zog ihn endlich aus. Philipp hatte sich ebenfalls hingekniet, die Hände unbeholfen vor den Körper gehoben, wie um ihr zu assistieren, jetzt allerdings tatenlos. Sie begann, sein Hemd aufzuknöpfen. Einen Moment dachte sie darüber nach, es einfach aufzureißen, verwarf den Gedanken aber wieder, das Hemd mochte an die hundert Euro gekostet haben.

55

Wir sind da-ha«, insistierte der Taxifahrer, und Lothar hielt ihm was hin, der Rest ist für dich, dann stieg er aus, dann fragte er sich, worüber er gerade verdammt noch mal nachgedacht hatte, das war wichtig gewesen, das musst du ihnen sagen, irgendwas mit Plan, großer Plan, super Plan, irgendwas, jetzt im Detail: das Klingelschild. Du musst dir die Sachen merken, Lothar, wenn du sie überzeugen willst, das ist wichtig jetzt!

Als er noch mit dem Kopf vor der Tür stand, waren seine Füße schon auf der Treppe, oben an der Tür, Karina im Nachthemd, die Kette vorgelegt, er zog seinen Körper die Treppe hinauf wie einen Anker.

»Ich muss mit euch reden, ich muss noch mal ganz dringend …«

56

Sie stellte die Flasche, die noch immer zwischen ihnen stand, auf den Boden. Sie wartete. Ruben erhob keinen Einspruch; er schien zu wissen, zu welchem nächsten Schritt dies der Auftakt sein sollte. Plötzlich konnte man nicht mehr bewegungslos bleiben. Sie hob den Arm, ohne zu wissen, wohin, dann drehte sie sich ein wenig mehr in seine Richtung.

»Aber auch wenn man das alles weiß, ist das kein Grund, es nicht trotzdem zu versuchen. Weil auch das noch dazugehört: die Zukunft vergessen können.«

57

Sie knieten sich gegenüber, und jetzt wagte er es, seine Augen für einen Moment zu öffnen. Ihr Haar war zerzaust, der weiße Spitzen-BH baumelte locker herunter und verdeckte ihre Brüste nur noch halb. Er schämte sich dabei, sie anzusehen, und hoffte, sie habe seinen Blick nicht bemerkt. Schnell schloss er die Augen wieder und umarmte sie.

»Der Techniker«, sagte sie unbestimmt, seinen Hals küssend, doch die Worte erstarben sofort wieder, er begriff ihren Sinn nicht. Ein Schauer lief durch seinen Körper, von oben bis zu seiner Körpermitte, er streifte ihren BH endgültig ab und küsste ihren Hals.

58

Karina«, leise, ganz leise, weil du stehst hier in ihrem Treppenhaus, und das ist ein Mietshaus, Lothar, und Karina ist jetzt spießig geworden, sie sagt: Scher dich gefälligst weg, oder: Ich hab schon geschlafen, oder: Ich will nicht mit dir reden, sie sagt es ganz leise, damit die Hausbewohner nicht geweckt werden, und dein großer Plan, Lothar, ist der, gegen die Tür und damit Krach zu schlagen, und *tadaaa!*, wieder ein Beweis dafür, dass der große Lothar Lotmann nichts dem Zufall überlässt, denn *simsalabim!* öffnet sich der Sesamöffne-dich, und drin stehst du in warmer Bude und privatem Haushalt, hier kennst du dich aus, hier fühlst du dich wohl, und er spürt Karinas Bettwärme, du bringst mich glatt auf Gedanken, Schätzchen, »hau ab«, aber dann ihr Hintern unter dem dünnen Stoff, und die Wärme, vielleicht kann man auch noch aufschieben, was zu besprechen ist, vielleicht kann man sich vorher erst noch kurz die Seele aus dem Leib ficken, wie früher, Karina, denn dieser Körper da unter dem Nachthemd, der ist dafür wie gemacht, und dieser Fummel ist eh nur ein Schleier, eine Verblendung, das bist doch nicht du, Karina …

»Was willst du noch, Lothar?«

Im Türrahmen stand Dankwart.

59

Franziska spürte seine Hand an ihrem Hinterkopf, dann tiefer wandernd in ihren Nacken und wieder hinauf. Sie schloss die Augen. Seine Hand war warm und angenehm glatt. Ihre Gedanken verstummten. Seine anfänglich zaghafte Bewegung wurde gleichmäßiger, sicherer. Kaum merklich ließ sie den Kopf zurücksinken, gab sich um einige Millimeter mehr seiner Berührung hin. Plötzlich fürchtete sie das Verebben seiner Bewegung wie ein unvorstellbares Schrecknis.

60

Sie bekam den Kopf nicht frei, dachte daran, dass Philipp schon die nächste Etappe anpeilte, an den Techniker, der vermutlich eben das Hotel betrat und den Schraubenzieher ansetzte, stellte sich den Aufzug vor, der zwanzig Meter über dem Boden in der Dunkelheit an fünf Stahlseilen hing. Tragfähigkeit eine halbe Tonne, dachte sie, das machte hundert Kilo pro Seil, wobei sich das Gewicht auf die beiden Winden verteilte, und so gesehen war es wiederum eine sehr sichere Angelegenheit, sich hier drinnen zu entkleiden. Sie stellte sich vor, dass draußen auf dem Flur vielleicht gerade jetzt Leute standen, die auf den Aufzug warteten und nicht ahnten, dass er so bald nicht kommen würde. Sie sah ganz deutlich die geschlossene Aufzugtür vor sich, und merkwürdigerweise konnte sie sich nur zu gut vorstellen, wie es wäre, nicht zu wissen, was dahinter vor sich ging.

61

Dankwart mit wirrem Haar in der Türfüllung, abendfüllend sozusagen, als ob du nicht damit gerechnet hast, dass sie beide hier sind, dass sie beide etwas früher nach Haus gefahren sind, um sich zu zweit zu vergnügen, im Bett, sich gegenseitig abzufummeln, wie die Tiere, als würde es nichts anderes auf der Welt geben, als würde man nur dafür leben, finde das Loch und stopf es zu, als wäre das der Sinn der Welt, ich hab nachgedacht, Dankwart.

»Dann mach schnell, wir sind müde.«

Wir, aha, jetzt sprichst du schon für euch beide, wie gefällt dir, dass du heute schon wieder eine Stufe zur Entmündigung erklommen hast, Karina, na? Wie? Mehr fällt dir dazu nicht ein?

»Es ist spät, Lothar, wir haben was Besseres vor, als ...«

»Ja, das glaub ich gern – ihr seid wie die Karnickel, was? –, aber ich hab was Wichtiges, was sehr Wichtiges, ich weiß jetzt, wie ich den *Tasso* machen muss.«

62

Franziska fühlte sich ermutigt, auch ihre eigenen Bewegungen fortzusetzen. Es war erleichternd, dass er nicht darauf gewartet hatte, nicht nach einer Gelegenheit grabschte. Er saß einfach still da; ob seine Augen offen waren oder geschlossen, wusste sie nicht. Dann begannen auf einmal ihre Finger in einem kleinen improvisierten Tanz einander ganz zart zu streicheln.

63

Die Tür ansehen und nicht wissen, was sich im Innern abspielt, dachte sie. Es war eine amüsante Vorstellung, wie sich die Türen plötzlich öffnen und zwei Sphären der Wirklichkeit aufeinander prallen würden, die vorher durch eine dünne Blechwand voneinander getrennt waren; auf der einen Seite zwei halbnackte Menschen, die es in einem Aufzug miteinander trieben, auf der andern Seite eine Delegation ausländischer Unternehmensberater, die gerade noch der längsten Theke der Welt einen Besuch abgestattet hatten und sich nun in ihre Zimmer zurückziehen wollten. Wie würde sie an ihrer Stelle auf diesen Anblick reagieren? Sie wäre belustigt, ganz zweifellos, nicht etwa peinlich berührt; es würde sie für die beiden Menschen freuen, deren Lust aufeinander sie so anfallsartig heimgesucht hatte, dass sie offenbar nicht einmal warten konnten, bis sie in ihren Zimmern waren. Sie würde es als etwas betrachten, das ihr selbst zwar niemals passieren würde – und zwar aus vielen Gründen nicht –, das aber durchaus seine Berechtigung hatte, weil es zeigte, dass die Menschen manchmal ihren Impulsen ausgeliefert waren, die sie zu den ungünstigsten Gelegenheiten dazu zwangen, sich mit ihnen auseinander zu setzen. Vielleicht würde sie darüber nachdenken, ob es ihr *wirklich* nicht auch selbst passieren könnte, und aus welchen Gründen es eigentlich so unwahrscheinlich war. Sie würde sich darüber freuen, wie souverän sie mit dieser Situation umgehen könnte. Sie würde sich ruhig und immer noch im Ton gelinder Belustigung fragen, wie es wohl wäre – einmal vorausgesetzt, man wäre ein ganz anderer Mensch und hätte gute Gründe und so weiter –, wie es also wäre, sich selbst in einer solchen Situation zu befinden.

64

Sein Gesicht wanderte tiefer, in der Vertiefung ihres Schlüsselbeins hatte sich ein Tropfen salziger Flüssigkeit gesammelt. Es war Emilie, er wollte nicht, dass das Gier war, die er da spürte, aber es war Unsinn, sich etwas vorzumachen: Er wollte sie. Er spürte wieder ihre Hände auf seinem Bauch, ganz nahe seiner Gürtellinie, und wie sie die Zunge in ihn hineinschnellen ließ, leidenschaftlich und ganz hemmungslos, machte ihn verrückt. Ihr Geruch, Parfum vermischt mit ihrer Wärme, breitete sich hinter seiner Stirn aus, er berührte ihren Hintern, zwängte seine Hand unter den Saum ihres Rocks.

65

Schweigen. Pause. Sie sind gespannt, Lothar, jetzt hören sie dir zu, also los, los, keine Zeit zu verlieren.

»Ich weiß das jetzt, ich hab jetzt alles, was ich brauch, ich war am Bahnhof grade …« Karina ging ab; sie verzog sich in die Küche und wurschtelte dort herum, egal, sagt sich Lothar, die alte Fotze kann dir gestohlen bleiben, das ist eh eine Männerangelegenheit: »Setz mir 'nen Kaffee mit auf, Schätzchen!«, und Dankwart geht langsam vorbei und lässt dich nicht aus dem Blick, na klar, er will ja, dass du weiter erzählst, ist gespannt wie ein Flitzebogen. »Also, ich hab mir gedacht, wir inszenieren das am Bahnhof, ja? Das gab's überhaupt noch nie, ich hab schon alles geplant, Finanzierung und alles, nämlich wir verkaufen das als Event zum Kulturhaus, Kulturhaushalt, mein Gott, *Kul-tur-haupt-stadt-jahr*, die Leute kommen am Hauptbahnhof an, ja?, zu Tausenden strömen die in die Stadt, und dann kriegen sie gleich was auf die Zwölf, kulturell jetzt, nämlich so eine große existenzialistische Posse über das, und jetzt hör zu: über das *Warten*!«, und er spürte, dass Dankwart das noch nicht ganz verstanden hatte, weil du dich wieder mal unheimlich schräg ausdrückst, Lothar, kannst du das nicht ein bisschen klarer machen? Die Espressokanne blubberte und dampfte auf dem Herd, auf dem Tisch standen noch zwei Teller, die zwei hatten wohl Heißhunger auf was Tiefgekühltes nach ihrer Turnstunde, Backofentür steht noch auf wegen Auslüftung, und wie die zwei sich jetzt hinter deinem Rücken ansehen – dir entgeht nichts, Lothar.

66

Er zog den Reißverschluss des Rocks auf der Rückseite auf und deutete an, dass er ihr das Ding ausziehen wollte, doch sie reagierte nicht. Sie küsste ihn, in gleichmäßigen Kreisbewegungen stieß ihre Zunge in seinen Mund; auch ihr Atem ging heftig. Es musste schnell gehen, dachte er. Das musste sie schon einsehen, denn der Aufzug konnte jeden Augenblick wieder freigeschaltet werden. Sie waren jetzt so weit gegangen, sie konnten nicht so ohne weiteres wieder zurück, und er war überzeugt, dass Emilie das genauso sah. Ein gewisses Risiko spielte da schon mit, sicher, aber wann geschah es schon, dass man sich in so einer Situation befand. Entschied sich nicht in genau dieser Art von Situation, ob man ein Langweiler war oder jemand, der etwas riskierte? Der sich traute, auch mal ein bisschen verrückt zu sein?

Er legte die Hand auf ihren Oberschenkel, und als er an ihrer Brustwarze saugte, zog sie knapp und scharf die Luft ein. Dieser kleine unscheinbare Laut erregte ihn unsagbar, wie ein unterdrückter Schmerzenslaut, weil er sie so nie erlebt hatte. Sie korrigierte ihre Position, richtete sich ein wenig auf, ihre Beine waren weiter geöffnet als gerade. Er schob seine Hand unter ihren Rock, berührte die Innenseite ihrer Schenkel. Wieder ein Geräusch. Sie war einverstanden damit, er war ganz sicher, sie wollte, dass er weitermachte.

67

Sag mal, bist du so bescheuert?«

Was jetzt?

»Ist das dein Ernst, die Show, die du hier abziehst? Kannst du dir bitte mal im Spiegel angucken, was für ein Freak hier bei uns in der Bude steht ...«

Bei uns?

»... hierher, es ist drei Uhr oder was, und du erzählst mir dieses total bestusste Zeug, pass mal auf, entweder du bist bei *Eins* durch die Tür, oder ich ruf die Leute mit den großen Hundenetzen. Du bist völlig durchgedreht, Lothar, vertrau mir, ich kenn mich da aus: völlig übergeschnappt.«

»Dann leih mir dein Auto«, sagt der Übergeschnappte – irgendwie scheint es zu stimmen, Lothar, irgendwie geht alles schneller und glatter, wenn man sich gar nicht groß dagegen wehrt, du willst jetzt nach Hause, das ist dir vorhin schon aufgefallen, und: jaja, beknackte Idee, hier aufzutauchen, okay, aber man muss ja keine große Sache draus machen – »leih mir deinen Wagen, die Züge fahren nich.«

»Okay, raus, Lothar, oder ich ruf die Bullen.«

»Ach, die Bullen?«

»Wir können uns gern wieder sprechen, wenn du in einem anderen Zustand bist ...«

»Wie denn? Tot?«

»Aber jetzt haust du bitte ab.«

»Will ich ja, aber du leihst mir deinen Wagen bitte, sonst komm ich nicht nach Hause. Ich hab nämlich ein Zuhause, ein richtiges Haus mit einer Familie drin, nicht so eine Bohème-Mansarde für …«

68

Nach einer Weile, unbestimmbar und schier endlos, ertönte ein Grollen unter der Bühne. Der Boden vor ihnen, auf dem eine Kulissenwand und ein barocker Sekretär standen, sank unvermittelt ein, ein Lichtschimmer brach unter der Kante hervor. Das Hubpodium, das bisher mit der übrigen Bühne eine zusammenhängende Fläche gebildet hatte, senkte sich just vor ihren Füßen in die Tiefe und öffnete den Blick auf die Unterbühne. Erst eine, dann zwei Etagen unterhalb von ihnen kamen Räume und Stellflächen zum Vorschein, schummrig erleuchtet wie die Wohnkammern eines Schiffs oder U-Boots, die allerlei Zeug und Gerätschaften bargen.

Franziska schrak nur kurz auf, dann saßen sie wieder still und unbeweglich in ihrer gegenseitigen Berührung, bis das Podium unten donnernd zum Stillstand kam. Es drängte sie nicht, von hier aufzustehen und zu verschwinden; wenn sie nur stillhielten, könnten sie ewig so sitzen bleiben.

69

Sie knöpfte seine Hose auf, ohne zu wissen, warum sie das tat. Wollte sie hier drin mit ihm schlafen? Wie sollte das denn gehen? Die Kabine war einen Meter fünfzig lang und genauso breit, man konnte sich nicht der Länge nach hinlegen. Im Stehen? Das konnte ja nur ein Witz sein, fast musste sie ein Kichern unterdrücken: Wie sollte das denn funktionieren? Sie waren schließlich keine chinesischen Zirkusakrobaten. Ganz ausgeschlossen. Vielleicht im Sitzen. Aber wer setzte sich hin? Philipp, logischerweise; und sie müsste sich dann rittlings auf ihn setzen. Aber ihre Schuhe würden sie dabei stören. Sie glaubte nicht, dass das wirklich passieren würde. Es war so grotesk, dass sie, im Aufzug – aber gleichzeitig wusste sie: Doch, genau das würde passieren. Philipps Hand scharwenzelte schon einige Zeit an ihrem Oberschenkel herum, und ihr war schon klar, was sie da wollte. Seine jungenhafte Aufgeregtheit rührte sie. Sie zog den Reißverschluss seiner Hose auf, jetzt war es, als würde sein Atem aussetzen. Sie lächelte, während sie ihn küsste, und sie spürte, dass er ihr Lächeln mit zittrigen Lippen erwiderte. Sie hatte ihn in der Hand. Sie zog sich am Geländer hoch, streifte die Schuhe ab und wollte den Slip herunterziehen, aber sie hatte nicht daran gedacht, dass sie darüber eine Strumpfhose trug, die sie wiederum nicht ausziehen konnte, ohne sich vorher des Rocks zu entledigen, was sie auf keinen Fall wollte. Der Rock bleibt an, dachte sie. Denn falls sich der Aufzug wieder in Bewegung setzen würde, könnte sie im Handumdrehen den Mantel anziehen und vorn zuhalten und damit den Eindruck seriöser Wohlanständigkeit erzeugen, falls das nötig sein sollte. Eigentlich würden zu diesem Bild auch die Schuhe gehören, aber gut, die Schuhe waren nicht so heikel. Sie streifte sie ab und zerrte unter dem Rock an ihrer Strumpfhose. Hier oben, im Licht, so weit über Philipp, kam sie sich plötzlich albern vor, und sie war froh, dass er unten bei ihrer Hose half. Zusammen schafften sie es, das verdammte Ding samt Slip über die Waden zu ziehen. Philipp zog sie zu sich hinunter, damit sie sich hinsetzte und er das Kleidungsstück endgültig über ihre Knöchel ziehen konnte. Die Vorstellung, mit blanken Knien auf einem Teppich zu hocken, über den täglich hunderte Fußpaare schritten, war ihr nicht gerade angenehm. Wie oft mochte hier gesaugt werden?

70

Du willst jetzt nach Hause, wie ein schwerer Eisenvorhang krachte die Erkenntnis runter, weg von hier, weg von hier. Hier hast du kein ehrliches Wort zu erwarten, hier geht man nicht aufrichtig mit dir um, Lothar, deine Ideen werden nicht wertgeschätzt, du wirst klein gemacht und klein gehalten, du gehörst hier einfach nicht hin, so einfach ist das. Du hast dich geirrt, total verrannt hast du dich. Dieses schmierige Linoleum in der Küche, dieses ganze zusammengewürfelte Ikea-Zeug, diese Katzenbilder an den Wänden, überhaupt kein Stil, wie konnte dir das all die Jahre entgehen, Lothar, du kannst mit diesen Leuten nicht mehr arbeiten, du gehörst hier überhaupt nicht hin. Alles hier ist total kaputt, und es wird dich genauso kaputtmachen, wenn du hier bleibst.

»Gib mir jetzt die scheiß Autoschlüssel«, schrie er.

71

Sie saßen, nicht erschreckt, sondern ganz ruhig, als könne die Bewegungslosigkeit ihr Versteck am besten wahren. In der Untermaschinerie hantierte Klaus, der dicke Bühnenarbeiter, an einem Pult herum, das mit Kabeln, Werkzeugen und Papierrollen übersät war. Er gab ein altmännerhaftes und wohl auch angetrunkenes Stöhnen und Schnauben von sich, als er den Sekretär und das Kulissenteil von dem Podium herunterräumte und dann in den Tiefen der Untermaschinerie verstaute.

An den Gitterwänden, die die Unterbühne gliederten, hingen Kalenderbilder von nackten Frauen, teilweise in anzüglichen Positionen. Franziska zog ein Bein an und stieß dabei die Flasche um. Diese kippelte, einen Augenblick unentschlossen, ob sie fallen sollte oder nicht. Franziska befreite sich geistesgegenwärtig aus der Umarmung, um sie festzuhalten, doch da hatte die Flasche ihre Entscheidung getroffen und kullerte bereits auf den Abgrund zu. Ihr Fall sah aus, als schwebe sie in Zeitlupe in der Luft, und Franziska benötigte die Dauer, bis die Flasche unten zerschellte, um ihre Begriffe von Schwerkraft, von Ursache und Wirkung, von ihrem ganz grundlegenden *Vorhandensein* wieder zurückzugewinnen.

72

Philipp zog seine Hose über den Hintern und ließ sie auf Kniehöhe baumeln; dann wusste er nicht weiter. Er hatte Emilie gerade bedeutet, ihm ein wenig Platz zu machen, jetzt hatte er sich untenrum freigemacht – wie beim Urologen, dachte er –, sein Penis ragte nackt und seltsam unverblümt in die Szene, als wüsste er selbst am besten, dass er hier eigentlich nichts zu suchen hatte. Diese im Raum stehende Forderung wirkte sich auf das Klima im Aufzug, wenn er das richtig interpretierte, abkühlend aus, vielleicht war es auch die Unterbrechung oder die Tatsache, dass sie nicht gut aufeinander eingespielt waren. Er kniete, sie saß, und damit sie zusammenkamen, musste einer von ihnen die Position wechseln. Er stand kurzentschlossen auf und zog sie hoch. Sie küssten sich, er presste den Oberkörper gegen ihren und versenkte sich in den weichen Druck ihrer warmen Brüste. Sie schlang ein Bein um ihn, und er deutete das als Aufforderung, sie zu stützen, sodass sie sich ihm mit dem zweiten Bein vollständig öffnen könne. Er hob sie an, sie war überraschend schwer. Er versuchte, sie so hochzuheben, dass er einerseits bequem in sie eindringen konnte, auf der anderen Seite aber ihr Gewicht auf dem Handlauf abstützen konnte. Der befand sich auch tatsächlich in einer dafür günstigen Höhe, ragte aber nicht tief genug in den Raum, sodass Emilies Hintern zweimal und dann zum dritten Mal abrutschte und er sie wieder herunterlassen musste. Sie stellte sich auf die Zehenspitzen, und er versuchte, leicht in die Knie gehend, von vorn in sie hinein zu kommen. Als er wiederum beim dritten Versuch feststellte, dass ihre Schamlippen keinen Millimeter zur Seite wichen, begann seine Erektion zu erschlaffen.

73

Sie drehte sich um und streckte ihr Hinterteil ein wenig vor, kam sich aber augenblicklich lächerlich vor, weil sie jetzt fast völlig distanzlos in ihr eigenes Gesicht blickte, als würde sie versuchen, mit sich selbst zu schlafen. So ging das auf keinen Fall. Sie drehte sich wieder um, zog Philipp abermals mit sich in die Hocke, bedeutete ihm, er solle sich hinsetzen, und zwar so, wie sie es von Anfang an vorgehabt hatte. Anders konnte es gar nicht funktionieren. Sie setzte sich auf ihn und spürte im gleichen Augenblick einen scharfen Schmerz am Schienbein, der unzweifelhaft von den Dornen der Rose herrührte. Sie legte die Rose beiseite, endlich hockte sie auf ihm, griff nach seinem Penis und musste feststellen, dass er sich nicht ohne weiteres würde einführen lassen. Die ganze Hampelei war zu Lasten der Blutschwellung gegangen, sie konnte ihm das nicht verdenken. Sie rückte ein wenig nach hinten, schrie zum zweiten Mal auf, da die Rose sie jetzt in den Fuß gestochen hatte, und versuchte, Philipps Penis manuell wieder aufzurichten. Allerdings wusste sie nicht recht, wo sie dabei hinsehen sollte. Der Anblick des vage geschwollenen Geschlechtsteils entmutigte sie, ins Gesicht wollte sie Philipp nicht blicken, und den Kopf woanders hinzuwenden, wäre nutzlos, denn es gab nichts zu sehen. Sie hätte die Augen schließen können, aber damit wäre ihr nur noch deutlicher geworden, wie unangemessen diese eigentlich sinnliche Geste wäre. Also beugte sie sich weiter hinunter und nahm das inzwischen völlig erschlaffte Teil in den Mund.

74

Wieder stockte Philipp der Atem, als er ihre Lippen an seinem Penis spürte, doch zugleich löste das Ungeheuerliche dieser Berührung einen Schock aus. Sie war nicht erregt gewesen, das hatte er deutlich gespürt; zumindest nicht erregt genug. Sie durfte das nicht tun, nicht jetzt, nicht hier. Es war, er fand keine Worte dafür. Es war Emilie, so viele Jahre, dieser ganze Abend, sie konnte sich jetzt nicht an ihm herunterbeugen und ihm in einem Hotelaufzug einen …

Er konnte nicht einmal das Wort denken. Sie sog wie an einem Strohhalm, und so berauschend diese Vorstellung auch war: Er spürte überhaupt nichts. Er hatte die Hände gehoben und wollte Emilie bei den Schultern fassen, doch dann wagte er es nicht. Wie sollte er es ihr begreiflich machen, wie konnte er sie jetzt, bei dieser Beschäftigung, ansprechen. Er sah nach rechts und links, sie waren in einem verdammten *Aufzug*, er kam sich vor wie jemand, dem plötzlich auffällt, dass er die ganze Zeit Publikum gehabt hat – links, rechts, von allen Seiten, überall, wo Spiegel waren. Mein Gott, dachte er, sie waren erwachsene Menschen, was, wenn jetzt die Tür aufgehen würde?

75

Er hatte die Faust schon geballt, Freundschaft hin oder her. Kann sein, dachte Lothar, dass das hier hässlich werden könnte, das ist es schon lange.

»Ich leih dir meinen Wagen nicht, Lothar.«

»Komm, tu mir den Gefallen.«

»Ich bin dir keinen Gefallen schuldig.«

»Seh ich ganz anders.«

Und dann geht alles sehr schnell, aber du hast es nicht anders gewollt, Dankwart, denn der BMW-Schlüssel liegt ja griffbereit auf dem Küchentisch, und Dankwart kam auf ihn zu, »leg den Schlüssel da hin, Lothar«, der Schrei kam von Karina, oder war es das Kaffeewasser, und was anderes sollst du tun, als ihn zurückzuschubsen, und er taumelt zurück, vorbei am offenen Mund Karinas, und hinter Dankwart steht die Backofentür auf, in Knöchelhöhe, und Dankwarts Kopf, der den Zwiebelkasten an der Wand trifft, und plötzlich ist alles voller Blut, schnell die Treppe hinunter, und Karina versucht ihn zu halten und kommt zu spät, die Haustür auf, er verliert das Gleichgewicht, lauter Dunkelheit, kein BMW, und wie aus Reflex drückst du den Knopf auf dem Schlüssel, und im Augenwinkel die Blinklichter und das Piepen, Dankwarts Kinn auf seiner Brust, voll aufs Genick, vielleicht hast du dir das Blut auch nur eingebildet, und die Sitze: natürlich echtes Leder.

76

Bevor sie aufstehen konnten, damit der Bühnenarbeiter sie nicht sah, war es schon geschehen; Klaus blickte nach oben.

»Was machst du denn da?«, fragte er. »Was beschmeißt du mich mit Flaschen?«

»War ein Versehen«, sagte Franziska. »Entschuldigung.«

»Was machst du überhaupt noch hier?«

»Ich hab hier noch ein bisschen gesessen und … und …«

Aber Klaus hatte sich schon umgedreht und schien irgendetwas zu suchen.

»Also dann«, sagte sie unentschlossen. »Gute Nacht.«

Sie gingen an den Garderoben entlang und kamen wieder ins Sockelgeschoss, an den Hofeingängen vorbei zur Intendantentreppe, um schließlich wieder bei der Pforte anzulangen. Franziska schloss auf und die Tür hinter ihnen wieder zu. Auf dem Bühnenmonitor fegte Klaus gerade die Scherben zusammen.

Der Moment war vorbei. Sie sahen sich an. Im hellen Neonlicht der Pforte sahen sie nicht mehr aus wie jene Menschen, als die sie sich gerade noch gefühlt hatten. Es war nicht peinlich, nicht mal unangenehm; nur ein bisschen wie Erwachen.

Die Funkuhr neben dem Spind zeigte halb drei. Plötzlich setzte sich der Minutenzeiger in Bewegung, schob sich vorwärts, umrundete einmal das Zifferblatt und kam am Ende der Stunde, die er übersprungen hatte, wieder zum Stehen.

»Witzig«, sagte sie. »Ausgerechnet jetzt.«

»Ja. Es wird Zeit.«

77

In diesem Moment tönte die Sprechanlage. Ein einzelnes, lang gezogenes Tuten, Emilie schrak sofort auf.

»Was ist das«, fragte sie, Philipp hatte genau das Schmatzen gehört, das dieser Frage vorausgegangen war. Das wiederum erregte ihn, aber es war zu spät; jetzt war es zu spät.

»Sprechanlage«, sagte er, ohne die Stimme auch nur entfernt als seine eigene zu erkennen. Emilie stand auf, der Rock fiel über ihren Hintern, und Philipp kam es vor, als senke sich für immer ein Vorhang. Sie drückte auf die Sprechtaste.

»Ja?«, meldete sie sich.

»Ja, hören Sie?«, kam es blechern aus der Sprechanlage. »Sind Sie noch da?«

»Wir sind nicht weggegangen«, sagte Emilie und fuhr sich mit dem Handrücken über den Mund. Aus ziemlich komplizierten und letztlich doch ganz einfachen Gründen zeigte ihm dies all seine Verstocktheit und all seine Scham in einer einzigen Geste.

»Ja, gut«, die Stimme am anderen Ende, eine junge Frau, lachte. »Sie haben sich sicher schon gewundert, und zwar ist der Techniker, der auf dem Weg zu Ihnen war – der hatte einen Unfall. Mit dem Auto.«

»Ach«, sagte Emilie. »Hoffentlich ist ihm nichts passiert.«

»Ja, nein, wir haben jetzt jemand anderen geschickt.«

»Das geht aber schnell bei ihnen.«

Die Frau lachte wieder. »Dauert noch so zwanzig Minuten, ja?«

»Wir haben uns schon an unser neues Zimmer gewöhnt.«

Philipp kam sich dämlich vor, mit schlappem Schwanz am Boden zu sitzen und dieser heiteren Plauderei zuzuhören. Plötzlich wurde er wütend. Er stand auf, griff nach seiner Hose und zog sie hoch.

»Ihnen geht's noch gut, ja?«, fragte die Frau noch in professioneller Pflichtschuldigkeit, dann war das Gespräch beendet. Emilie drehte sich um und wollte offenbar eben Rapport erstatten – bevor ihr auffiel, dass er alles nicht nur mühelos hatte mitverfolgen können, sondern dass sie mit bloßen Brüsten vor ihm stand, während er schon dabei war, das Hemd zuzuknöpfen.

78

Sie gingen nach draußen; Franziska war überrascht von der Kälte, die während der wenigen Stunden aufgekommen war, die sie im Theater verbracht hatten.

Sie gingen um das Gebäude herum, und Franziska leuchtete, wie sie es immer tat, jedes einzelne Fenster ab und rüttelte an den Seiten- und Vordertüren. Als sie sich vergewissert hatte, dass alle Türen verschlossen waren, kehrten sie noch einmal in die Pforte zurück. Franziska schaltete die Monitore aus, zog die Tür zu und löschte das letzte Licht im Flur. Dann gingen sie durch den Bühneneingang nach draußen, Franziska schloss die Tür ab und warf den Schlüssel in den Hausbriefkasten, wo ihn die Putzkolonne, die in zwei Stunden käme, finden würde.

Bei all dem hatte sie ein Gefühl, als müsste sie besonders sorgfältig sein.

79

Er trat das Gaspedal durch und spürte, wie die Beschleunigung ihm den Magen eindrückte. Vielleicht war ihm auch bloß schlecht. Und ich liebe sie ja doch: War das sein Gedanke, oder hatte das mal irgendeine Figur in irgendeinem Stück gesagt? Die Gedanken wirbelten durch seinen Kopf. Alle gleichzeitig. Er dachte das Wort »Versorgungsausgleich«. Wie sich das schon anhörte. Er dachte an Anwälte und Notare. Er dachte daran, wie er sie bewundert hatte, immer; wie er sie begehrt hatte. Versorgungsausgleich. Wer hatte wen versorgt. Hatten sie es je getan?

Sich hatte sie versorgt, in erster Linie sich. Er dachte das und fühlte dennoch den Drang, schneller zu fahren: Er wollte zu ihr. Trotz allem, was sie dir angetan hat, Lothar. Sie hat dich damals ins Duisburger Stadttheater gelockt und ganz genau gewusst, was da passieren sollte. Ganz genau, Lothar, hat sie das geplant und dich ausgerechnet, wie sie dich immer ausgerechnet hat. Sie war aufgedreht gewesen den ganzen Abend lang, hatte Lothar beinahe mit Gewalt nach Duisburg geschleppt, um ihn aus seiner Depression zu holen, nachdem der *Kreidekreis* abgesetzt worden war. Das ganze Haus, nur für uns allein, hatte sie gesagt, und sie waren hingefahren und hatten sich, während sie auf Faun warteten, in irgendeine Orchesterprobe gesetzt, Vivaldi: widerwillig zuerst, doch er wollte kein Spielverderber sein. Dann hatte Emilie ihn bestürmt, dort in der letzten Reihe, die Musik hatte nur für sie gespielt, und sie hatten sich geküsst wie frisch Verliebte. Mit ein oder zwei Berührungen an der richtigen Stelle, das wusste Emilie, kam seine Erregung so schnell wie ein Waldbrand in der Dürre, er schob seine Hand unter ihre Bluse, presste sie auf ihre kleinen, festen Brüste, deren Brustwarzen, was ihn verrückt machte, immer hart waren – allerdings bedeutete das, wie er immer öfter feststellte, nicht das, was er sich gewünscht hätte. Sie hatte an seine Hose gegriffen, den Reißverschluss geöffnet, und Lothar schloss die Augen und wäre fast in die Leitplanke gerast, rechts schoss eine Ausfahrt vorbei. Er hatte gekeucht, die Musik nicht mehr gehört, sie hatte ihn dort in der letzten Reihe geküsst und ihn gestreichelt, bis er in ihrer Hand gekommen war, und Lothar spürte, als geschähe es jetzt, die absolute Auslieferung und zugleich grenzenlose Befriedigung, die er gefühlt hatte. Wie er gefühlt hatte, ihr zu gehören, Emilie. Wie er in ihrer Hand der wehrloseste Mensch auf der Welt gewesen war.

Und wie sie hinterher im Intendantenzimmer mit Faun geredet hatten, guter Dinge, harmlos scheinbar, wie er kurz auf der Toilette verschwunden war, um sich zu waschen, und wiederkam und die beiden erwischte, wie sie von einem Fuß auf den anderen traten, als würde man bremsen, kuppeln, abbiegen und neu beschleunigen.

Na, was wird hier hinter meinem Rücken ausgeheckt, hatte Lothar gefragt.

Nicht ausgeheckt, sagte Faun, Emilie hat dir ja sicherlich schon von meiner Anfrage erzählt.

Wovon erzählt?

Ist ja alles noch nicht spruchreif, hatte Emilie gesagt, und da war ihm plötzlich alles klar geworden, und auf der Heimfahrt im Auto hatte er getobt vor Wut darüber, wie sie ihn um den Finger gewickelt hatte, *eine Operette*, hatte er geschrien, aber es ging ihm nicht um den gottverdammten Mozart, den Faun ihr angeboten hatte, der Mozart war ihm scheißegal gewesen, es ging ihm nicht um ihre Karriere, wie sie ihm immer wieder vorgeworfen hatte, es gab keinen Grund, neidisch auf verdammte *Operetten* zu sein, worum es ging, war, dass sie ihn *abgewichst* hatte, und auch wenn sie ihm tausendmal sagte, das sei kein Grund, ordinär zu werden, hatte er sich gar nicht mehr beruhigen können, *abgewichst*, hatte er immer wieder geschrien und sie beide fast umgebracht mit seiner Raserei.

Und du wirst dich auch jetzt umbringen, Lothar, wenn du nicht – er schrak zusammen. Auf dem Standstreifen stand ein Mann mit ausgebreiteten Armen, der Mann will sich vor den Wagen schmeißen, dachte er und stieg schon auf die Bremse. Lenkrad ruhig halten, der Wagen schlingerte, er fuhr 120 oder 140 oder noch mehr, zum Glück rutschte er nicht, bremsen, ein Wagen hinter ihm hupte und schoss links vorbei.

Dann stand er. Mitten auf der Autobahn. Sah in den Rückspiegel. Da war nichts. Da waren die Konturen schwarzer Bäume vor schwarzem Himmel. Da war eine Notrufsäule. Eine Notrufsäule ohne ausgebreitete Arme, Lothar. Sein Herz raste. Du bist wahnsinnig, dachte er, du bist viel zu besoffen. Sie werden dich aus dem Wagen schweißen müssen.

»Steigen Sie bitte aus dem Fahrzeug aus.«

»Waslos?«

»Bitte steigen Sie aus dem Fahrzeug aus.« Die Stimme war freundlich und bestimmt gewesen, doch Lothar hatte ihr nicht folgen können. Er konnte gar nichts. Dann hatte er auf dem Rücken gelegen, und ein Mann mit Affengesicht hatte ihm erklärt, dass er seinen Führerschein für immer los sei.

Und deswegen kannst du ihn jetzt auch nicht mehr verlieren, dachte er und sah noch immer in den Rückspiegel. Die ganze Zeit war kein Wagen vorübergefahren, jetzt sah er ein Scheinwerferpaar im Rückspiegel. Der BMW war abgesoffen, und allmählich drang zu ihm durch, dass er hier nicht stehen sollte wie auf einem Parkplatz. Er drehte den Zündschlüssel, trat aufs Gas, und schon stand die Nadel wieder auf 120. Du musst nicht unbedingt auf dem Standstreifen fahren, Lothar, guck mal, da links ist auch noch ein bisschen Platz.

80

Der Fahrstuhl setzte sich mit sanfter Selbstverständlichkeit in Bewegung und öffnete seine Türen auf der zweiten Etage; sie waren nach unten statt nach oben gefahren. Die Tür war offen; Emilie zögerte, doch Philipp war schon ausgestiegen in der Absicht, zu Fuß in die dritte Etage zu gehen.

Die Gänge und das Treppenhaus waren leer. Es war noch Nacht; zu früh zum Aufstehen, zu spät zum Schlafengehen. Als sie die Karte in den Türschlitz schob, graute ihr vor den nächsten Minuten. Sie waren vom Aufzug aus nebeneinander hergegangen wie Geschäftspartner, leicht versetzt, schweigend. Wie würden sie weitermachen? Sie legte die Karte auf die Kommode neben der Tür, Philipp legte die Rose daneben. Die Vorhänge waren zugezogen, die Bettdecke ein wenig zurückgeschlagen. Ihre Voreiligkeit war ihr jetzt peinlich. Sie war froh, dass sie zur Toilette musste und sich einschließen konnte.

Sie lebte seit Wochen in Hotels. Sie hatte es satt. Die eingepackten Seifenstücke und Zahnbürsten auf der Spiegelablage über dem Waschbecken; die Mini-Packungen Shampoo und Duschgel; die gestärkten Handtücher. Sie wollte nach Hause, zu ihren eigenen Sachen; ihrem flauschigen Morgenmantel, den sie nach dem Aufstehen anzog, bei ihrer ersten Tasse Kaffee in der Küche, noch bevor sie duschen würde. Sie wollte das Radio einschalten und es so leise drehen, dass ein Geräuschteppich entstand, ohne dass man verstehen konnte, was geredet wurde. Sie wollte die Zeitung aus dem Briefkasten holen, sie auf den Küchentisch legen und dann aus dem Fenster sehen, in ihren Garten mit den verwilderten Blumenbeeten, dem schmutzigen Teich und dem windschiefen Schuppen. Warum hatte sie das alles verrotten lassen in all den Jahren? Warum hatte sie sich nicht mehr darum gekümmert? Der grüne Müllbeutel, dachte sie. Sie saß gerne dort, und auch wenn sie keine Zeit dazu hatte, sich in den warmen Monaten in ihrem Garten zu sonnen: Er lag direkt vor ihrem Küchenfenster, vor ihrem Lieblingsplatz, sie hatte keine andere Wahl, als ständig hinzusehen. Warum hatte sie sich nicht mal die Mühe gemacht, das alles in Ordnung zu bringen?

Und dann, als sie die Spülung drückte, begriff sie, dass sie all die Jahre erwartet hatte, Lothar würde sich darum kümmern. Sie war es gewesen, die in das Haus hatte ziehen wollen. Nein: die dort einziehen musste. Sie hatte keine Wahl gehabt außer der, die Entscheidung wie ihre eigene aussehen zu lassen und Lothars Zustimmung so, als hätte er sie freiwillig gegeben. Sie hatte ihre Familie in das Haus verfrachtet und dann dort allein gelassen.

Sie putzte sich die Zähne, um den schalen Geschmack vom Alkohol und der abgestandenen Luft im Aufzug loszuwerden. Dann wusch sie ihr Gesicht und vergrub es lange in dem bretthharten Handtuch. Komm, sagte sie sich.

Philipp saß auf der Bettkante am Fußende des Bettes. Es war ein betrüblicher Anblick; die Beine übereinander geschlagen, die Hände über dem Knie verschränkt, nachdenklich auf das dunkle Auge des Fernsehers starrend.

Sie setzte sich auf die Längsseite, halb mit dem Rücken zu ihm.

»Das haben wir uns nicht so vorgestellt, was?«, fragte sie.

»Nein«, sagte er und versuchte ein Lächeln.

Sie streckte den Arm aus und strich ihm über die Schulter, den Rücken. Nach einer Weile kam ihr diese Bewegung überflüssig vor, und sie hörte wieder auf.

»Wir sollten es noch mal versuchen. Ein anderes Mal«, sagte sie.

Ohne sie anzusehen, antwortete Philipp: »Ich weiß nicht.«

Sie wusste es auch nicht. Es war wenig passiert, das eine Neuauflage wünschenswert machte. Das war ihnen beiden klar. Trotzdem konnten sie so nicht auseinander gehen.

»Wir können uns beim nächsten Mal ja etwas mehr Zeit lassen. In drei, vier Wochen komme ich aus Stuttgart zurück, dann wird es schon warm, und wir könnten einen Tag ...«

»Emilie«, sagte Philipp, und seine Stimme klang energisch, vielleicht sogar abweisend. Jetzt spürte sie seinen Ärger. Über die Situation, das Scheitern des Abends, den Fahrstuhl; vielleicht, auch das war möglich, über sie.

»Ich bin mir nicht sicher, ob du das willst.«

»Na ja ... ich aber«, sagte sie mit ein wenig Herablassung in der Stimme, wie immer, wenn ihr jemand einreden wollte, etwas besser zu wissen als sie selbst. Sie wollte nach Hause, und das würde sie ihm auch sagen. Jetzt gleich.

»Du bist noch nicht geschieden«, sagte Philipp und sah sie an.

»Wie bitte, ich fahre gleich von hier aus zu meinem Anwalt, deswegen bin ich ja hier ...«

»Ja«, unterbrach Philipp sie, und jetzt war sein Ärger offensichtlich. »*Deswegen* bist du hier.«

»Entschuldige. So war das nicht ...«

»Doch, genau so war es gemeint. Glaubst du, ich hätte das nicht bemerkt? Du hast den ganzen Abend an ihn gedacht. Nicht, dass ich dir einen Vorwurf daraus mache. Ihr seid verheiratet.«

»Waren«, sagte sie halbherzig, und dann, mit mehr Nachdruck: »Ich fahre gleich zu meiner Scheidung, Philipp.«

»Das heißt überhaupt nichts«, sagte er, und es klang schon wieder nicht mehr ärgerlich, sondern resigniert, als wüsste er tatsächlich besser als sie, wovon sie da sprachen.

»Ihr macht ja heute nur den Versorgungsausgleich, und wahrscheinlich wird Lothar schon dabei in den Widerstand gehen. Es ist noch nicht vorbei, glaub mir. Ganz abgesehen von dem, was nachher auf dem Papier steht.«

»Wie meinst du das?«

»Ich meine, der Zukunft entgegenzugehen, ist etwas völlig anderes, als vor der Vergangenheit zu fliehen, auch wenn die Richtung die gleiche ist.«

Das brauchte sie jetzt nicht: diese Psycho-Belehrungen. Was sollte das heißen: dass sie sich gar nicht von Lothar scheiden lassen wollte? Und Philipp wollte das wissen? Hatte er etwa die letzten Jahre mit Lothar verbracht? Hatte er seine Ignoranz und seine Seitensprünge aushalten müssen, musste er sich sein ständiges Lamento über das Fernsehen und den Untergang des Theaters anhören? War er etwa derjenige, der mit der ständigen Missbilligung dessen, was sie tat, leben musste?

Sie hatte an Lothar gedacht heute Abend, das stimmte. Aber ihr stand eine Scheidung bevor; war es da nicht verständlich, sich damit zu beschäftigen? Hatte Philipp denn seine Scheidung im Vorübergehen weggesteckt?

Es ging doch um etwas ganz anderes. Es ging darum, dass sie nicht miteinander geschlafen hatten, um nichts anderes. Philipp verstand das so, wie Männer das nun einmal taten, nämlich so, dass sie sich nicht zu ihm hingezogen fühlte. Das war die Art binärer Logik, die sie nur zu gut kannte: Wenn du nicht für mich bist, bist du gegen mich. Offenbar war das der einzige Beweis von Zuneigung, den sie glaubhaft fanden. Im

Grunde war es dasselbe. Philipp hatte sich vorgestellt, dass jetzt alles ganz reibungslos verlaufen könnte, schließlich waren sie beide frei, und warum sollte man da nicht nahtlos an damals anknüpfen und eine neue Beziehung anfangen? Es interessierte nicht weiter, dass sie vielleicht gar keine Beziehung wollte. Ja, stell dir vor, Philipp, auch das ist möglich: eine Frau, die lieber ungebunden bleiben will. Jagt dir das einen Schrecken ein? Kann ich mir denken.

»Was denkst du?«, fragte Philipp.

»Nichts.«

Sie nahm ihren kleinen Rollkoffer, den sie noch nicht ausgepackt hatte, aus dem Schrank und stellte ihn neben die Tür.

»Du willst gehen«, sagte Philipp.

»Philipp.« Sie setzte sich wieder neben ihn, sehr provisorisch auf die Bettkante, so wie Philipp sich vorhin im Habana hingesetzt hatte, als er sie von dem Rosenverkäufer hatte ablenken wollen.

»Es ist alles sehr schwierig für mich. Ich bin nicht …«

Er nahm ihre Hand und sah sie unverwandt an.

»Du lässt den Wagen stehen, oder?«, sagte er. »Ich kann ihn dir morgen vorbeibringen. Zum Bahnhof sind es nur ein paar Minuten von hier.«

81

Es war kalt geworden. Sie war froh, die Gore-Tex-Jacke angezogen zu haben. Ruben dagegen war die Kälte nicht anzumerken.

Sie überquerten die Mercatorstraße, während links die

erste Straßenbahn hinter geschlossenen Schranken an ihnen vorbeifuhr. Zweihundert Meter weiter sah sie das Tankstellenschild, die rotgelbe Muschel. Sie hatte Hunger. Ihr fiel ein, dass sie gar nicht wusste, wo Ruben wohnte; sie hatte automatisch den Weg zu sich nach Hause eingeschlagen.

Der Raum war hell erleuchtet. Sie erschrak, als sie ihn betrat, denn sie wusste, es war jetzt die Zeit gekommen, Abschied zu nehmen. Es würde heute Nacht keine Liebe zwischen ihnen entstehen, weder auf die eine noch auf die andere Weise.

Sie ging zum Tresen. Der Servicemensch war etwa Mitte vierzig und sah leicht einfältig aus, und vielleicht war das der Grund, weshalb er trotz Nachtdienst blendende Laune hatte.

»Morgen, die Dame, was darf's denn sein?«

Sie bestellte eines jener Nougatcroissants, die vermutlich in Polen zusammengepampt und dann per Flugzeug und Lkw auf Europas Shelltankstellen verteilt werden, und Kaffee, der von noch weiter herkam, aus Südamerika. Sie fühlte einen kleinen Stich der Entrüstung, aber sie hatte jetzt Hunger.

Sie schüttete Milch in ihren Kaffee und ließ dabei den Blick durch die leere Tankstelle schweifen, die an einen voll ausgestatteten Supermarkt erinnerte: Frühstücksflocken, H-Milch, komplette Mikrowellen-Mahlzeiten. Das alles sah im Licht der Neonröhren nichts als wirklich, ja banal aus. Im Hintergrund dudelten dämliche Schlager; alles, was sie vorhin auf der Bühne empfunden hatte, war plötzlich fort.

Ihr Kaffeebecher war dunkelbraun, und darauf prägten weiße Lettern auf einem grünen Rand den Schriftzug: *Star Coffee*, was Franziska sofort als lahmen Abklatsch des Originals identifizierte. Stärker als zuvor überkam sie das Gefühl, ja die Gewissheit, in einer Welt voller Substitute zu leben, einer Welt, die mit der wirklichen höchstens über ein dünnes Glasfaserkabel verbunden war. Sie nahm ihren Kaffee und ihr Croissant und ging zurück zu dem Stehtisch.

82

Wo war die verdammte Ausfahrt? Von der A3 auf die A40, aber er hatte die falsche Richtung genommen, andere Seite, du musst in die andere Richtung, Scheiße. Am besten irgendwo raus und erst mal pinkeln, vielleicht was zum Beißen holen, einen Kaffee, in dem Zustand kannst du ja nicht nach Hause, Lothar, in dem Zustand kannst du gar nichts machen, du musst erst mal ein bisschen klar werden, sonst schmeißt dich Emilie sofort wieder raus. Du musst ein bisschen gut riechen, gut aussehen. Was willst du? Du willst leben, Lothar, leben und arbeiten, und die Leute, die du dafür brauchst, die sollen zu dir halten, in guten wie in schlechten … Gibt's nicht mehr so viele, solche Leute, gibt's nur noch ganz wenige. Und wenn du gerade mit so jemandem verheiratet …

Was war mit Dankwart? Eine heiße Klinge fuhr ihm die Wirbelsäule hinauf. Was, wenn er ihn umgebracht hatte? Er schob den Gedanken beiseite. Umgebracht, das war doch keine billige Krimiserie. Er hatte ihn hart angepackt, Dankwart hatte sich am Zwiebelkasten den Kopf aufgeschlagen. Wird schon nicht so schlimm sein, sagte er sich. Wird schon nicht so schlimm – scheiße, war das jetzt grade die Ausfahrt, oder was? Er bremste, sah hinter sich ein Scheinwerferpaar und gab wieder Gas; der Motorradfahrer zeigte ihm im Vorbeifahren den Mittelfinger.

»Fick dich selbst«, schrie Lothar und näherte sich gefährlich der Leitplanke. Er lachte. Das ging nur kurz, denn es war nicht lustig. Wie es um ihn stand, das war so unlustig, dass er am liebsten gar nicht mehr nüchtern werden wollte. Aber wenn du jemanden brauchst, dachte er, der zu dir halten soll …

Da kam eine andere Ausfahrt, Duisburg; soweit er wusste, konnte er unten wenden und in der anderen Richtung wieder auf die A40. Er nahm die Ausfahrt, verlangsamte in der Kurve so weit, dass er keine Fliehkräfte spürte, und kam auf einen Zubringer. Rechts stand ein Polizeiauto, dahinter ein Lkw, dessen Fahrer sich eben vor den Beamten auswies. Lothars Herz machte das, was in dieser Situation zu erwarten war, aber das spürte er, wie auch alles andere, nur von weit her. Schon war der Zubringer zu Ende, die Ampel stand auf grün, und da, genau geradeaus, hatten sie ihm schon Kaffee und ein belegtes Brötchen hingestellt, da hinter der Panoramascheibe. Die Straße war leicht abschüssig. Er ließ den Wagen rollen und drehte den Schlüssel. Jetzt musste er nur noch bremsen. Jetzt musste er nur noch dahingleiten und bremsen.

83

Emilie nahm ihren Trolley selbst aus dem Kofferraum des Taxis, obgleich der Taxifahrer sich mit Philipp einen stummen Wettkampf darum geliefert hatte, der Erste zu sein.

Die Bahnhofshalle war völlig verwüstet. Die Menschenmassen, die das angerichtet haben mussten, waren weg; zu sehen waren nur die materiellen Überreste, die eben vom Reinigungsdienst entfernt wurden. Eine Kehrmaschine fuhr ihr fast über die Füße; ein Straßenfeger kehrte Berge von benutzten Burgerschachteln und Trinkbechern, Zellophanpapier und Zigarettenkippen, Zeitungen und Papiertaschentüchern zusammen. Als seien sie zu spät zu einer spektakulären Großveranstaltung gekommen.

Die Veranstaltung hatte, wie sie auf Nachfrage am Infoschalter erfuhr, im Ausfall einiger Züge bestanden. Der Bahnsteig, an dem ihr Regionalexpress halten würde, war noch immer überfüllt; eben fuhr der zweite von mehreren aufgestauten Zügen ein und brachte die Menschen weg von dem, was sie hier vermutlich binnen mehrerer tatenloser Stunden hatten erdulden müssen.

»Ich danke dir für den schönen Abend«, sagte Philipp und sah sie lächelnd an. »Und für das, was du mir heute erzählt hast. Ich weiß das zu schätzen.«

Auch sie lächelte. War das ein Abschied? Sie hätte im Augenblick nicht sagen können, ob sie Philipp so bald wiedersehen würde. Morgen Abend musste sie zurück nach Stuttgart, und wie es aussah, würde sie im Anschluss gleich nach Asien fliegen, um über einen Auftrag in Peking zu sprechen.

Ohne ein Wort ließ sie den Griff ihres Trolleys los und zog sich den Mantel über, den sie über dem Arm getragen hatte. Kalt geworden, hatte sie sagen wollen, aber zum Glück riss sie sich gerade noch zusammen. Sie lächelte mit leicht zitterndem Unterkiefer, dann umarmte Philipp sie. Eine Weile lang hielten sie sich reglos, ohne den Druck der Arme zu verstärken oder zu lockern; dann ließen sie sich los. Der gesamte Vorgang dauerte zehn Sekunden, vielleicht etwas mehr, hatte einen klaren Anfang und ein definiertes Ende. Keine Unsicherheit lag darin. Er war Ausdruck einer synchronen Entscheidung von Menschen, die wussten, was sie wollten.

»Wir sagen immer: Das Erzählen von Geschichten besänftigt die Menschen«, sagte Philipp. »Fühlst du dich besänftigt?«

Sie hob die Schultern. »Ich weiß nicht, was ich mit all dem jetzt anfangen soll. Ich weiß nicht, wie es weitergeht.«

»Du steigst in den Zug, suchst dir einen freien Platz, fährst nach Hause.«

»Ich meine, danach.«

»Du hast morgen den Termin.«

»Ja. Stimmt.«

Auf dem Bahnsteig wurde ihr Zug durchgesagt.

»Manchmal fordere ich Patienten auf, ihre Geschichte mal aus einer anderen Perspektive zu erzählen. Die geschlagene Hausfrau aus der Sicht ihres aggressiven Sohnes, so in der Art. Dann verschieben sich manchmal die Themen. Plötzlich geht es nicht mehr um Gewalt, sondern um Überforderung, Hilflosigkeit, Frustration. Etwas, das man bekämpfen kann.«

»Gut, dass ich keine Hausfrau bin.«

»Ja«, sagte Philipp, ohne zu lächeln. Achtung, nur ein Witz. Es war zwecklos. Vielleicht verstanden sie sich einfach nicht. Vielleicht sprachen sie einfach nicht dieselbe Sprache.

Der Zug fuhr ein. Einige wenige Menschen drängten sich um die Zugänge; sie stellte sich in die Reihe. Keine Sicherheitschecks, keine Passkontrolle. Sie genoss die Unkompliziertheit des Ablaufs. Vielleicht sollte sie öfter mit der Bahn fahren. Und weniger fliegen.

In ihre Verabschiedung mischte sich eine neuerliche

Durchsage, die die Reisenden willkommen hieß und das Fahrtziel bekannt gab. Philipps Lippen bewegten sich. Sie wusste, was er sagte, ohne es zu hören.

84

Sind wir Verzweifelte?«, fragte sie leise in die Nachrichten hinein, die aus dem Hintergrund drangen. Die Frage wirkte in dieser Umgebung aus vielen Gründen deplatziert – hauptsächlich, weil Franziska sie sich selbst gestellt hatte. Und so konnte es sie nicht überraschen, dass sie keine Antwort erhielt.

Sie hatten nur ihre Vornamen ausgetauscht, dachte sie; keine Adressen, keine Telefonnummern, nichts als reine Unverbindlichkeit. Die Vornamen und den Namen ihres Avatars bei Second Life: Kayser Lubitsch. Würde das, was zwischen ihnen gewesen war, ausreichen, ihn nach ihr suchen zu lassen? Er war jetzt irgendwo in der Dunkelheit, verschwunden hinter dem Mauerwerk irgendeines Hauses. Sie stellte sich vor, wie er gerade irgendwo eine Tür hinter sich schloss, das Licht ausschaltete und sich zur Ruhe legte. Wie er schlief. Der Gedanke, dass dies unbestreitbar *geschah*, ohne dass sie Einfluss darauf nehmen konnte – nur weil sie nicht am selben Ort war, nur weil sie es nicht *sehen* konnte –, empörte sie. Sie dachte voller Überzeugung, dass die Wirklichkeit ungenügend und veraltet war angesichts dessen, was durch die menschliche Technik inzwischen möglich war.

Egal, wo er jetzt war: Ruben würde sie finden können, wenn er wollte. Innerhalb von Minuten. Die Undurchdringlichkeit des wirklichen, materiellen Lebens war ein Affront, den sie sich weigerte, zu akzeptieren. Plötzlich kam ihr alles so hell, so einsichtig vor. Sie war überzeugt, dass es geschehen würde, früher oder später. Rubens Wiedergänger, der sie in den Weiten des Internets aufgespürt hätte, um sie aus der Geisterwelt der Avatare in die richtige zu begleiten …

Das war eine schöne Illusion. Eine romantische.

»Danke«, flüsterte sie, darauf bedacht, dass der Verkäufer hinter seinem Tresen es weder sehen noch hören konnte. »Ich bin dir sehr dankbar. Ich hoffe, dass wir uns noch mal in Wirklichkeit treffen.«

Aus den Augenwinkeln sah sie, wie sich draußen etwas bewegte, jenseits der Zeitschriften unter dem Fenster. Ein Auto fuhr langsam und gleichförmig, eigentlich nur in Schrittgeschwindigkeit, auf eine der Zapfsäulen zu und daran vorbei, ohne langsamer zu werden. Direkt auf die Scheibe zu, hinter der Franziska stand. Sie erkannte das Gesicht jenseits des Fensters, noch ehe sie das Wort »Vater« dachte.

85

Weg da, dachte er träge. Weg da. Warum klemmt jetzt die Bremse an dieser schwulen Dreckskarre? Er sah das Zerspringen der Scheibe, noch bevor er die Erschütterung spürte. Das Splittern des Goldfischglases.

86

Franziska machte einen Satz zurück, aber eigentlich reichte ein kleiner Schritt. Alles geschah in Zeitlupe. Sie begriff nicht, warum der Mann, der wie ihr Vater aussah, durch die Scheibe fahren wollte, doch er tat es. Er tat es jetzt, in diesem Augenblick. Der Wagen machte einen Satz nach oben. Hunderttausend Sprünge liefen durchs Glas. Dann brach das Zeitschriftenregal von hinten, ein lautes Krachen von Stahl und Glas, sofort flogen Blätter mit barbusigen Frauen und Prominentenköpfen durch die Luft. Der Tisch, an dem sie noch vor einer halben Sekunde gestanden hatte, wackelte und fiel um, als der Wagen mit einem heftigen Ruck vor Franziska zum Stehen kam.

87

Das Klirren der Scheibe war dumpf, wie unter Wasser. Ein Scherbenregen ging auf die Motorhaube. Wenn das mal keine Kratzer gibt, dachte Lothar.

88

Der Mann in dem Wagen – der Mann, der wie Franziskas Vater aussah – hatte sie die ganze Zeit verwundert angesehen; er sah nicht aus, als würde er sie erkennen. Der Tisch lag zwischen ihnen, ihr Kaffeebecher war heruntergefallen, der Kaffee ergoss sich über den Boden. Eine einzelne Scherbe fiel aus dem Rahmen; ein kühler Wind wehte durch das riesige Loch in der Scheibe hinein. Einige Zeitschriftenseiten flatterten; bis auf dieses Geräusch war es still. Aus Gründen, die sie weder jetzt noch später begriff, tanzten Seifenblasen an ihr vorüber durch das Licht der Scheinwerfer, das in der hellen Tankstelle völlig fehl am Platz war.

Der Verkäufer hinterm Tresen stöhnte leise und griff sich mit der Hand an den Kopf. So schien er bleiben zu wollen, zur Salzsäule erstarrt. Franziska ging um den Tisch herum zur Fahrerseite.

89

Steigen Sie aus«, sagte jemand zu Lothar, aber es war nicht die Polizei. Außerdem hatte die Gestalt neben dem Auto etwas anderes gesagt. Aus den Augenwinkeln sah er die automatische Glastür der Tankstelle, die sich geisterhaft öffnete und schloss, obgleich niemand hinein- oder hinausging; ein Mal, zwei Mal, drei Mal. Die Zeit dehnte sich, blähte sich auf, holte tief Luft. Just als er begriff, dass – wie war das möglich – seine Tochter neben dem Wagen stand, explodierte der Airbag in sein Gesicht, und alles wurde weiß.

90

Ihr Kopf war leer. All die Gedanken, die sich wie unnütze Bauten gegenseitig das Licht nahmen, standen hinter dem Vorhang. Sie wartete darauf, dass irgendwer – der Theaterdirektor – in den Scheinwerferkegel trat und irgendeine Erklärung abgab dazu, warum die Vorstellung heute ausfallen musste. Aber es kam kein Theaterdirektor, und es gab auch keine Erklärung. Es gab nur eine halbschattige Landschaft, die an ihrem Blick vorbeihuschte und die Geschwindigkeit anzeigte, mit der sie nach Hause fuhr. Der Zug riss sie mit sich, nicht gegen, aber auch nicht unbedingt im Einvernehmen mit ihrem Willen. Es geschah einfach, weil die physikalischen Bedingungen dafür gegeben waren. Sie verharrte in ihrer Trägheit, und deswegen würde sie bei ihrem erklärten Ziel ankommen.

Unter den Blicken der Zuschauer, dennoch unbemerkt, war ein Gedanke in den Lichtkegel getreten: Morgen werde ich von Lothar geschieden sein. Es gab keinen Applaus dafür, als Erklärung taugte es nicht viel. Es war einfach eine Mitteilung, die das neugierige Publikum auf das warten ließ, was ihr allem Anschein nach folgen sollte.

Und was war das? Ein gemeinsames Leben mit Philipp? Ich bitte dich, Emmy.

Die Geschichte aus einer anderen Perspektive erzählen, hatte Philipp gesagt. Aus welcher denn? Lothars? Wohl kaum. Lothars Perspektive war diejenige chronischen Beleidigtseins. Sie kannte seine Sicht der Dinge.

Was war mit Franziska? Die hatte kaum etwas mitbekommen, dachte Emilie. Aber vermutlich mehr, als sie zugeben würde. Da sind zwei Eltern, die man nie sieht, wie sie sich in den Arm nehmen oder gar küssen. Da sind Eltern, die sich ständig streiten, und wenn sie nicht streiten, dann nur deswegen, weil sie nicht da sind. Da sind Eltern, die sich andauernd mit anderen Menschen umgeben als ihrer Familie, ja, die andere Menschen sogar als ihre Familie bezeichnen. Da ist eine Tante, die die Rolle einer Mutter spielt und sich schließlich als Großmutter herausstellt. Alles ein bisschen viel für ein Kind.

Ihr fiel ein, wie sie manchmal auf Franziska geschaut hatte, als sie noch ganz klein gewesen war, ein schreiendes, hilfloses Bündel, und minutenlang regungslos der Frage nachgegrübelt hatte, was sie empfinde, vor Augen das lebendige Bild einer Bühnenkonstruktion, die sie in Planung hatte. Die Bindung zwischen Eltern und Kind wird in den ersten Lebensmonaten angelegt, hatte das Philipp einmal zu ihr gesagt? Neuronale Verschaltungen, die sich nur unter Fürsorge und aufrichtiger Liebe entwickeln. Es war ein unwiederholbarer Prozess; was man einmal versäumte, war unwiederbringlich verloren. Wie bei einer Premiere.

Hatte sie jemals das Gefühl gehabt, bei Franziska etwas gutmachen zu müssen? Wie oft hatte sie mit ihr über Lothar gesprochen. War das ihre Art gewesen, ihrer Tochter näher zu kommen? Indem sie sich bei ihr über ihren Mann ausheulte? Emilie schluckte. Ihre Gedanken glitten davon, wie so oft ließ sie sich vom technischen Geschehen um sie herum ablenken. Keine grundsätzlichen Gedanken jetzt, bitte. *Der Zukunft entgegenzugehen, ist etwas völlig anderes, als vor der Vergangenheit zu fliehen.* Sie wollte jetzt nicht an chinesische Glückskekssprüche denken, aber leider war da etwas dran. Leider gab es etwas, das tief in ihr einen fortwährend sprudelnden Quell innerer Unruhe bildete, nicht nur heute

Abend. Und das war auch der Grund dafür, dass dieser Abend eine einzige Enttäuschung gewesen war, eine Katastrophe im Grunde. Es hatte nicht an Philipp gelegen, Philipp war ein guter, lieber Mensch. Es hatte an ihr gelegen. Und ob sie gut und lieb war, das bezweifelte sie, je heller draußen der erste Schein der Sonne hinter der Bahntrasse aufglomm.

91

Hinter dem riesigen Airbag war er kaum zu sehen, und es war nicht leicht, ihn überhaupt aus dem Wagen zu bekommen. Die Karosserie war verzogen, so dass die Tür sich nur schwer öffnen ließ. Überall lag Glas herum, jeder Schritt knirschte unter ihren Schuhen.

Er war nur einen Moment benommen, dann zog sich seine Stirn glatt, und er erkannte sie. Er schien diese Erkenntnis hinzunehmen, als sei sie ganz selbstverständlich.

»Die Bremse hat nicht funktioniert«, sagte er tonlos, auf wackligen Beinen. Ohne nachzudenken führte Franziska ihn zu dem Barhocker, der an ihrem Stehtisch gestanden hatte und nun am Boden lag. Sie konnte sehen, dass ihr Vater erschrocken war, vielleicht sogar einen Schock hatte. Sie war ebenfalls erschrocken, vor allem darüber, dass er volltrunken war. »Was«, wollte sie fragen, aber ihr Vater war schneller.

»Was machst du hier?«, fragte er, als sie den Stuhl aufrichtete und ihn darauf setzte.

»Frühstücken«, sagte sie. Hinter dem Tresen sprach der Kassierer leise in den Telefonhörer und legte dann auf.

»Du, ich ...«, sagte ihr Vater. Dann verstummte er, ganz

plötzlich, als sei etwas seit Jahren sehr Dringliches plötzlich hinfällig geworden. Er sah an sich herunter und dann sofort wieder weg. Auch sie hatte es gesehen.

Ohne sich einen Moment Ratlosigkeit oder Befangenheit zu gestatten, ging sie zum Kassierer und ließ sich den Toilettenschlüssel geben. Leicht paralysiert griff der Mann unter den Tresen und gab ihr den Schlüssel, an dem ein Miniatur-Benzinkanister hing. Sie drehte sich um und ging auf den Mann zu, der mit hängendem Kopf auf dem Barhocker saß und mit seiner Hose redete.

»Das ist mein Vater«, flüsterte sie. Die Wörter klangen so absurd, als könnten sie gar nicht stimmen, als seien sie leer und leicht wie die Seifenblasen, die gerade noch in der Luft gestanden hatten und inzwischen geplatzt waren.

Sie staunte darüber, dass sie eben etwas vollkommen Unbegreifliches akzeptiert hatte, als geschehe es jeden Tag. Sie fasste ihn bei der Schulter und sagte: »Komm.«

Wie ein zahmer Hund, der nur auf ihr Kommando gewartet hatte, trottete er hinter ihr her.

»Sie müssen aber hier bleiben«, rief ihnen der Mann hinter der Theke aufgeregt hinterher.

»Wir gehen nicht weg«, sagte Franziska bestimmt.

Sie gingen durch die Glastür, die sich unablässig öffnete und schloss, nach draußen und um die Ecke; vor der Toilette blieben sie stehen. Sie sperrte auf. Dann stand sie ratlos da und sah ihren Vater an, und ihr Vater war genauso ratlos. Was sollte er hier? Es war ja schon geschehen. Aber weil es das Einfachste war, zu beenden, was man einmal begonnen hatte, nahm er seiner Tochter den Schlüssel aus der Hand und ging hinein. Franziska knipste hinter ihm das Licht an und wartete. Ihr Vater stand hilflos und schwankend in dem grau gekachelten Raum, es roch stechend nach dem Duftstein im Pissoir. Sie schloss die Tür.

Nach drei oder vier Minuten hörte sie die Spülung, dann das Plätschern im Waschbecken. Es dauerte noch einmal ein paar Minuten, schließlich öffnete ihr Vater die Tür mit nassen Fingern. Seine Hose war jetzt klatschnass, kleine Krümel der graugrünen Papierhandtücher hafteten daran.

Als sie in die Tankstelle zurückkehrten, waren zwei Polizisten gekommen. Ihr Vater setzte sich wieder auf den Barhocker und hielt sein Mobiltelefon ans Ohr. Durch die zerbrochene und an den Rändern gesprungene Scheibe konnte Franziska einen der Beamten sehen, wie er draußen mit dem Kassierer sprach. Der Kassierer deutete eben stumm auf Lothar, der die Anwesenheit der beiden Beamten noch nicht zur Kenntnis genommen hatte. Der andere Beamte, eine kleine, athletisch aussehende Frau, verlangte Führerschein und Fahrzeugpapiere.

»Hab ich nicht«, sagte Lothar, ohne aufzusehen, während er sein Handy wegsteckte.

»Was heißt das?«, sagte die Polizistin. An ihrem Gürtel befanden sich unzählige Taschen und Fächer, die Franziska an Batman denken ließen.

»Dass ich keine Papiere hab«, sagte Lothar. »Vergessen. Der Wagen ist geliehen.«

»Name und Adresse des Halters, bitte.«

Mit hohler und gleichgültiger Stimme gab Lothar ihr die Informationen. Franziska kannte den Namen: Dankwart. Als sie noch kleiner gewesen war, hatte sie »Onkel Dankwart« zu ihm gesagt; öfter als einmal hatten er und ihr Vater sie zu einem Kölner Jazz-Frühschoppen oder zu einer Theaterprobe mitgenommen.

»Und was ist mit Ihrem Führerschein?«

»Auch vergessen«, sagte ihr Vater. Sie erkannte ihn nicht wieder, und das lag nicht nur an seiner Betrunkenheit. Seine gesamte Körperhaltung war eingeknickt, selbst seine Stimme schien sich zu ducken.

Lothar sah sie kurz an und dann wieder auf den Boden. Franziska stand dicht neben ihrem Vater. Die Beamtin sah jetzt sie an.

»Saßen Sie auch in dem Fahrzeug?«

»Nein, wir … ich … habe hier gestanden.«

»Aber Sie kennen den Mann?«

Sie nickte. »Er ist mein Vater.«

Die Beamtin notierte das, als hätte diese Information für sie nichts Überraschendes. Sie war noch recht jung, vielleicht Mitte dreißig, aber durch dieses knappe, routinierte Nicken kam es Franziska vor, als habe sie auf der Polizeischule sämtliche skurrilen Erfahrungen, die man in einer Polizeilaufbahn sammeln konnte, bereits vorweggenommen, so dass sie sich jetzt nicht mehr so leicht beeindrucken ließ. Auf vertrauenerweckende Weise erinnerte sie Franziska damit an sich selbst.

Ihr Vater blies in ein Promillemessgerät. In diesem Augenblick fuhr ein zweiter Polizeiwagen auf die Tankstelle, und da wurde Franziska klar, dass ihr Vater in sehr, sehr großen Schwierigkeiten steckte.

Die Untersuchung des Unfallhergangs dauerte eine gute Stunde. Ein weiterer Einsatzwagen kam hinzu, ein paar Frühaufsteher starrten durch die zerbrochene Scheibe. Der Kassierer hatte damit begonnen, die Scherben zusammenzufegen und die Zeitschriften zu stapeln; einige waren noch zu gebrauchen. Die, die zu verknickt oder zerrissen waren, legte er hinter den Tresen. Die Polizisten besprachen sich untereinander und schienen sich nicht einig zu sein, was mit dem betrunkenen Fahrer zu geschehen habe.

»Wir überlegen, Ihren Vater mitzunehmen«, sagte die Polizistin. In ihrer Stimme schwang die an Franziska gerichtete Bitte mit, ihr Gründe zu nennen, die allen Anwesenden diese Unannehmlichkeit würde ersparen können.

»Was?«, kam es da von dem Barhocker, auf dem Lothar noch immer saß. Franziska hatte ihm inzwischen den zweiten Becher Kaffee hingestellt, und sein Zustand hatte sich zwar nicht bedeutend, aber immerhin ein wenig gebessert. Jetzt stand er, noch immer unsicher auf den Beinen und aufgrund des Lallens leicht grenzüberschreitend, neben der Polizistin. Franziskas Körper versteifte sich. Ihr Vater sagte: »Bitte.« Seine Stimme klang jetzt nicht mehr körperlos, aber auch nicht aggressiv und fordernd wie die eines Besoffenen. Sie klang jetzt merkwürdigerweise wie die Stimme ihres Vaters.

»Ich hab einen wichtigen Termin, deswegen ist das alles, ich meine, ich komme aus Köln, und die Züge fuhren nicht, und ich muss unbedingt nach Hause. Zu meiner Frau. Ich muss mit ihr reden. Das ist sehr dringend, verstehen Sie?«

Die Polizistin hatte, vermutlich aus Routine, einen Schritt zurück gemacht und sich frontal zu Lothar gedreht, der sie von der Seite angesprochen hatte. Ihre Hand lag nicht am Pistolenholster, obwohl Franziska es aus den Augenwinkeln kurz so gesehen hatte. Sie hörte ihrem Vater freundlich und aufmerksam zu. Dann sagte sie so gemessen, dass nicht ein Tropfen des bestechend klaren Inhalts über die gewählte Form schwappte: »Herr Lotmann, Sie haben sicherlich wichtige Gründe gehabt, aber Sie müssen einsehen, dass Sie hier eine sehr grobe Gesetzwidrigkeit begangen haben, verbunden mit schwerer Sachbeschädigung, und das Ganze wird mit Sicherheit zu einem Verfahren gegen Sie führen. Dieser ganze Schaden hier muss ja bezahlt werden, und Sie müssen sich auch für Ihre schwere Fahrlässigkeit verantworten. Und unsere Aufgabe als Polizisten ist jetzt die, sicherzustellen, dass Sie in Ihrem Zustand nicht noch mehr Schaden anrichten.«

»Das wird er nicht«, sagte Franziska.

»Es ist nur so«, fuhr die Beamtin mit einem Lächeln fort, »bevor er losgefahren ist, wird Ihr Vater das auch gedacht haben, und trotzdem …«

»Nein«, sagte Lothar. »Als ich losgefahren bin, war mir das völlig egal.«

»Wie auch immer. Sie sind ohne Fahrerlaubnis gefahren, und wir wissen noch immer nicht, ob der Wagen nicht doch gestohlen ist. Das sieht alles nicht sehr gut aus für Sie, Herr Lotmann.«

»Der Halter des Wagens«, mischte sich Franziska ein, »ist schon sehr lange ein Freund meines Vaters. Ich bin absolut sicher, dass der Wagen nicht gestohlen ist, mein Vater ist doch kein Autodieb. Er ist leichtsinnig und hält sich nur selten an das, was man mit ihm ausmacht, aber er wird sich für den Schaden verantworten, den er angerichtet hat.« Sie drehte sich zu ihrem Vater. »Oder?«

Er hielt den Blick gesenkt. »Wird schwer möglich sein«, sagte er; und als er bemerkte, dass das nicht ganz das war, was Franziska von ihm hatte hören wollen, sagte er: »Ich werd' mir Mühe geben.«

92

Ein Ruck ging durch den Zug, dann griffen die Bremsen. Sie hatten den Bahnhof noch nicht erreicht; alles, was sie vor dem Fenster sah, waren Gleise und ein verfallenes Bahnhofsgebäude. Der Zug kam in einer Kurve zum Stehen.

Nichts geschah; Emilie sah aus dem Fenster. Die Scheiben der alten Abfertigungshalle waren eingeworfen; dennoch waren nirgends Scherben zu sehen. Alles war menschenleer; nur ein wenig Frühnebel zog im fahlen Morgenlicht durch die offenen Tore. Vor dem Gleisbett lagen eine schimmelige Matratze und eine verrostete Konservendose; weiter vorn kullerte eine blinde Plastikflasche ohne Etikett; benutzte Papiertaschentücher wehten, als wollten sie endlich los, im schwachen Wind, hartnäckig festgehalten von den Distelarmen, die unter den Schwellen des Nebengleises hervorbrachen. Ein zerrissenes Teenager-Magazin hing verkehrt herum im Gebüsch, Bill von *Tokio Hotel*.

93

Als Lothar in das Gesicht seiner Tochter blickte und darin sich selbst und seine Frau Emilie erkannte, stand ihm, wie auf dem Renaissancegemälde eines Alten Meisters, das gesamte Ausmaß der Katastrophe vor Augen, ölglänzend und monumental; ein Triptychon der Schuld. Auf dem linken Flügel sah er das grässliche Porträt Lothars des Ehebrechers, in den Armen einer nackten Buhlschaft liegend, während seine Frau, zur stummen Zeugin verdammt, die Einflüsterer des schlechten Gewissens von seiner Lauterkeit zu überzeugen hatte. Im Zentrum das Abbild seiner entblößten, unschuldigen Tochter, an deren erwachender Empfindsamkeit er ein unsagbares Verbrechen begangen hatte, das er anschließend, in Tarnkleider gehüllt, vor einem gesichtslosen Theaterpublikum ausgestellt hatte, um sich irgendeine Form von billiger Legitimation zu verschaffen. Und schließlich rechts, als jüngster Akt seiner Verworfenheit, der vulkanisch schwärende Graben, den er zwischen sich und der übrigen Welt aufgerissen hatte und in dem nun sein ehemals bester Freund Dankwart mit verdrehten Gliedern lag.

Lothar versuchte zu ermessen, warum er sich noch bewegen, warum er noch schauen und sprechen konnte. Er verstand es nicht. Alles funktionierte wie sonst, nur alkoholisch verlangsamt. Es wurde hell. Er ging mit seiner Tochter über den Tankplatz, frühmorgendliche Autofahrer sahen ihnen neugierig hinterher. Das alles war seines dramatischen Aufbaus entkleidet. All die emotionalen Ornamente theatralischer Doppelung, mit denen Lothar sein trauriges Leben ausgestattet hatte, waren nun von der Welt abgefallen wie trockener Staub. Ungefiltert und unverzerrt fühlte er, wie seine Gummisohlen den harten Asphalt berührten, der allein – so konnte man denken – seinen endgültigen Absturz in die Leere verhinderte. Keine Symbolik lag darin, keine Erhabenheit und kein Trost. Es war eine einfache Tatsache ohne Hintersinn. Er war hier, ein Mensch, der sich schuldig gemacht hatte vor denen, die er liebte. Es gab keine Möglichkeit, auch nur den kleinsten Funken daraus zu schlagen.

Einmal schon hatte er sich so gefühlt, auf dem Rückflug von Bogotá. Da hatte er diese Schuld gespürt, den unwiderstehlichen Drang, es ungeschehen zu machen. Er hatte geredet und geredet, er hatte eine hohle Harmonie zu verbreiten versucht, hatte geplappert, um zu überspielen.

Dies hier war anders. Er war ganz still. Er wusste plötzlich, dass er sein gesamtes noch verbleibendes Leben dafür einsetzen musste, einer neuen Aufgabe gerecht zu werden, einer Aufgabe, die weder mit dem Theater noch mit ihm etwas zu tun hatte.

Sie gingen weiter. Lothar ahnte dunkel, dass sie einem Ziel entgegengingen, und dass es schon das richtige sein würde, da nun seine Tochter es ausgesucht hatte. Er wollte ihr folgen, irgendwohin, sich leiten und führen lassen, ohne zu denken.

»Ich bringe dich zum Bahnhof«, sagte Franziska. »Okay? Dann kannst du nach Hause fahren.«

»Nach Hause«, sagte er und nickte. »Ja.« Franziska zog ihre Jacke zu; ein kalter Nieselregen hatte eingesetzt; seltsam, dachte er, dass man einen Sonntagmorgen immer an seinen Geräuschen erkennt.

»Ich muss ihr nämlich sagen – deiner Mutter – dass ich, mit der ... also, die Agentin, die ich da hab. Dass ich gar nichts mit der hatte.«

»Aha.«

»Das sah an dem Abend zwar so aus. Aber das hab ich absichtlich gemacht.«

Sie nickte und ging weiter. Dann fragte sie ihn: »Wieso erzählst du das nicht Mama?«

»Ihr Handy ist aus.«

»Ich meinte, früher schon.«

Er breitete die Arme vor sich aus, mit den Handflächen nach oben; als suchte er selbst nach einer Erklärung. Autos fuhren an ihnen vorüber.

»Weiß ich nicht. Ich hab … ich wollte sie eifersüchtig machen. Ihr zeigen, dass ich niemanden brauche.«

»Das wolltest du ihr *zeigen*? Das haben wir auch so mitbekommen.«

»Nein, so nicht«, sagte er. »Das hat nichts mit dir zu tun. Nur mit deiner Mutter.«

»Dann besprich das bitte auch mit ihr«, sagte sie bestimmt. »Ich hab nichts damit zu tun.«

»Nein, hast du nicht.«

»Wieso muss ich mir das dann anhören? Wieso muss ich ein Medium zwischen euch sein?« All ihre Wut war plötzlich wieder da.

»Entschuldige«, sagte ihr Vater nach einer Weile. Sehr leise.

Sie gingen durch den Regen, den Blick geradeaus; Lothar schlug den Kragen hoch. Es nieselte jetzt von schräg vorne, so dass ihre Gesichter als erstes nass wurden.

»Ich weiß nicht, ob ich mich noch ändern kann«, sagte er unvermittelt. Er war stehen geblieben, sie drehte sich zu ihm um. Er sah an ihr vorbei, fühlte keine Überzeugungskraft in sich. Er wusste gar nichts.

»Es ist ja dein Leben, Papa.«

»Ja«, sagte er.

Sie hatten den Bahnhof fast erreicht. Plötzlich fiel ihm ein: »Wie hat sie das denn nun gemacht? Mit der Antigone?«

Ruckartig drehte Franziska den Kopf; ihre Augen vergrößerten sich, nur für den Bruchteil eines Moments; ein reiner und klarer Ausdruck von Verwunderung und Überraschung. »Willst du das wirklich wissen?«

»Sonst würde ich ja nicht fragen«, sagte er.

»So eine Art Falltür. Unterm Sand. Ziemlich simpel eigentlich. Da war ein Hohlraum unter der Bühne, nicht sehr hoch.

Mama hat eine Aluminiumrutsche darunter gebaut. Das Problem war nur, dass der Sand nachrieselte, wenn die Klappe aufging, und das hat man im Publikum gesehen.«

»Und?«

»Also hat sie eine Gummimembran zwischen Klappe und Sand gezogen, mit einem Schlitz. Jetzt konnte die Schauspielerin hindurch springen und durch die Rutsche ruckzuck in dem Hohlraum verschwinden, und der Sand wurde durch die Membran aufgehalten.«

»Clever«, sagte Lothar.

»Ja, wirklich genial. Und so einfach. Mama hat erzählt, dass sie es am letzten Abend noch fünfzig Mal oder so geübt haben. Einmal hat sich das Kleid verhakt, dann traf die Schauspielerin nicht genau den Schlitz der Membran, oder der Koch, den sie abgestellt hatten, um die Klappe zu bedienen, verpennte seinen Einsatz.«

Lothar lachte, kurz und anerkennend.

»Das war ganz ohne Rauch und Donner und solches Zeug, es war nur ein bisschen zwielichtig auf der Bühne durch die Kerzen. Die Antigone steht da, und zack!, ist sie weg. Echt schade, dass du …«

»Ja«, sagte Lothar, und sein Bedauern war frei von Ironie. »Wirklich schade.«

94

Als fünf Minuten vergangen waren, ohne dass sich irgendetwas bewegt hätte, schaltete sie ihr Telefon ein. Einige Anrufe waren eingegangen, manche ohne, die meisten mit Mailbox-

Nachrichten; alle kamen vom selben Anrufer. Sie schaltete auf Internet-Anwendung um und ging auf die Homepage der Bahn, fand aber keine neuen Meldungen über den Grund der Störung. Sie ließ das Telefon an und steckte es zurück in die Tasche.

Sie wartete.

95

Als sie den Bahnhof betraten, bemerkte Franziska sofort, dass dort etwas geschehen war. Die wartenden, auf Koffern und Taschen sitzenden Menschen erinnerten sie an etwas, von dem sie nicht wusste, ob sie es selbst erlebt hatte oder ob es ein rein mediales Erlebnis war: Festsitzende Urlaubsgäste nach einer lokalen Naturkatastrophe. So gut glaubte sie die Ausnahmesituation zu kennen, dass sie sich innerhalb von Sekunden darin zurechtfand. Sie sah auf die Anzeigetafel und stellte fest, dass die meisten Züge mit ungenannter Verspätung angezeigt wurden.

Sie ging zum Informationsschalter, der gerade eben besetzt wurde, und fragte, was mit der Verbindung in Richtung Mülheim sei.

»Kleinen Augenblick«, sagte der Bahnangestellte, der gerade erst gekommen war, und fuhr seinen Computer hoch. Franziska sah sich um: Die meisten der Wartenden sahen aus, als wollten sie nach Hause, ausgelaugt vom Alkohol und den Anstrengungen des Amüsierbetriebs; sie schlichen umher wie Nachtgestalten, für die es kein Zurück mehr gab. Franziska war müde. Sie wollte ebenfalls nach Hause, sich gründlich ausschlafen und morgen Mittag sehen, was sie in Second Life versäumt hatte. Vielleicht eine E-Mail …?

96

Noch vor ein paar Stunden war Lothar überzeugt gewesen, dass die Schatten und Traumgestalten, die sich in seiner Phantasie zum *Torquato Tasso* materialisiert hatten, in seine Zukunft führen würden. Alles, was er gedacht hatte, war nicht nur möglich gewesen, sondern unbezweifelbar.

Jetzt war der Titel des Stücks vom Losungswort seiner Rettung zum bloßen Klang geworden; nichts verbarg sich mehr dahinter. Er sah Verrückte und Penner, verlebte Barbesucher mit dunklen Rändern unter den Augen, Nutten, Junkies und gescheiterte Theatermänner; sonst nichts. Die er für Selbstmörder gehalten hatte, waren nicht tot und trugen alle Glieder an der richtigen Stelle. Was hast du dir da nur gedacht, Lothar? Mit was für Ideen rennst du durch die Gegend? Wieder fühlte er die Scham, die ihn durch den Tag begleitet hatte.

Einer plötzlichen Eingebung folgend riss er sein Telefon aus der Tasche und wählte Karinas Nummer. Es verging eine ganze Minute, bis sie abhob.

»Karina, ich bin's. Wie geht es Dankwart? Ist Dankwart in Ordnung?«

Er überhörte die aufgebrachten, zittrigen Flüche, die Karina ausstieß. Er hatte jeden davon verdient, aber es ging jetzt um etwas anderes. Aus ihrem anfallsartigen Gerede filterte er heraus, dass sie gerade aus der Notaufnahme zurückkamen, wo Dankwart einen Verband und etwas gegen die Kopfschmerzen bekommen hatte. Soweit Lothar verstand, hatte er weder einen Genick- noch einen Schädelbruch, sondern lediglich Kopfschmerzen. Wie er selbst.

»Gott sei Dank«, sagte Lothar.

»Von wegen, Gott sei Dank. Das wird diesmal ein Nachspiel haben, du Arsch, aber richtig.«

»Ja«, sagte Lothar. »Hoffentlich.« Er hatte es ernst gemeint, doch Karina hatte aufgelegt.

97

Ist alles ein bisschen durcheinander«, sagte der Bahnangestellte zu Franziska. »Der Zug nach Mühlheim muss warten. Wir hatten am Nachmittag einen Personenschaden auf der Strecke, jetzt hat der Fernverkehr erst mal Vorrang.«

»Was ist passiert?«, fragte von links ihr Vater.

Franziska berichtete ihm, was sie in Erfahrung gebracht hatte. Sie war müde. Die Sonne würde gleich aufgehen; sie war es nicht gewöhnt, so lange wach zu bleiben. Kalter Wind pfiff über den Bahnsteig; sie setzte sich die Kapuze ihrer Wetterjacke auf. Einen Augenblick lang dachte sie daran, ihren Vater hier allein auf seinen Zug warten zu lassen und nach Hause zu gehen. Aber der Umstand, dass sie sich auf diese Weise begegnet waren, rechtfertigte es, dass sie noch ein bisschen länger hier in der Kälte standen. Ihre Begegnung mochte nichts als ein ungewöhnlicher Zufall sein; aber jetzt, wo er eingetreten war, wünschte sie sich, dass er etwas bedeutete.

»Dann müssen wir warten«, sagte ihr Vater. »Wir können nur warten.«

Sie gingen nach oben zum Gleis. Dort gab es ein Wartehäuschen, in dem weitere Leute warteten oder schliefen. Lothar und Franziska setzten sich dazu.

»Kannst du deine Mutter anrufen? Bei mir wird sie nicht drangehen.«

»Es ist fünf Uhr morgens, Papa.«

»Sie muss sowieso früh aufstehen.«

»Aber sie ist gar nicht zu Hause.«

Ihr Vater schwieg einen Moment, schien seine Gedanken nur schwer ordnen zu können. »Ich weiß. Deswegen sollst du sie ja anrufen. Wir haben doch diesen Termin nachher. Ich muss mit ihr sprechen.«

»Aber dann siehst du sie doch sowieso.«

»Nein nein«, sagte ihr Vater vehement und schüttelte den Kopf. Wenn etwas nicht nach seinem Willen lief, dachte sie, wurde er ungeduldig, und es würde nicht lange dauern, bis aus der Ungeduld Wut werden würde. Früher hatte sie das eingeschüchtert. Aber jetzt, wo er zusammengesunken und beinahe hilflos neben ihr saß, spürte sie, dass seine Wut nur eine Krücke war. Etwas, das er zum Handeln brauchte, etwas, ohne das er vielleicht gar nicht lebensfähig war. Und sie dachte, dass ihre Mutter das schon immer gewusst hatte.

»Ich muss jetzt mit ihr sprechen, jetzt. Bitte, ruf sie an. Es ist sehr wichtig.«

Sie wählte die mobile Nummer ihrer Mutter. Schon nach dem ersten Klingeln ging sie ran.

98

Franziska«, sagte Emilie, »ich hab gerade an dich gedacht.« Sie war erschrocken; dass ihre Tochter zu dieser Zeit anrief, konnte eigentlich nur bedeuten, dass etwas passiert war. »Geht es dir gut?«

»Ja, hallo Mama, alles in Ordnung, nur, es ist was Irres passiert.«

»Ah, ja«, sagte Emilie. »Warst du aus?«

»Ja, und ich war arbeiten, und rate mal, wen ich getroffen habe. Papa steht neben mir.«

Sie glaubte zuerst, nicht richtig gehört zu haben. Dann dachte sie an einen ehemaligen Klassenkameraden von Franziska, hatten die Kinder den nicht immer Papa genannt? Sie kam nicht auf Lothar, bis Franziska sagte: »Hast du gehört?«

»Wie? Habt ihr euch verabredet?«, wunderte sich Emilie.

Franziska erzählte ihr in kurzen Sätzen, was geschehen war: dass Lothar mit Dankwarts Auto in das Fenster gefahren war, hinter dem sie Kaffee getrunken hatte. Dass es Lothar nicht gut ging. Und dass er auf dem Weg nach Hause war. Zu ihr.

»Er will mit dir reden«, hörte sie Franziska sagen.

Emilie schüttelte leicht den Kopf, dann sah sie ihr Gesicht in der Scheibe, mit dem Telefon am Ohr. Ihre Gedanken drifteten ins Nirgendwo und kehrten in einer Form zurück, die sie vor Stunden schon einmal gehabt hatten: *Das ist dein Gesicht*, dachte sie. Es zeigte ein wenig Verwirrung, ein wenig Sorge und ein wenig Gefasstheit, und all das zusammen ergibt das, was dir jetzt entgegensieht.

Emilie blickte zur anderen Fensterseite, vorbei an einem

schwarz gekleideten Jugendlichen mit verschmiertem Kajal, der sich schlafend auf seinem Sitz zusammengerollt hatte wie ein Embryo.

»Wo seid ihr?«, fragte sie Franziska.

»Am Bahnhof. In Duisburg. Papa will jetzt nach Hause fahren, aber der Zug kommt nicht, und er wollte ganz dringend mit dir reden.«

Sie merkte Ungeduld in der Stimme ihrer Tochter. Es hörte sich an, als sei es nicht nur Lothars, sondern auch ihre eigene Ungeduld. Es schien ihr wichtig zu sein, dass die beiden miteinander sprachen. Emilie war gerührt, wie ihre erwachsene Tochter sich bemühte, ihre Mutter von der Dringlichkeit zu überzeugen; wusste sie denn nicht, dass es für Dringlichkeit längst zu spät war?

99

Sie sitzt im Zug«, hörte Lothar seine Tochter sagen. Es klang wie eine weitere Absage. Den ganzen Tag hatte er als eine einzige Katastrophe erlebt, doch in Wirklichkeit traf sie erst jetzt ein, in diesem Moment: Sie wollte nicht mit ihm sprechen. Es gab kein Zurück mehr, es gab nichts, das er jetzt noch tun konnte. Doch dann kamen Franziskas letzte Worte bei ihm an: meinte sie, in *diesem* Zug? Franziska war aufgestanden, um seinen verwirrten Gedanken eine Richtung zu geben: Mit dem Telefon am Ohr trat sie ans Gleis und zog ihn hinter sich her. Auf Zehenspitzen stehend, als könne sie auf diese Weise weiter sehen, wies sie in Richtung des Güterbahnhofs.

»Sie sitzt da hinten, fünfhundert oder tausend Meter von hier, genau in dem Zug da hinten.«

100

Die Klangqualität des Telefons war so gut, dass Emilie alles genau hören konnte, als sei sie unmittelbar dabei: den pfeifenden Wind, Franziskas Atem und ihre aufgeregte Stimme, als sie zu ihrem Vater sagte: »Sie kommt gleich. Sie ist gleich hier.«

Die ganze Nacht lang hatte Emilie auf dieses Gefühl gewartet: dass etwas, das ihr geschah, sie betraf. Emilie spürte tief unten in ihrem Bauch, dass alles – das Essen mit Philipp, die Bar, selbst der Aufzug – nur die Kulisse für ein einziges großes Als-ob gewesen war. Es war eine peinliche Erkenntnis, und sie fühlte sich ertappt, wie bei einer Geste, die nicht ihre, sondern nur entlehnt war: eine einzige unechte Pose.

Was sie jetzt empfand, war nicht so groß wie die Gefühle, die sie sich von dieser Nacht versprochen hatte, es war bloß eine kleine, vielleicht sogar ein wenig sentimentale, aber dennoch echte Dankbarkeit für diesen Augenblick. Sie standen dort hinten am Gleis, als warteten sie auf ihr Eintreffen. Ihre Tochter und Lothar. Ihr Mann.

Über dem alten Güterbahnhof erhob sich rot glühend die Sonne.

Nachspiel:
DAS ENSEMBLE

Ein Theaterfoyer. Auf Stuhlreihen sitzendes Publikum. In einem geschwungenen Halbkreis bequemer Sessel sitzt das Ensemble, offenbar noch erhitzt von der Vorstellung. Der Moderator, einige Kärtchen in der Hand, sitzt ganz rechts. Sein Blick ist ins Publikum gerichtet.

Lothar nimmt einen Schluck Wasser aus einer Flasche und verschließt sie bedächtig. Emilie, jetzt in Trainingshose, träufelt sich Tropfen in die Augen und setzt dann eine Brille auf. Franziska trocknet sich die Hände an einem Handtuch, das ihr um die Schultern hängt. Ruben tauscht mit Lothar den Platz und setzt sich neben Franziska. Philipp und Karina sehen freundlich ins Publikum.

MODERATOR: Ich freue mich, dass Sie so zahlreich erschienen sind. Ich darf Ihnen zunächst das Ensemble von »Falscher Frühling« vorstellen, für diejenigen von Ihnen, die kein Programmheft gekauft haben. (*Er tut es; zu Lothar, augenzwinkernd:*) Unser Publikum möchte natürlich als erstes wissen: Werden die drei sich am Duisburger Hauptbahnhof begegnen?

LOTHAR (*scheinheilig die Schultern zuckend; lächelnd*): Ich kann mich nicht mehr erinnern, ich war leider zu betrunken. *(Gelächter im Publikum.)* Nein, also, ich denke, wir haben nicht ganz grundlos ein offenes Ende gewählt. Selbst wenn sie sich begegnen: Das wäre ja nur ein Augenblick. Das Stück fragt aber vielmehr danach, wie man es schafft, sein Leben miteinander zu verbringen.

Moderator *(zu Ruben)*: Und wie steht es mit Franziska und Ruben?

Ruben: Ich weiß es nicht, wirklich. Es ist gut möglich, dass sie sich niemals wiedersehen werden.

Moderator: Warum ist Ruben denn eigentlich so unvermittelt aufgestanden und aus dem Graefen verschwunden?

Franziska: Ich erkläre mir das so, dass es zwischen den beiden einfach nicht das war, wonach es ausgesehen hat. Mag sein, dass er mich – also meine Figur – zuerst ganz nett fand. Aber vielleicht war sie einfach nicht die, nach der er gesucht hat. So was soll ja vorkommen.

Ruben: Wenn er überhaupt jemanden gesucht hat. (*Er lächelt Franziska an; sie erwidert das Lächeln.*)

Moderator: Ihre Figur spielt ja ohnehin eine ganz besondere Rolle; wir werden da gleich noch drauf zu sprechen kommen. Zunächst aber *(zu Lothar)* möchte ich Sie etwas fragen: Sie stellen ja einen eher spontanen, impulsiven Charakter dar. Welche Rolle hat – ganz grundsätzlich – die Improvisation bei dieser Inszenierung gespielt?

Emilie: Ab einem bestimmten Zeitpunkt sind wir absolut in unseren Rollen aufgegangen. Wenn zum Beispiel, bei dieser Szene am Anfang, Lothar es so aussehen lässt, als hätte er mit seiner Agentin geschlafen, dann ist das sozusagen schon eine Improvisation zweiter Ordnung, also die Improvisation der Figur, nicht mehr die des Schauspielers.

Moderator: Auch wenn es nur ein Bluff ist.

Emilie: Sicher. Womit Emilie nicht gerechnet hat, war, dass Lothar einen Seitensprung inszeniert, den er gar nicht begangen hat. Was Lothars Figur da macht, das ist ungefähr so, als ob man, nachdem es im Papierkorb zu brennen angefangen hat, das Haus in die Luft sprengt, um eine Ausbreitung der Flammen zu verhindern. (*Gelächter und zustimmendes Nicken von Lothar.*) So was kann einem eigentlich nur einfallen, wenn man sich absolut mit der Rolle identifiziert.

KARINA *(zu Lothar)*: Ich finde, da hast du die dankbarste Rolle gehabt, einfach, weil du mit deiner Figur so viel verrücktes Zeug anstellen darfst, ohne dass es der Geschichte schadet. Also um diese Freiheit habe ich dich schon manchmal beneidet.

LOTHAR: Man muss sich aber auch vorstellen, in welcher Lage meine Figur zu dem Zeitpunkt ist. Lothar steckt in seiner bis dato schlimmsten Krise: Eine weitere Fernsehrolle, mit der er sich noch ein Stückchen weiter vom Theater entfernt, die bevorstehende Talkshow, schließlich seine Krebserkrankung und die sich daraus ergebende Impotenz. Das ist einfach keine gute Basis für durchdachte Entscheidungen, was man dann ja im weiteren Verlauf auch noch häufiger bei ihm sieht.

MODERATOR *(zu Philipp)*: Sie spielen einen Therapeuten. Warum, glauben Sie, sind Emilie und Lothar so lange zusammengeblieben, und vor allem: Was könnte es für Gründe geben, weiterhin verheiratet zu bleiben?

PHILIPP: Ich denke, es sprechen eine Menge Gründe dafür, dass sie zusammenbleiben. Zunächst mal Liebe, natürlich, auch wenn diese Antwort nur die Frage aufwirft, was das in diesem Fall sein könnte. Für Lothar ist es vielleicht nur die Angst vorm Alleinsein, dem Alter oder seiner Krankheit. Möglicherweise spielt auch seine Reue eine Rolle.

Moderator: Ist es denn Reue?

Lothar: Ich glaube schon. Ich weiß nicht, ob das nachhaltig ist, aber es ist auf jeden Fall ein deutliches Empfinden seiner Fehler, ganz stark auch körperlich. Ich denke da auch an den Prostatakrebs.

Moderator: In der Versöhnungsszene zwischen Lothar und Franziska kommt diese Reue ja auch ganz schön zum Ausdruck.

Lothar: Da hat sich natürlich seine ganze Hilflosigkeit gezeigt, die er in diesem Moment empfindet.

Moderator: Franziska übernimmt in diesem Moment sehr viel Verantwortung.

Franziska: Das tut sie schon als Kind. Für mich ist Bogotá ganz klar der Ort in der Geschichte, an dem Franziska erwachsen wird. Deswegen haben wir uns entschieden, dass ich auch die Franziska als Zwölfjährige spiele. Das war nicht nur, um einer Jugendschutzdebatte aus dem Weg zu gehen wegen des Pornoheftes am Ende, sondern hauptsächlich, weil wir dieses frühe Erwachsenwerden betonen wollten.

Emilie: In der Bogotá-Szene zeigt sich ja die ganze Verstrickung zwischen Lothar und Emilie, und wie Franziska ganz subtil als Machtinstrument eingesetzt, oder noch besser: missbraucht wird.

Moderator: Woran denken Sie genau?

Emilie: Da gibt es zum Beispiel den Moment, als sich entscheidet, dass Lothar mit nach Bogotá kommt. Sie sitzen in der Küche, nachdem Franziska rausgegangen ist, um sich umzuziehen für ihre Party. Es gibt eine lange Pause, und irgendwie ist klar, dass es für Lothar eine Art Unterwerfungsgeste wäre, wenn er mitkäme. Emilie wollte eigentlich Franziska helfen, ihr Zimmer für die Party vorzubereiten. Das schlechte Gewissen dafür schiebt sie Lothar zu. Das ist bei dieser Figur sehr charakteristisch: Wie subtil sie die Verantwortlichkeit an andere delegiert.

LOTHAR: Um so was miteinander spielen zu können, muss übrigens eine ganz große Vertrautheit da sein, eine große Sicherheit. Man muss sehr gut aufeinander eingespielt sein. Die ganze Arbeit, die da drin steckt, die sieht man ja gar nicht. Man muss über Monate und sogar Jahre dieses komplizierte Ding von Familie miteinander hergestellt haben, um so was machen zu können.

MODERATOR: Inwiefern verweist diese Verstricktheit der beiden Figuren auch auf eine gesellschaftliche Dimension?

FRANZISKA: Zunächst mal ist Emilie hin- und hergerissen zwischen zwei Loyalitäten: gegenüber ihrer Vergangenheit, die sich in dem Haus verkörpert, und gegenüber ihrem Lebensentwurf mit Lothar. Vordergründig ist das, was die beiden miteinander austragen, eine Art Weltanschauungskrieg: Kunst gegen Kommerz, Freies Theater gegen Porschemuseum. Viel wesentlicher ist aber meiner Meinung nach die Unfähigkeit der beiden, eindeutige Entscheidungen zu treffen. Und, wenn ich das als Dreiundzwanzigjährige sagen darf: irgendwie vernünftig mit ihrem 68er-Ding umzugehen.

LOTHAR: Das sehe ich genauso.

MODERATOR: Inwiefern?

LOTHAR: Ich glaube, Lothar legt Emilies Selbstständigkeit als Weigerung aus, für ihn da zu sein. Er hat ja noch so ein altes, vormodernes Künstlerbild, nach dem er sein Leben, also seine ganze Totalität, für die künstlerische Arbeit opfert und opfern muss.

Emilie: Und andererseits durch sein Leiden an der Welt überhaupt erst befähigt ist, Kunst hervorzubringen.

Lothar: So will es das Klischee, genau. Da die Kunst ihn aber nicht erlösen kann von diesem Leiden – erstens, weil sie sich für ihn zu schlecht verkauft (*Gelächter im Publikum*), und zweitens, weil Kunst diese Erlösung ja immer nur versprechen und nicht verwirklichen kann –, erwartet er insgeheim von Emilie, dass sie ihn, in einem ganz prätentiösen Sinn, rettet. Und da spielt sie nicht mit.

Moderator: Weil Emilie im Gegensatz zu Lothar ernst macht mit ihrer Emanzipation?

Lothar: Das ist vielleicht etwas sloganhaft, aber warum nicht, ja. Sie denkt gar nicht daran, Lothars Saldo, nämlich seine sexuelle Freizügigkeit, zu decken, indem sie selbst Schulden aufnimmt.

Emilie: Ich weiß nicht, für mich ist sie nicht so gradlinig und konsequent. Emilie ist ja nicht unschuldig daran, dass das Konkurrenzdenken zwischen den beiden geschürt wird. Auf der einen Seite hat sie sich damals zu den Idealen bekannt, die Lothar vertritt und einfordert. Was sie aber lebt, ist etwas ganz anderes: Sie hat dem Theater den Rücken gekehrt, hat auf einem Vorstadthaus bestanden, und sie legt Lothar seine Promiskuität als vorsätzliche Zurückweisung und Ehebruch aus. Das hat mit ihren ursprünglich gemeinsamen Idealen nicht mehr viel zu tun. Und in gewisser Weise sehe ich das auch als eine Art Treuebruch von ihr.

Karina: Ich würde eher sagen, sie kommt nur nicht so gut mit Lothars Affären zurecht, wie sie vielleicht gedacht hat. Das kann ja passieren. Niemand kann eine Idee leben.

Emilie: Das ist bestimmt richtig. Aber unterm Strich wirkt

sie dadurch daran mit, die Beziehung in diesem unerträglichen Widerspruch zu halten.

Moderator: Philipp, was würden Sie den beiden im wirklichen Leben raten?

Philipp: Ich persönlich würde ihnen raten, sich schleunigst scheiden zu lassen (*Gelächter*).

Moderator: Franziska, Ihre Figur fantasiert sich einen idealen Partner herbei. Müssen wir uns Franziska als pathologischen Fall vorstellen?

Franziska: Ich halte das überhaupt nicht für etwas Pathologisches. Für Franziska ist es eher so was wie ein Spiel, das ihr dabei hilft, sich in ihrer Gehemmtheit zu erkennen. Viele Menschen schmücken ja ihre Lebenswirklichkeit mehr oder weniger bewusst mit Hilfe solcher spielerischen Trugbilder aus. Verglichen mit ihrem Vater und ihrer Mutter geht Franziska sogar ganz bewusst mit ihrer Selbsttäuschung um.

Lothar: Ich glaube, das ist ein Ausdruck der, ich möchte mal sagen: ironischen Distanz zu sich und der Welt, die für Franziskas Generation ganz charakteristisch ist. Ich erlebe das gerade sehr stark, nicht nur am Theater. Es gibt immer mehr Menschen, die eine Rolle toll erklären, aber nicht mehr spielen können. Ich mag diese Art zu spielen persönlich nicht so sehr, aber ich verstehe, dass es sie gibt, sozusagen als ein authentisches Äquivalent zu einer gesellschaftlichen Haltung, die sich durchgesetzt hat. Was man erklären kann, muss man nicht mehr fühlen.

Moderator (*zu Franziska*): Sehen Sie das als etwas an, was die »Altvorderen« Ihrer Generation hinterlassen oder sogar aufgebürdet haben?

Franziska: Nein, ich glaube, dass es das immer gegeben hat,

dass es geradezu eine Grundbedingung unserer menschlichen Freiheit ist, dass man nämlich aus sich heraustreten und sich selbst beobachten und bewerten kann. Ich würde das aber nicht als Idee diskutieren, sondern vielmehr als etwas, das immer ganz nah am Alltagsvollzug der einzelnen Menschen dran ist.

Moderator: Ist Freiheit möglich?

Karina: Die Frage sollte eher sein, ob sie wünschenswert ist. Für Gefangene ist Freiheit ein Zweck an sich, ein Ziel, das zu verfolgen sich unbedingt lohnt. Aber was ist mit denen, die frei geboren sind? Was ist ihr Ziel? – Freiheit bedeutet doch eigentlich nur den Zwang, sich rechtzeitig eine Zelle auszusuchen, in der noch niemand liegt, weil man nämlich sonst auf dem Gang schlafen muss.

Philipp: Laut Wagner bedeutet Kunst ja die Notwendigkeit, sich seine Regeln selbst zu machen und sie anschließend zu befolgen. Sinngemäß. Ich sehe das genauso. Wenn man will, dass das, was man aus einem Impuls heraus anfängt, dauerhaft funktioniert, dann muss man auch bereit sein, sich den Zwängen zu unterwerfen, die das mit sich bringt, in jedem einzelnen Aspekt des Lebens. Und das bedeutet immer auch, dass das ein »entinnerlichtes« Verhältnis wird, dass man also nicht mehr ganz frei ist, sondern sich der Rolle verpflichtet, die man sich ausgesucht hat. Das gilt natürlich auch und besonders für Liebesbeziehungen, wie auch immer die aussehen. Freie Liebe, das gibt es nicht. Das ist ein Widerspruch in sich.

Franziska: Ich halte überhaupt die ganze Rede von Freiheit für falsch. Was soll das bedeuten? Nehmen Sie uns Schauspieler. Obwohl wir uns scheinbar »selbstverwirklichen« – ein furchtbares Wort –, sind wir Gefangene unserer Obsessionen, Triebe, Hoffnungen, Marotten, unseres Ehrgeizes oder unserer Informiertheit, unserer Rollen und Rollenangebote. Ich glaube, man kann grundsätzlich keine theoretische Aussage über die Freiheit oder über irgendeinen anderen dieser *großen Begriffe* machen, die ja auch eine Art Grundvokabular des Theaters sind: Liebe, Schuld, Verzweiflung, Tod. Das alles hat keine feste Form, sondern ist ein Plasma, das sich jeden Augenblick ändert, wie das Leben. Und um das zu zeigen, braucht man komplexere, mehrdimensionale Darstellungsformen als eine Theorie. Wie das Theater. Es ist paradox: Um begreiflich zu machen, was Freiheit ist, braucht man Schauspieler in Handlung, also die Gefangenen ihrer Texte. So ist Freiheit, denke ich.

MODERATOR: Ruben, ist Freiheit eine Illusion? Ihre Figur hat ja als eine bloße Projektion Franziskas so gut wie keine Entwicklungsmöglichkeiten.

RUBEN: Freiheit im Sinne von Selbstverwirklichung ist unter diesen Bedingungen natürlich nicht möglich. Ich durfte ja nicht meine persönlichen Vorstellungen von der Rolle umsetzen, sondern Franziskas. Es war harte Arbeit, aber ich habe mich den Prämissen der Rolle sehr gern unterworfen.

MODERATOR: Ich kann mir vorstellen, dass man sich dadurch bei der gemeinsamen Arbeit ziemlich nahe kommt.

FRANZISKA: Ja, Ruben kennt mich inzwischen besser als sich selbst *(lacht)*. Im Ernst, das war schon eine unheimlich nahe, fast schon therapeutische Beziehung zwischen uns. Wenn da jemand ist, der alle deine Launen, irrationalen Impulse, alle deine Ängste und intimen Wünsche kennt und vorwegnehmen kann, weil er sie spielen muss, dann ist das schon, na ja: dann ist das schon ein ziemlich idealer Partner.

MODERATOR: Hört sich das so an, als würden bei Ihnen bald die Hochzeitsglocken läuten?

RUBEN: Wer weiß? (*Er lächelt und wirft Franziska einen verschmitzten Blick zu.*)

MODERATOR (*sich umsehend*): Unsere Zeit ist fast um. Sind im Publikum noch Fragen?

PUBLIKUMSFRAGE: Mich würde interessieren, ob es Ihnen als Schauspielern nach einer so intensiven Arbeit schwerfällt, sich aus Ihren Rollen wieder zu lösen.

EMILIE: Ein bekannter Regisseur hat mal gesagt – noch ein Zitat jetzt –, dass man in den Augen normaler Menschen immer ihr ganzes Leben sehen kann und dass viele Theaterproduktionen deshalb so schlecht sind, weil die Schauspieler glauben, sie müssten ihr eigenes Leben aus ihrer Rolle heraushalten. Und dadurch, so der Regisseur, bekämen sie dann einen ganz stumpfen, er sagte: einen typischen Schauspielerblick. Ich glaube, dass man von einer Rolle verändert wird, immer. In den meisten Fällen merkt man es nicht und kann sich auch nicht dagegen wehren. Ich bin jetzt ein anderer Mensch als vor dieser Rolle. Ich habe diese Ehe gehabt, ich habe diese Familie gehabt. Es ist, als wäre mir eine zusätzliche, alternative Vergangenheit geschenkt worden. Und von der werde ich immer geprägt sein. Was auch passiert. Die werde ich in alle Rollen mitnehmen, die ich in Zukunft noch spielen werde. Und dafür bin ich sehr dankbar.

MODERATOR: Meine Damen und Herren, ich bedanke mich für Ihr Interesse und wünsche Ihnen noch einen schönen Abend.

Danksagung

Für die Einladung zur Autorenwerkstatt Prosa schuldet der Autor dem Literarischen Colloquium Berlin und für ein Aufenthaltsstipendium im Künstlerhaus Lukas/Ahrenshoop dem Land Mecklenburg-Vorpommern großen Dank.